# 计算机专业
# 课程思政
## 教学设计与实践

杜金莲　金雪云◎主编

U0275077

清華大学出版社
北京

## 内 容 简 介

本书是北京工业大学信息学部计算机科学与技术系全体教师在新时期人才培养要求下,通过对课程思政教学模式改革的不断探索和实践而形成的优秀思政案例集,也是课程思政教学模式改革的成果总结。案例分为8个主题,从多角度、多层次展现了专业知识与思政元素在教学活动中有机融合的设计思路和实现方法。书中每一个案例都是专业教师通过多次教学实践精心打磨而成的,对案例所涉及的专业课程章节内容、思政元素的挖掘定位,以及二者融合的教学设计和相关特色均给出了详细的介绍。因此,本书案例对开展专业课程思政教学的设计与实施有较高的参考价值,可作为高等学校计算机专业教师从事课程思政教学模式改革以及课堂教学实践的参考用书。

**图书在版编目(CIP)数据**

计算机专业课程思政教学设计与实践/杜金莲,金雪云主编. —北京:清华大学出版社,2024.2
ISBN 978-7-302-65496-4

Ⅰ. ①计⋯　Ⅱ. ①杜⋯ ②金⋯　Ⅲ. ①高等学校－思想政治教育－教学设计－中国　Ⅳ. ①G641

中国国家版本馆 CIP 数据核字(2024)第 044895 号

责任编辑:张瑞庆　常建丽
封面设计:刘　乾
责任校对:郝美丽
责任印制:杨　艳

出版发行:清华大学出版社
　　　　网　　　址:https://www.tup.com.cn,https://www.wqxuetang.com
　　　　地　　　址:北京清华大学学研大厦 A 座　　　　邮　　编:100084
　　　　社 总 机:010-83470000　　　　　　　　　　　邮　　购:010-62786544
　　　　投稿与读者服务:010-62776969,c-service@tup.tsinghua.edu.cn
　　　　质量反馈:010-62772015,zhiliang@tup.tsinghua.edu.cn
　　　　课件下载:https://www.tup.com.cn,010-83470236
印 装 者:三河市龙大印装有限公司
经　　销:全国新华书店
开　　本:186mm×240mm　　　　　印　　张:14.25　　　　字　　数:323 千字
版　　次:2024 年 3 月第 1 版　　　　　　　　　　　　印　　次:2024 年 3 月第 1 次印刷
定　　价:69.00 元

产品编号:099957-01

培养社会主义建设者和接班人，是我们最基本的目标。邓小平同志1975年就明确指出，一个学校能不能为社会主义建设培养合格的人才，培养德智体全面发展、有社会主义觉悟的有文化的劳动者，关键在教师。所以，可以说，"课程思政"一直存在于我们的课程教学中，既包括理论课，也包括实践课。"课程思政"与"思政课"同向同行，今天我们进一步明确强调课程思政，就是要更好地实现培养德智体美全面发展的社会主义建设者和接班人这一高等学校的根本任务，更好地落实习近平同志关于"党和国家事业发展对高等教育的需要，对科学知识和优秀人才的需要，比以往任何时候都更为迫切"的重要讲话精神。尤其是当前，我们国家已经实现党的第一个百年目标，进入实现党的第二个百年目标的新发展阶段，我们的首要任务是走内涵式发展道路，落实党的二十大提出的全面提高人才自主培养质量，着力造就拔尖创新人才的任务，通过三全育人的实施，构建一个良好的生态环境，为党和国家事业的发展培养高质量、高水平、有能力、有担当、可堪时代大任的接班人。

　　课程思政，是构建这一良好生态环境的重要途径，旨在形成一种氛围，使学生建立一种强烈的积极向上意识，解决好为谁学习，为什么学习，为谁服务的问题。课程思政，要将政治思想和品德教育明确作为课程目标。同时，课程思政不是生搬硬套的一些口号，要做到潜移默化、润物细无声，做到有关元素在"授课"的过程中"自然地流淌而出"。作为教育教学的具体实施者，教师必须率先垂范，将培养学生正确世界观、人生观、价值观作为基本追求，当好学生"锤炼品格、学习知识、创新思维、奉献祖国"的引路人，培养他们的爱国之心，为国家的强盛做出自己的贡献，未来能够更好地为国家建设和发展提供服务。课程思政，首先是课程，要以课程为基础，要保证课程教学的高质量、高水平，要有启发、能够引领学生通过学习已知去探索未知，通过学习知识和应用知识解决问题去增强能力。课程思政，应该是不断强化学生为国家建设学习，为中华民族的伟大复兴学习的意识，而且是责无旁贷的，要让学生形成一种为中国人民谋幸福，为中华民族谋复兴的强烈愿望和行动。

　　"课程思政"中的"思政"涉及方方面面，例如，爱党爱国、建设国家、乐于奉献、学习为国；热爱劳动、热爱学习、积极向上、服务社会；工匠精神、严格要求、精益求精、踏踏实实；实事求是、诚实求真、学风优良、批判精神；勇于担当、不怕困难、敢为人先、勇攀高峰；坚韧不拔、勇于拼搏、攻坚克难、越挫越勇；严于律己、宽以待人、宽厚包容、严格要求；主人翁精神、团结合作、相互帮助、相互促进，等等都是其基本内容。这些内容要在课程的教学过程中随着课程的基本内容"自然地流淌而出"，真正地实现有机融合。

北京工业大学对课程思政非常重视,引导和鼓励全体教师在实践中进行不懈的探索和实践,并取得了很好的效果,计算机科学与技术系全体教师积极参与其中。特别是北京工业大学作为地方院校,大家积极努力,不断进步,很早就拥有了计算机科学与技术一级学科博士点和博士后流动站,而且在教育部第四、五轮评估中在地方院校中名列前茅,以此良好的学科平台为基础所建的计算机科学与技术专业、信息安全专业、物联网工程专业,先后通过国际等效的工程教育专业认证并入选国家级一流本科专业建设点,为国家培养了一大批计算机类专业的优秀人才。本书就是在这样的平台支撑下教师们教学实践的总结,相信会给兄弟院校的课程思政建设提供参考。

蒋宗礼

2023 年 1 月 12 日

习近平同志在 2022 年 12 月的全国高校思想政治工作会议发言中强调,高校思想政治工作关系到高校培养什么样的人、如何培养人,以及为谁培养人这三个根本问题。要坚持以立德树人为中心,把思想政治工作贯穿于教育教学的全过程,实现全程育人、全员育人和全方位育人,努力开创我国高等教育事业发展的新局面。

为贯彻党的教育方针,将课程思政建设切实落到实处,与思政课程在"五育并举"上形成同向同行,真正实现立德与树人的统一,北京工业大学信息学部计算机科学与技术系全方位组织开展课程思政的研究与实践,重点探索提升课程思政教育的亲和力和针对性,于专业教育中自然实现品德塑造和价值引领,进而实现高素质、能力强、德才兼修的人才培养目标。

"课程思政"不是简单的"课程加思政"。计算机类专业的课程思政是在本校计算机类专业人才培养目标的指导下,把本专业需要培植和塑造的品德的核心元素融入专业教学中。广大教师在这一理念的指导下,针对课程的具体内容,充分挖掘专业课程中的文化内涵、德育因素、人文精神等思政元素,从多角度、多层次展开了课程思政的实践探索,取得了较好的育人成果,并形成了大批优秀的课程思政案例。本书中的 47 个案例便是从这些优秀案例中精选出来的,基于思政内容的倾向性,本书将这些案例分为 8 个主题,分别是:"爱国情怀 责任担当""文化自信 民族自豪""工匠精神 求真务实""牢记初心 报效祖国""科学精神 创新意识""价值引领 拼搏不懈""团队协作 携手共赢"和"国家安全 网络强国"。这 8 个主题所涵盖的思政元素是本专业学生必须具备的品德要求和综合素养。

本书中的案例均由主讲专业课的教师经过多轮课程思政建设实践探索而总结形成,这些案例的作者分别是杜金莲、金雪云、林莉、方娟、朱文军、刘波、王秀娟、侍伟敏、周艺华、任兴田、竹翠、付利华、陈镲、张婷、桂智明、杨惠荣、杜永萍、刘兆英、胡俊、张佳玥、全笑梅、张潇、同磊、肖创柏、李童、马伟、杨宇光、苏航、段立娟、赖英旭、梁音、袁彤彤、蔡旻,排名不分先后。

编　者

2023 年 1 月于北京工业大学

CONTENTS 目录

# 爱国情怀　责任担当

# "数据安全与隐私保护"课程案例
## ——十年磨一剑，一朝试锋芒

课 程 名 称：数据安全与隐私保护（Data Security and Privacy Protection）

课 程 性 质：专业选修课

所属学科门类：计算机科学与技术/0812

学 　 　 分：2 学分　　　　　　　　　　学时：32 学时

课 程 简 介：随着云计算、大数据等信息技术的飞速发展，各类数据驱动应用在金融、交通、能源和电信等重要行业、重大基础设施中发挥着重要作用，大量数据资源的融合分析、开放共享与应用开发给用户带来前所未有的数据安全以及隐私泄露威胁。大数据时代的数据安全和隐私保护问题已成为当前国家、社会和公民共同关注的热点问题。数据安全与隐私保护是信息学部为信息安全专业本科生开设的选修课。本课程从大数据的基本概念和随之带来的新型安全挑战，大数据安全与隐私保护技术框架设计、数据安全存储、数据安全检索、数据安全处理、隐私保护各项关键技术以及法律保障等方面讲述如何解决大数据时代的数据安全与隐私保护问题。本课程的先修课程为"密码学"和"网络空间安全导论"。

## 一、章节名称

第一章第六节 数据安全与隐私保护基础密码学工具之 Hash 技术

## 二、案例介绍

### 1. 育人目标及理念

帮助学生了解我国科学家在数据安全和隐私保护关键技术上的重要学术成就，引导学生感悟科学家们服务国家重大战略的家国情怀，学习科学家们做有学术穿透力科研的国家使命和责任担当。

### 2. 案例内容

Hash 函数是解决数据安全与隐私保护问题的重要支撑技术之一。Hash 函数要发挥生成数字指纹的作用，需要满足不可逆性和抗碰撞性。MD5 是世界上应用最多的 Hash 函数，曾被认为是最安全的。为什么是"曾"呢？因为我国密码学家王小云院士在 2004 年的世界密码学大会上宣布成功破解了 MD5。王小云院士给出一种 MD5 迅速碰撞方法，在理论上证明这两个 Hash 函数有可能发生碰撞，这是一个巨大的进步，而王小云院士为之坚持了 10 年。由此引出介绍王小云院士"执着科研、热爱生活"的事迹，特别介绍她放弃了参与设计新国际标准密码算法，为我国设计了首个哈希函数算法 SM3，目前 SM3 已作为我国密码行业标准在金融、交通、国家电网等重要经济领域广泛使用,为保护国家安全和人民信息安全做出重大贡献。本案例旨在引导学生体会王小云院士忠诚爱国、自觉担当的家国情怀,学习王小云院士持之以恒、严谨刻苦的科学精神,有学术穿透力科研的国家使命和责任担当,激发和鼓励学生以饱满的热情与踏实的态度追求梦想,以实际行动和丰硕成果报效祖国。

课堂 PPT 的截图如图 1 和图 2 所示。

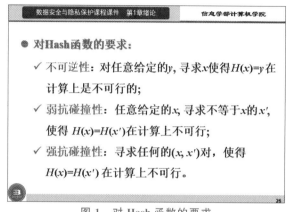

图 1　对 Hash 函数的要求

图 2　密码学家王小云破解 MD5

### 3. 设计思路

(1)教学内容:了解 Hash 技术的作用,理解 Hash 函数的安全要求,掌握经典的 Hash 函数 MD5,通过融入王小云院士成功破解 MD5 以及她的科研事迹,提升学生的科学精神、培养爱国主义情怀。

(2)教学设计:本案例主要采用以知识点讲解为主,再融入具有"思政"元素的案例帮助学生加深对知识点理解的教学思路。具体步骤如下：

A. 结合前面的数据安全与隐私保护问题引入 Hash 技术，介绍 Hash 技术是什么？

Hash 技术是解决数据安全与隐私保护问题的重要支撑技术之一。Hash 技术就是 Hash 函数，Hash 函数将任意长度的报文映射成一个较短定长的报文，其目的是为文件、报文或其他分组数据产生"数字指纹"。

B. 讲解 Hash 函数的安全性质和应用

Hash 函数要发挥生成数字指纹的作用，需要满足三个要求：不可逆性、弱抗碰撞性和强抗碰撞性。

Hash 函数可以用在数字签名上，详细过程如图 3 所示。

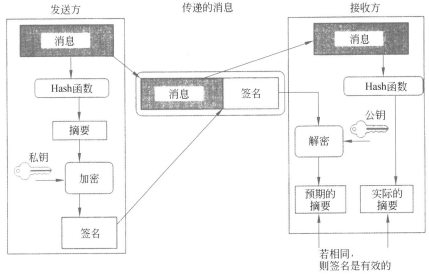

图 3　Hash 函数用在数字签名上的具体流程

C. 介绍应用最广泛的 Hash 函数 MD5，包括其原理和应用领域

MD5 属 Hash 算法，其对输入任意长度的消息进行处理，产生一个 128 位的消息摘要。教师为学生提供课后学习的《MD5 的算法原理和实现》等资料。MD5 曾被认为是最强的加密算法，在电子商务等领域有广泛应用。

D. 通过 PPT 动画播放介绍王小云破解 MD5 的具体工作

王小云院士给出了一种 MD5 迅速碰撞方法，理论上证明了 MD5 函数有可能发生碰撞，即可以很快地找到 MD5 的"碰撞"，就是两个文件可以产生相同的"指纹"，帮助学生加深对 Hash 函数抗碰撞性要求的理解。这意味着，当一个人在网络上使用电子签名签署一份合同后，还可能找到另外一份具有相同签名但内容迥异的合同，这样两份合同的真伪性便无从辨别。

E. 以王小云院士的科研事迹思政育人

王小云院士是知名密码学家。她十年磨一剑，2004 年和 2005 年先后成功破解了 MD5、

HAVAL-128、MD4、RIPEMD 和 SHA-1 五大国际著名密码算法,震惊世界。她为我国设计了首个哈希函数算法 SM3,让全世界跟着中国跑。通过事迹激发学生思考,引导学生学习和体会我国科学家持之以恒、严谨刻苦的科学精神和忠诚爱国、自觉担当的家国情怀,鼓励学生以饱满的热情与踏实的态度追求梦想,以实际行动和丰硕成果报效祖国。

(3) 教学方法:教师讲授、实时互动、学生课后研读。

(4) 教学手段:多媒体教学、板书。

(5) 载体途径:腾讯会议、雨课堂、日新、微信群等多平台的综合应用。

## 三、案例特色

1) 思政元素自然融入而不牵强

MD5 是世界上应用最多的 Hash 函数,曾被认为是最安全的。本案例在介绍完经典 Hash 函数 MD5 以后,先指出该算法已被我国密码学家王小云院士成功破解,再介绍王小云院士破解 MD5 的具体工作,之后自然融入介绍王小云院士十年破解五大国际著名密码算法的科研事迹,引导学生学习和体会中国科研人的科学精神和家国情怀。

2) 案例内容紧扣课程教学目标

Hash 函数是解决数据安全与隐私保护问题的重要支撑技术之一。Hash 函数要发挥生成数字指纹的作用,需要满足不可逆性、弱抗碰撞性和强抗碰撞性的安全性质,因而 Hash 函数的安全性质是课程教学的重要知识点。本案例在讲解 Hash 函数的安全要求和介绍经典 Hash 函数 MD5 以后,通过举例说明了王小云院士 MD5 碰撞技术的重要意义,在思政育人的同时,更强调帮助学生加深对 Hash 函数抗碰撞性要求的认识和理解。

3) 课上课下联动,提升思政效能

本案例在课上侧重介绍王小云院士破解 MD5 技术的具体工作,也明确点出了"提升责任担当,培养家国情怀"的育人目标,同时也给学生共享一些相关教学素材,比如 MD5 实现源码文档和王小云院士做客央视热门节目《开讲啦》的视频,鼓励学生课下自学自看并在雨课堂发表看法等,期望通过课上课下的联动,提升思政效果。

## 四、学生反馈

(1) 2018-2019-2 学期 160720 班王某某反馈如图 4 所示。

(2) 2018-2019-2 学期 160721 班周某某反馈"王小云老师的精神值得我们信息安全专业的学生学习,我也要努力学好信息安全技术,夯实专业基础,这样才可以保卫我们国家的安全",如图 5 所示。

(3) 2020-2021-2 学期 180720 班张某某反馈"被王小云老师 10 年对梦想的追求、对密码学的执着所鼓舞和激励"。

(4) 2020-2021-2 学期 180720 班董某某反馈"看了王小云老师在央视《开讲啦》的视频,被王老师师到了,她科学严谨的工作态度和乐观向上的生活态度太值得我们学习了"。

图 4　2018-2019-2 学期 160720 班王某某反馈　　图 5　2018-2019-2 学期 160721 班周某某反馈

## 五、教学反思

王小云院士是知名密码专家,先后成功破解了 MD5、HAVAL-128、MD4、RIPEMD 和 SHA-1 五大国际著名密码算法,震惊世界,令人佩服,她的成长和科研事迹,她身上体现的家国情怀和责任担当对信息安全专业学生有很大的激励作用,若时间允许,可以增加播放王小云院士的相关录像等环节,以达到更佳的育人效果。

## 六、其他说明

关于本案例的重要知识点"Hash 函数的三个安全性质",在后续课程中安排有雨课堂随堂习题进行巩固,如图 6 所示。

图 6　雨课堂练习题

撰　写　人:林莉
所属单位:北京工业大学信息学部计算机科学与技术系

# "计算机系统结构"课程案例

## ——华为鲲鹏处理器架构

课　程　名　称：计算机系统结构(Computer Architecture)

课　程　性　质：学科基础必修课

所属学科门类：计算机科学与技术/0812

学　　　　　分：2 学分　　　　　　　　学时：32 学时

课　程　简　介：本课程是为计算机科学与技术及物联网工程专业本科生开设的一门学科基础必修课。通过本课程的学习,使学生掌握计算机系统结构的基本概念,特别是流水线与 Cache 技术所蕴含的技术和思维,学会以高层建筑的观点,应用算法、硬件、软件去综合考察、分析及设计计算机系统结构;培养学生以性能价格比的观点去分析、评估及设计一个计算机应用系统;使学生掌握当代迅速发展的 RISC 技术的主要设计思想和技巧;了解当今计算机系统结构的先进技术及设计思想,包括并行性、可扩展性、可编程性等。学生能运用系统设计核心理念和量化思考方式,针对计算机系统的瓶颈,运用计算机系统论、设计方法学,从而具备对计算机系统分析问题、解决问题和构建计算机系统复杂工程的能力。

## 一、章节名称

第一章第一节 计算机系统架构的基本概念

## 二、案例介绍

### 1. 育人目标及理念

通过介绍 ARM v8 体系架构的起源、特点、执行状态、指令集等内容,了解其架构优势及面临的挑战,以及在处理器芯片领域可能存在的"卡脖子"风险等问题,使学生了解计算机体系架构的行业痛点,加深爱国主义、民族情怀等课程思政元素,引导学生具有实事求是、实践创新的精神,鼓励学生从国内外系统结构领域的前沿技术中,体会到要努力学习科学知识,投身到国家的发展建设当中。

### 2. 案例内容

本章节通过对华为鲲鹏处理器所采用的 ARM v8 体系架构的起源、特点、优势等讲授其在计算机系统结构领域的优势及所面临的挑战,使学生充分了解目前国内外相关领域的芯片发展历程、基于鲲鹏处理器构建的全栈 IT 基础设施、行业应用及服务等方面的知识。通过课程教授,将过去中国 IT 底层标准、架构、产品、生态大多数都由美国 IT 巨头制定,因此存在诸多的安全、被"卡脖子"的风险等问题讲授给学生,让学生了解到全球 IT 生态格局将由过去的"一极"向未来的"两极"演变,中国要逐步建立基于自己的 IT 底层架构和标准,形成自主开放生态。通过课程内容介绍,将爱国主义、民族情怀等贯穿渗透到课程教学中,帮助学生树立文化自觉和文化自信,培养学生求真务实、实践创新、精益求精的精神,将立德树人贯彻到高校课堂教学全过程、全方位、全员之中,推动课程思政与思政课程协同前行、相得益彰,推动知识传授、能力培养与理想信念、价值理念教育的有机结合。

课堂 PPT 的截图如图 1 和图 2 所示。

| 指令集 | • CISC, 复杂指令集 | • RISC, 精简指令集 | • RISC, 精简指令集 |
| 架构 | • 重核架构, 高性能、高功耗 | • 多核架构, 均衡的性能功耗比 | • 重核架构, 高性能内核 |
| 工艺及技术 | • 14nm, 摩尔定律放缓 | • 7nm, 业界领先的制程工艺 | • 14nm |
| 生态 | • 生态非常成熟, 通用性强 | • 生态正在快速发展与完备 | • 生态局限, 聚焦大小型机和HPC |
| 开放性 | • 封闭架构, 英特尔及AMD主导 | • 开放平台, IP授权的商业模式 | • 开放平台(2019.8), IBM主导 |

图 1　主流计算架构差异化特点

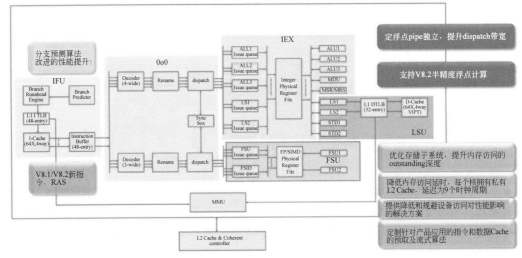

图 2　基于 ARM v8 的鲲鹏处理器微架构

## 3. 设计思路

通过介绍 ARM v8 体系架构的起源、特点、执行状态、指令集等内容,了解其架构优势及面临的挑战,以及在处理器芯片领域可能存在的"卡脖子"风险等问题,使学生了解计算机体系架构的行业痛点,加深爱国主义、民族情怀等课程思政元素,培养学生具有实事求是、实践创新的精神,鼓励学生从国内外系统结构领域的前沿技术中体会到要努力学习科学知识,投身到国家的发展建设当中。

本课程已被纳入北京工业大学与华为"智能基座"产教融合协同育人基地课程培育,并已参与了相关的课程培训,对华为技术有限公司的鲲鹏系列知识及其教学内容已有一定了解。同时,在多年的计算机体系结构领域的科研中,我们致力于计算机芯片、多核处理器和异构计算等前沿技术的深入探索,对国内外相关领域的发展趋势、前沿技术和社会需求有深厚的理解,这为将计算机系统结构领域的思政元素融入课堂教学中提供了坚实的基础。我们可以结合专业课程内容,精准地找到结合点和切入点,促进"教学"与"育人"之间的有机结合,从而推动"思政课程"向"课程思政"的创造性转化,确保思想政治教育渗透到人才培养的每一个环节。这有助于实现思想政治教育与知识体系教育的有机统一,培养学生的爱国、诚信、敬业等优质品质,并增强学生对民族工业的责任感和使命感,使学生具备高尚的职业道德。

教学方法:教师讲述华为鲲鹏处理器架构+学生分组讨论相结合。

教学手段:多媒体教学+板书+视频相结合。

考核方式:分组讨论汇报+课内小测验+课外作业相结合。

载体途径:播放介绍华为鲲鹏处理器架构相关企业和技术的多媒体视频、课堂讨论等。

## 三、特色与创新

本案例的最大特色是与时政相结合,讲述国家重大需求。

## 四、学生反馈

老师在 Performance of Computer 章节中介绍了华为鲲鹏处理器所采用的 ARM v8 体系架构。通过老师的讲解、学生的分组讨论,以及播放关于华为鲲鹏处理器架构技术的多媒体视频,我们深入了解了 ARM v8 体系架构的相关内容,包括其架构的优势和面临的挑战。老师还巧妙地将爱国主义和民族情怀融入课程设计中,这不仅激发了我们的学习热情,还培育了我们的民族责任感。这样的教学方式也提高了我们的实践能力,推动我们的知识与素质协同发展。

老师详细讲解了华为鲲鹏处理器采用的 ARM v8 体系架构的起源、特点和优势。这使我们形象理解了计算机系统结构的优势和所面临的挑战,增强了我们的职业认同感,并提高了文化自信。此外,课堂目标明确,重点突出,从介绍华为鲲鹏处理器的 ARM v8 体系架构引入,深入了解了目前国内外相关领域的芯片发展、基础设施建设、行业和服务等方面的知识。这让我们认识到,中国建立自己的 IT 底层架构和标准的重要性和迫切性,从而进一步激发了我们的爱国情怀。老师的教学方法得当,便于我们理解和掌握。通过老师层次清晰、深入浅出的讲解,以及同学之间的分组讨论,我们对华为鲲鹏处理器架构的理解更深入,同时对芯片领域存在的"卡脖子"风险也有了更清楚的认识。

撰 写 人:方娟

所属单位:北京工业大学信息学部计算机科学与技术系

# "计算机系统结构"课程案例

## ——芯片"卡脖子"问题

课 程 名 称：计算机系统结构(Computer Architecture)

课 程 性 质：学科基础必修课

所属学科门类：计算机科学与技术/0812

学　　　　分：2 学分　　　　　　　　　　学时：32 学时

课 程 简 介：本课程是为计算机科学与技术及物联网工程专业本科生开设的一门学科基础必修课。通过本课程的学习，能够使学生掌握计算机系统结构的基本概念，特别是流水线与 Cache 技术所蕴含的技术和思维，学会以高层建筑的观点，应用算法、硬件、软件综合考察、分析及设计计算机系统结构；培养学生以性能价格比的观点去分析、评估及设计一个计算机应用系统；使学生掌握当代迅速发展的 RISC 技术的主要设计思想和技巧；了解当今计算机系统结构的先进技术及设计思想，包括并行性、可扩展性、可编程性等。学生能运用系统设计核心理念和量化思考方式，针对计算机系统的瓶颈，运用计算机系统论、设计方法学，从而具备对计算机系统分析问题和解决问题的能力和构建计算机系统复杂工程的能力。

## 一、章节名称

第一章第二节 计算机系统架构的基本概念

## 二、案例介绍

### 1. 育人目标及理念

通过对比分析国内外芯片制造业的发展状况，解析我国芯片制造业被外国"卡脖子"的原因，让学生深刻认识芯片技术的战略核心位置，树立危机意识、全局意识，由家国情怀、国际视野激发学习兴趣和使命担当。通过讲述华为海思备胎芯片一夜转正的"中国芯"故事等典型事例，激发学生的爱国主义热情、民族自豪感和使命感，传播科技兴国的正能量，引导学生树立居安思危的意识、养成终身学习的习惯，激发学生迎难而上、永攀科学高峰的时代精神。

### 2. 案例内容

通过阐述目前的芯片"卡脖子"问题背景、芯片"卡脖子"关键技术领域-高端芯片封装、设计，以及技术背景等不断提出问题，讲述问题应对策略，包括强化前瞻性的基础研究、推动全产业链重点布局、注重人才培养与引进、营造良好的创新制度环境等措施，讲述国家重大需求,培养学生的家国情怀,使命担当,鼓励学生从国内外系统结构领域的前沿技术中体会努力学习科学知识的重要性,投身到国家的发展建设当中,为我国的计算机体系结构发展贡献一份力量。本章节以芯片"卡脖子"问题为背景,将思政元素与教学案例相结合,实现了思政教育融入计算机操作系统课程的建设。在完成专业课程知识讲授的同时,学生的民族自豪感、职业认同感进一步提升,达到专业课程教学与思政教育的有机统一。

芯片制造流程和5G芯片分别如图1和图2所示。

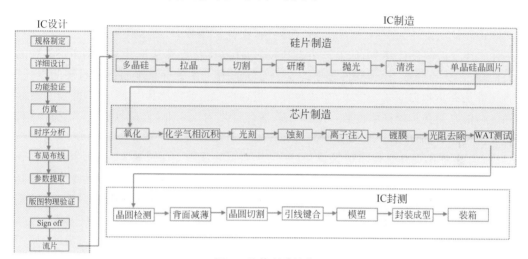

图1 芯片制造流程

图2 5G芯片

### 3. 设计思路

首先介绍芯片"卡脖子"问题背景。

目前中国的高端芯片仍非常缺乏,绝大部分高端制造技术、设计、先进材料等都掌握在少数发达国家手中。例如,决定芯片制造精度的光刻机国外已经可以做到5nm的级别,而国内还处在14nm向7nm的过渡阶段,落后将近两代。以前可以通过购买芯片解决短缺问题,但美国不断实施科技制裁和封锁,在芯片源头上禁止荷兰光刻机出口中国,禁止台积电为华为代工芯片,使得购买高端芯片变得异常艰难。

为了解决好高端芯片"卡脖子"问题,中国的高端芯片自主研发已经刻不容缓,以下是一些可能的应对策略。

（1）强化前瞻性的基础研究。

基础研究是整个科学体系的源头，是所有技术问题的总开关。现代科学技术发展进入大科学时代，科学、技术、工程加速渗透与融合，科学研究的模式不断重构，学科交叉、跨界合作、产学研协同成为趋势。要着力在量子计算、边缘计算、全光计算、神经形态计算、内存计算等方向上进行探索。

（2）推动全产业链重点布局。

芯片涉及从设计到应用一条相当长的链条，在各个环节上，或多或少都存在"卡脖子"技术。在芯片上游的设计环节，加大自主设计投入，深度优化提升基于开源架构 RISC-V 的芯片设计，大力支持 EDA 设计软件等架构上的跟随能力。在中游晶圆制造和封装测试环节，大力支持龙头企业实施联合攻关，加快制程升级，向 7nm 工艺及其以下迈进，鼓励并引导应用和终端企业加大芯片订单投放。继续并购整合封装测试企业，鼓励社会资本支持封装测试企业扩大优势，加快布局封测关键装备和仪器的研发。

（3）注重高端人才培养与引进。

要实现高端芯片技术的突破，不仅需要相关领域的一流专家，更需要有远见卓识的企业家。要加强高校相关领域人才培养，实施校企联合培养，加大高端人才引进力度，鼓励重点芯片企业设立专门研发部门和海外分支机构。

（4）营造良好的创新制度环境。

积极营造一个良好的外部发展环境，以更大魄力、更大胸怀进行开放创新。培育多元的竞争主体，积极培育民营企业、海归创业企业以及国有企业进入市场，形成多元的竞争主体。

教学方法：采用教师讲述芯片"卡脖子"问题背景知识＋学生分组讨论芯片"卡脖子"问题应对策略相结合的教学方法。

教学手段为多媒体教学＋板书相结合。

考核方式是课内小测验＋课外作业相结合。

载体途径为播放介绍芯片"卡脖子"相关企业和技术的多媒体视频。

## 三、学生反馈

1）同学一

老师讲解了通过指令级并行性提升性能的多种方法，并结合华为海思芯片的研发历程，让我们体验到芯片研发的重要性和艰难之处。从芯片内部的指令级并行技术到后续芯片的封装等，都需要专业的人才和技术，鼓励我们努力学习，研究体系结构领域的痛难点。

2）同学二

老师分析了从硬件和软件两个角度提升指令级并行的技术，帮助我们了解了如何增强编译器和处理器对并行的开发能力。结合目前国内芯片研究面临的"卡脖子"问题，我们深刻感受到对该领域研究探索的时代需求、国家需求。老师鼓励我们积累专业知识，之后为国家芯片领域的研究贡献一份自己的力量。了解到华为海思备胎芯片一夜转正的"中国芯"背后的故事，我们深刻地体会到芯片研发制造的不易。结合对芯片中指令级并行性开发的硬件和软件技术，我们对理论知识到实际研究开发的历程有进一步的感悟。

撰 写 人：方娟 蔡旻
所属单位：北京工业大学信息学部计算机科学与技术系

# "计算机组成原理"课程案例

## ——华为鲲鹏乐高架构之主机设计

课　程　名　称：计算机组成原理(Principles of Computer Organization)

课　程　性　质：学科基础必修课

所属学科门类：计算机科学与技术/0812

学　　　　分：3 学分　　　　　　　　　　学时：48 学时

课　程　简　介：本课程围绕计算机硬件基本组成部件展开,可划分为数据表示及数值运算、指令系统及控制器、存储系统、输入/输出系统四大部分,核心目标在于使学生理解并掌握计算机软件驱动硬件工作的基本原理。主要内容是：首先,通过计算机中定点数和浮点数的表示以及运算方式的介绍,理解运算器的工作原理及设计方法；其次,在理解存储系统的分类、存储原理、容量扩展技术的基础上,掌握其设计方式；然后,通过介绍输入/输出系统的功能、与主机间通信方式等基础理论,明确其设计思想,最后引入指令功能、格式、寻址方式的介绍,深入学习控制器指挥其他部件按软件逻辑协同工作的基本原理、设计思想及方法。在理论学习的基础上,利用 Logisim 等仿真软件,完成计算机主机数据通路的构建并完成功能测试,培养学生系统及工程设计能力。

## 一、章节名称

第五章 中央处理器 第一节 主机数据通路

## 二、案例介绍

### 1. 育人目标及理念

让学生树立理想信念,提升家国情怀,通过介绍国产华为鲲鹏处理器芯片开发架构的特点,激励学生积极投入国产 CPU 研发事业。

### 2. 案例内容

第五章主旨在于说明中央处理器的构成及原理,通常都是先给出 CPU 内部数据通路结构,然后解释运算器及附属部件的工作原理,之后再说明控制器如何通信并指挥运算部件动作,从而引导学生理解并掌握指令工作流程,以及微命令控制信号的发放过程,是一种从上而下,从集中到分散的讲解方式,学生接受和理解这部分内容时,由于涉及的硬件细节繁杂,很难熟练掌握,一直属于本章的难点内容。近几年,通过和华为合作开展智能基座计划,认识了鲲鹏处理器的乐高架构,从而引出本思政案例。

鲲鹏处理器采用乐高架构,极大提升了其灵活性和可组合性,多晶片(Die)之间存在环路通信,并能够保持多种封装形态。基于这种"搭积木"的设计思想,授课过程中采用自下向上,从分立部件到完整通路的方式,使学生先熟识通路中每个小模块的构建思想,然后逐渐累加,直至搭建出最终主机架构,可以有效激发学生的探究学习热情,更好地培养学生的工程设计能力。

作为国产 CPU 芯片的先驱,华为团队的科学家和技术人员体现出来的创新精神,可以非常好地激励学生,让学生树立家国情怀,明确责任担当,积极投入国产 CPU 研发进程。

华为鲲鹏处理器乐高架构如图 1 所示。

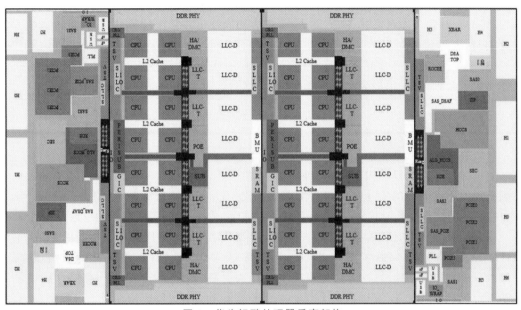

图 1　华为鲲鹏处理器乐高架构

### 3. 设计思路

(1)介绍数据通路的基本设计方法。

确定目标指令集,然后使用寄存器传输级描述语言(RTL)给出每条指令的实际功能,从而通过分析指令需求,选择数据通路需要的组件,并依照数字电路的特点,将组件分为组合元件和状态元件,最终组装形成数据通路原型架构。

(2)引入鲲鹏处理器的乐高架构。

鲲鹏处理器片上系统是业界首款基于 7nm 工艺的数据中心 ARM 处理器,采用业界领先的基底晶圆芯片(Chip on Wafer on Substrate,CoWoS)封装技术,实现多晶片合封,不仅可以提升器件生产制造的良率,有效控制每个晶片的面积,降低整体成本,而且这种乐高架构的组合方式更加灵活。

通过乐高架构的联合优化设计,鲲鹏处理器攻克了芯片超大封装可靠性及单板可靠性难题,成功将 DDR4 的通道数从当前主流的 6 通道提升到 8 通道,带来 46% 的内存带宽提升,同时容量也可按需提高。

（3）引导学生利用乐高架构特点，"搭积木"构建实际数据通路。

首先分析单一一条指令的需求及特点，选择分立组件，构建其核心数据通路，然后在此基础上引入第二条指令，引导学生发现其通路与第一条指令的区别和联系，从而引入新的分立组件及连线，构建完成能够实现两条指令的数据通路，之后逐步引入后续指令，扩充数据通路功能，最终构建完整主机架构。

（4）通过对比鲲鹏处理器乐高架构的形成过程，激发学生的家国情怀，明确责任担当。

鲲鹏处理器采用乐高架构可以实现多种多片互联方式，芯片之间通过片间 Cache 一致性接口连接，片间带宽可高达 480Gb/s。主机架构同样可以采用这种灵活、容易理解的方式设计实现，通过这种对比学习，学生既从基础理论方面理解并掌握了计算机主机的工作原理，又对国产化 CPU 芯片的制作复杂性有了一定的认识，对学生后续从事国产 CPU 研发工作奠定了基础，同时也极大激发了学生的爱国热情，更加明确自身的责任担当。

## 三、案例特色

（1）案例将思政理念融入教学内容过程。

主机数据通路的设计构建是本课程的重要知识点，是必须讲解的内容，在这里加入华为鲲鹏处理器乐高架构的实际案例非常正常，学生在不知不觉中就加深了思政认识。

（2）案例符合当前时代背景，容易引发学生的认同感，利于实现案例的思政目标。

华为鲲鹏处理器是目前国产 CPU 芯片的典型代表，提供了强大的计算能力，采用了灵活性较好的乐高架构，最多支持 64 核，支持多达 8 组 72 位（含 ECC）、数据率最高为 3200MT/s 的 DDR4 接口，同时芯片集成安全算法引擎、压缩解压缩引擎、存储算法引擎等加速引擎进行业务加速，在国内多个行业得到广泛使用。本案例应用在教学过程中，具有鲜明的时代特征，学生感同身受，接受程度很高。另外，充分了解国产 CPU 芯片的开发历程，也可以帮助学生增强爱国情怀，激励学生积极投入国产化芯片的建设热潮中。

## 四、学生反馈

（1）一名樊恭烋学院的学生完成主机设计环节的反馈，如图 2 所示。

通过计算机组成原理一学期的课程，我较为系统地了解了计算机的内部结构，学习到计算机的基本设计理念以及各组件协同工作的原理。

通过课堂上华为鲲鹏处理器乐高架构的深入讲解，我逐步掌握了"搭积木"进行主机设计的方法，在本次大作业Logisim电路的搭建中，我学会了从单个组件设计，到控制器的搭建、总体调控各个组件，再到组件连接的完整过程。这之中，我感受最深刻的有两个部分：第一，32位加法器的设计。并行加法器同时生成进位，同时生成计算结果这一点很大地提高了运算效率，让我觉得非常巧妙，这种并行的思维方式也让我跳出了固有的设计思路。第二，Control即控制器组件的设计。我认为控制器是整个电路中非常重要的一个组件，这个组件的设计也让我更加清晰地理解了各个控制信号的作用、受哪些因素影响，从而更好地理解各个组件模块之间协同工作的原理。

综上，我认为本次计算机组成原理的课程以及大作业都让我更加深入地理解了计算机的设计思路，从而为我后续的学习打下了良好的基础。

图 2　樊恭烋学院学生反馈

（2）一名计算机科学与技术实验班的学生完成主机设计的反馈，如图 3 所示。

> 我在实现过程中遇到很多困难，总结了很多经验。
>
> 　1. 须清楚CPU的工作原理，明白每一个组件的作用、理解每一条指令是如何执行的。不然就算能完成一个单独的组件，也不一定能将全部组件连接到一起，形成一个完整的CPU。最开始，我就犯了这个错，没有弄清楚就开始上手做，结果做得乱七八糟、逻辑混乱。重新回顾乐高架构以及课件上"搭积木"设计方法后，我形成了对整个CPU逻辑的宏观思维，之后再做就容易多了。

图 3　计算机科学与技术实验班学生反馈

## 五、教学反思

本案例已在多个计算机类专业的课堂上讲过，从学生上课听讲的效果，以及课内大作业关于主机设计的反馈都可以看出，学生还是比较接受这种自下向上的教学理念，而且实践成果也得到很大改善。今后可以对本案例继续优化，让案例与课程内容的结合更自然，让案例展开的逻辑更清晰，后期可以和企业合作，开展实际乐高架构的模拟构建，更进一步激发学生的爱国热情。

撰　写　人：朱文军
所属单位：北京工业大学信息学部计算机科学与技术系

# "数字图像处理"课程案例

## ——深度学习的不足与人工智能的基础理论研究

课　程　名　称：数字图像处理(Digital Image Processing)

课　程　性　质：专业课

所属学科门类：计算机类/0809

学　　　　　分：2 学分　　　　　　　　　学时：32 学时

课　程　简　介：视觉是人类最重要的感知手段,图像则是视觉信息的载体。数字图像处理研究如何用计算机进行改善图像质量、理解图像内容、压缩传输图像等处理。课程主要内容包括图像变换、图像增强、图像分割、图像识别与理解、图像压缩等。数字图像处理在消费电子、人机接口、机器人、工业生产、军事、遥感、医学等领域中有着重要应用。"数字图像处理"是一门实用的科学,同时又具备一定的理论基础。

本课程属于专业选修课,旨在继高等数学、线性代数、C 语言、数据结构等课程后,引导学生学习如何用计算机处理复杂信息,如何设计算法来实现想要的图像处理效果,如何挑选合适的数字图像处理算法,以及如何实现一个图像处理系统,从而培养其计算思维、算法设计与分析、计算机系统等专业基本能力,以及利用数学工具、数学模型表示图像及其处理过程的能力。"数字图像处理"课程是学习计算机视觉、模式识别等课程的先修课,其中的图像识别与理解也是人工智能的重要组成部分。

## 一、章节名称

第六章第四节 深度学习的不足

## 二、案例介绍

### 1. 育人目标及理念

通过讲授中国人工智能研究在核心技术与算法方面的不足,人工智能发展面临"卡脖子"窘境,培养学生的爱国情怀和责任担当;通过讲授目前人工智能业界的一些浮躁现象,以及深度学习的不足之处,激发学生的求实拼搏与工匠精神。

### 2. 案例内容

本思政案例讲授深度学习的不足与人工智能的基础理论研究,主要包括目前深度学习的不足,我们应该如何学习深度学习与人工智能,以及为什么我们需要重视人工智能的基础理论研究等内容。在讲授完深度学习中的深层神经网络、卷积神经网络、神经网络的训练,以及它们在图像识别中的成功应用的基础上,我们详细讲述目前深度学习的不足之处。尽管目前以深度学习为代表的人工智能技术有很大的影响力,但还存在很多不足,也反映了人工智能基础理论研究仍需大力发展。针对目前人工智能业界的一些浮躁现象,我们分析了一些学生可能容易遇到的"短平快"陷阱,并倡导学生发挥求实拼搏与工匠精神,力戒浮躁,打好基础,深入钻研,树立远大目标。我们还说明了深度学习已逐渐进入瓶颈,需要基础理论的创新与突破。我们强调,虽然中国的人工智能应用研究世界领先,但人工智能基础理论和算法研究、平台、GPU 芯片等,与世界先进水平仍有较大差距,核心技术与算法缺位,人工智能发展面临"卡脖子"窘境。我们以徐匡迪之问:"中国有多少数学家投入到人工智能的基础算法研究中?",以及华为对基础研究的态度、我国将实施的基础研究十年规划为例,号召学生树立远大志向去潜心钻研人工智能的基础理论和算法,并激发学生的爱国情怀和责任担当。

　　课程 PPT 截图如图 1 和图 2 所示。

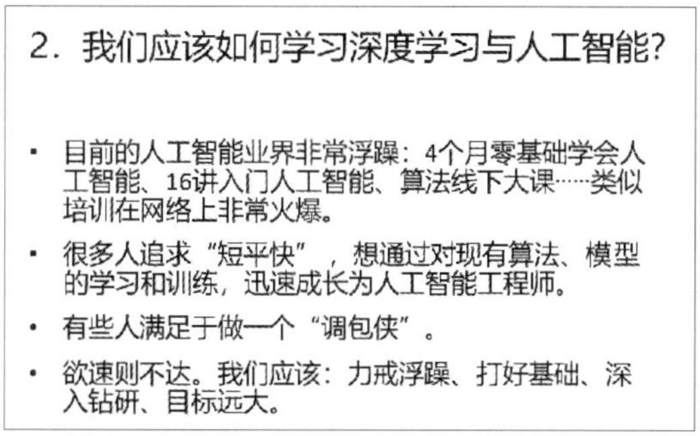

**2. 我们应该如何学习深度学习与人工智能?**

- 目前的人工智能业界非常浮躁:4个月零基础学会人工智能、16讲入门人工智能、算法线下大课……类似培训在网络上非常火爆。
- 很多人追求"短平快",想通过对现有算法、模型的学习和训练,迅速成长为人工智能工程师。
- 有些人满足于做一个"调包侠"。
- 欲速则不达。我们应该:力戒浮躁、打好基础、深入钻研、目标远大。

图 1　我们应该如何学习深度学习与人工智能

**3. 为什么我们需要重视人工智能的基础理论研究?**

- 深度学习面临瓶颈,需要新的创新与突破。
- 中国的人工智能应用研究世界领先,但人工智能基础理论和算法研究、平台、GPU芯片等,与世界先进水平有较大差距。
- 核心技术与算法缺位,人工智能发展面临"卡脖子"窘境:多家人工智能公司被美国打压。
- 徐匡迪之问:"中国有多少数学家投入到人工智能的基础算法研究中?"

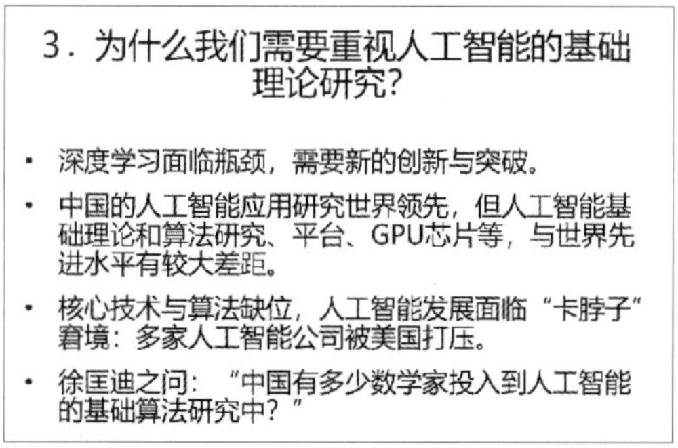

图 2　为什么我们需要重视人工智能的基础理论研究

### 3. 设计思路

　　通过我们应该如何对待深度学习与人工智能的学习与研究,有机地融入爱国情怀、责任担当、求实拼搏、工匠精神等思政元素和育人目标。教学方法主要是多媒体课件播放、课堂讨论。案例内容由申请者在对相关材料进行组织整理的基础上,独立撰写而成。

　　在讲授完深度学习中的深层神经网络、卷积神经网络、神经网络的训练,以及它们在图像识别中的成功应用的基础上,我们详细讲述目前深度学习的不足之处。尽管目前以深度学习为代表的人工智能技术有很大的影响力,但还存在很多不足:需要大量训练数据、训练时间长、鲁棒性无保证、与人的智能有较大差异等。这些其实都是因为人工智能的基础理论研究仍偏薄弱,很多问题欠缺深入研究,从而导致成功落地的产品偏少。

随后,针对目前人工智能领域中的一些浮躁现象,阐述应该如何学习深度学习与人工智能。目前,各种培训广告在网络上非常火爆:4个月零基础学会人工智能、16讲入门人工智能、算法线下大课等。很多人追求"短平快",想通过对现有算法、模型的学习和训练,迅速成长为人工智能工程师。有些人则满足于做一个"调包侠",对深度学习与人工智能的理论基础和核心算法,包括相关的数学基础等不求甚解。这些学习态度都是短视的,必然使学生难以深入核心算法,并且随着技术潮流的变化,所学知识可能会被迅速淘汰。正确的学习方法是:力戒浮躁、打好基础、深入钻研、目标远大。只有这样,才能在人工智能领域中走得更长远。通过强调树立正确的对深度学习与人工智能的学习态度,融入求实拼搏、工匠精神的育人目标。

最后,说明深度学习已逐渐进入瓶颈,需要基础理论的创新与突破。我们强调,虽然中国的人工智能应用研究世界领先,但人工智能基础理论和算法研究、平台、GPU芯片等,与世界先进水平仍有较大差距,核心技术与算法缺位,人工智能发展面临"卡脖子"窘境。我们以华为技术有限公司对基础研究的态度、我国将实施的基础研究十年规划为例,号召学生树立远大志向去潜心钻研人工智能的基础理论和算法,融入爱国情怀、责任担当、求实拼搏、工匠精神的育人目标。

## 三、案例特色

(1)与课程内容有机衔接。

在讲授完深度学习中的深层神经网络、卷积神经网络、神经网络的训练,以及它们在图像识别中的成功应用的基础上,我们详细讲述目前深度学习的不足之处。尽管目前以深度学习为代表的人工智能技术产生了很大的影响力,但还存在很多不足:需要大量训练数据、训练时间长、鲁棒性无保证、与人的智能有较大差异等。这些不足反映了人工智能基础理论中很多问题欠缺深入研究,仍需大力发展,从而与课程内容实现了有机衔接。

(2)爱国情怀与责任担当。

虽然中国的人工智能应用研究世界领先,但人工智能基础理论和算法研究、平台、GPU芯片等,与世界先进水平仍有较大差距,核心技术与算法缺位,人工智能发展面临"卡脖子"窘境。我们以华为技术有限公司对基础研究的态度、我国将实施的基础研究十年规划为例,号召学生树立志向去潜心钻研人工智能的基础理论和算法,实现国家在相关领域中的国际领先地位,融入爱国情怀、责任担当的育人目标。

(3)求实拼搏与工匠精神。

在学习深度学习的过程中,很多人追求"短平快",有些人满足于做一个"调包侠"。我们应该:力戒浮躁、打好基础、深入钻研、目标远大。

尽管目前以深度学习为代表的人工智能技术有很大的影响力,但还存在很多不足,原因是人工智能的基础理论研究仍偏薄弱,很多问题欠缺深入研究。因此,人工智能基础理论研究仍需大力发展。

通过学习态度和研究态度两方面,融入求实拼搏、工匠精神的育人目标。

## 四、学生反馈

(1) 2021-2022-1 学期,190745 林同学:

确实在学习深度学习的过程中,很多人追求"短平快"和"调包侠",自嘲为"炼丹"。我们应该打好基础,但是理论基础知识很难,涉及很多数学知识。

(2) 2021-2022-1 学期,190741 廖同学:

深度学习模型与人的智能有较大差异,有无可能参考人和动物的智能原理发展人工智能?

(3) 2021-2022-1 学期,190743 李同学:

GPU 芯片中有哪些核心技术? 为什么看不到中国的产品?

(4) 2021-2022-1 学期,190711 邓同学:

请老师给感兴趣的学生推荐一些更深入的深度学习及相关数学书籍。

## 五、教学反思

由于近年来人工智能的热度很高,学生对图像识别、深度学习与人工智能都很感兴趣,所以认真听了深度学习中的深层神经网络、卷积神经网络、神经网络的训练,以及它们在图像识别中的应用等内容。对于深度学习的不足之处,有些学生也很感兴趣,想以后继续深造进行相关方向的学习和研究。有几位学生课后还经常与我深入探讨相关学习问题,愿意深入钻研。这说明,本思政案例的内容组织是合理的,所倡导的爱国情怀、责任担当、求实拼搏、工匠精神的育人目标有良好成效。

针对学生反馈的问题,今后我们在课堂上会给学生推荐一些更深入的深度学习以及相关数学书籍,比如最优化等,并对相关内容进行高度概括和简单介绍。同时,我们将花少量时间对 GPU 的工作原理进行简介,并对相关的神经科学和认知心理学知识进行科普。

撰 写 人:刘波
所属单位:北京工业大学信息学部计算机科学与技术系

# "数字逻辑"课程案例

## ——树立大局观念、培养爱国情怀

课　程　名　称：数字逻辑(Digital Logic)
课　程　性　质：学科基础必修课
所属学科门类：计算机科学与技术/0812
学　　　　　分：3 学分　　　　　　　　　学时：48 学时
课　程　简　介：本课程是计算机类的学科基础必修课，属于硬件基础课程，可划分为基础理论、组合电路和同步时序电路三大部分。主要内容是：在引入必要的数制、码制等基础知识的基础上，通过逻辑代数的基本定律、规则、常用公式的介绍，建立数字电路的基本概念，进而深入学习组合电路、时序电路中典型电路的设计思想、逻辑工具、基本分析方法、基本设计方法，并掌握现代数字系统设计中的硬件描述语言建模技术。本课程具有较强的实践性特征，通过与"数字逻辑实验"课程的紧密结合，在理论学习的基础上，借助 EDA 平台和实验平台，谈建立电路物理实现的真实感受，培养发现问题、分析问题、解决问题的工程素质与能力。本门课程的先修课程是"模拟电子技术"。

## 一、章节名称

第二章第五节 多输出逻辑函数的化简

## 二、案例介绍

### 1. 育人目标及理念

引导学生践行绿色环保理念，同时培养学生的大局观，能够以大局为重，承担起自己的社会责任，为国家、社会建设做出贡献。

### 2. 案例内容

电路设计中的函数化简关系到电路中的资源节约问题，因此天然与绿色环保理念一脉相承。而在实际工程电路设计中，经常遇到对于同一组输入变量产生多个输出的问题，此时就会有多个输出函数的逻辑表达式，对各表达式独立地进行化简，往往得不到整个电路的最佳简化方案，需综合考量，从大局出发，协同化简，达到整个电路设计最优的目的，这里体现的思政要素是面对问题时应具备大局观。

结合我校抗击新冠疫情中的一个实例来实现课程思政要素的落地——毕业生搬迁事件，即将毕业走向社会的 2022 届预毕业生，克服论文答辩、求职面试等种种困难，服从安排，打包装箱，在防控处于最紧要、最吃劲的关键时刻，展现出北京工业大学学子识大体、顾大局的担当作为。

　　电路设计能力的培养需基于知识点传授,而知识讲授中的设计思路刚好可以匹配搬迁事件中毕业生所体现出的价值观,从而可以实现价值塑造、能力培养、知识传授的三位一体,以润物无声的方式完成课程思政,全程育人。

　　课程 PPT 截图如图 1 所示。

### 1　多输出函数卡诺图化简-电路图对比

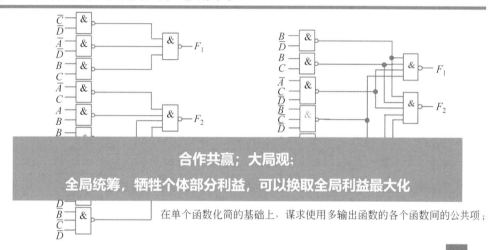

合作共赢;大局观;

全局统筹,牺牲个体部分利益,可以换取全局利益最大化

在单个函数化简的基础上,谋求使用多输出函数的各个函数间的公共项;

图 1　引出案例主题

### 3. 设计思路

1) 复习

　　通过与学生互动,回顾总结单输出函数的化简规则,即表达式中项数最少,且每项中的变量数最少;相应地,在卡诺图上的准则应为"卡诺圈最少,且每个卡诺圈尽可能大",从而达到电路最简,使用门数最少。

　　例 1:化简函数 $F_1 = \sum m^4(0,2,4,6,7,8,12,14,15)$

　　根据前面课程的卡诺图化简法,可以绘制出该函数的卡诺图以及卡诺圈选择方案,如图 2 所示。

　　得最简与或表达式 $F = \overline{C}\,\overline{D} + BC + \overline{A}\,\overline{D}$

2) 多输出函数的化简设计

　　给出多输出函数的定义,即对于同一组输入变量,具有多个输出的函数称为多输出函数。

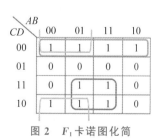

图 2　$F_1$ 卡诺图化简

　　引导学生思考,并得出多输出函数的化简目标,即:

　　总体最简,即多输出函数的总项数最少,每项中的变量数最少。

设问：全局最简是否等价于个体最简？

例 2：化简函数

$$F_1 = \sum m^4(0,2,4,6,7,8,12,14,15)$$

$$F_2 = \sum m^4(2,3,4,6,7,9,12,13,14,15)$$

$$F_3 = \sum m^4(0,3,7,8,13)$$

通过两种不同的化简思路来做直观对比，即个体最简法和大局统筹法；其中，个体最简法通过逐个最优化单个函数来实现，大局统筹法是在单个函数化简的基础上，谋求使用多输出函数的各个函数间的公共项。化简结果如图 3～图 5 所示。

### 1 多输出函数卡诺图化简——个体最简法

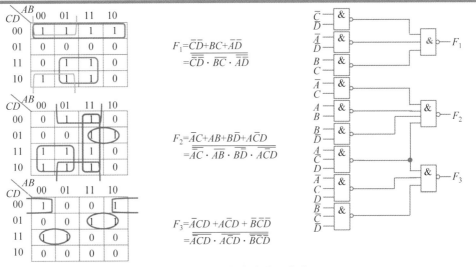

图 3 个体最简法所得表达式及电路图

### 1 多输出函数卡诺图化简——大局统筹法

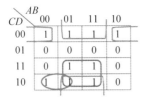
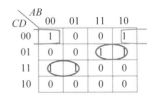

$$F_1 = B\overline{D} + BC + \overline{A}C\overline{D} + \overline{B}\,\overline{C}\overline{D}$$
$$= \overline{\overline{B\overline{D}} \cdot \overline{BC} \cdot \overline{\overline{A}C\overline{D}} \cdot \overline{\overline{B}\,\overline{C}\overline{D}}}$$

$$F_2 = B\overline{D} + BC + \overline{A}C\overline{D} + A\overline{C}D + \overline{A}CD$$
$$= \overline{\overline{B\overline{D}} \cdot \overline{BC} \cdot \overline{\overline{A}C\overline{D}} \cdot \overline{A\overline{C}D} \cdot \overline{\overline{A}CD}}$$

$$F_3 = \overline{B}\,\overline{C}\overline{D} + A\overline{C}D + \overline{A}CD$$
$$= \overline{\overline{\overline{B}\,\overline{C}\overline{D}} \cdot \overline{A\overline{C}D} \cdot \overline{\overline{A}CD}}$$

图 4 大局统筹法所得表达式

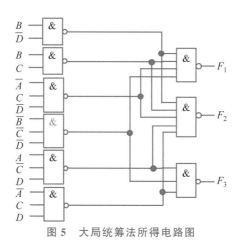

图 5 大局统筹法所得电路图

对比两种方法,个体最简法化简得到的每个表达式都最简,但是整个电路消耗了 12 个与非门资源;而大局统筹法化简得到的每个表达式都不是最简的,但整个电路却只消耗了 9 个与非门资源。

因此,对于同样一个多输出函数电路,使用大局统筹法化简优于使用个体最简法化简。

3)引申思政

电路函数化简的思路自然而然符合绿色环保理念,是内在的自然思政要素。除此以外,多输出函数的大局统筹化简法蕴含了一个道理,在对系统进行最优化时,需要对标的是系统整体的最优解,而局部的最优不一定是系统整体最优,这就需要牺牲局部最优解换取整体的最优。

这种宏观大局统筹的思路在日常学习、生活中也成立,所谓"不谋万世者,不足谋一时;不谋全局者,不足谋一域。"在 2022 年北京工业大学抗"疫"的毕业生搬迁事件中,2022 届预毕业生就展现出了大局观,能够识大体、顾大局,服从学校统一安排,克服论文答辩、求职面试等种种困难,打包装箱,安全有序迁入主校区,为整个学校的抗"疫"防控胜利争取了条件,奠定了基础。

## 三、案例特色

(1) 双思政要素完美契合课程内容。

本案例在思政育人方面,基于多输出函数的电路化简,挖掘了两个思政要素:首先,电路化简的目的就是节约电路资源,这正是绿色环保理念的一个具体践行点,因此通过本内容可自然而然引导学生践行绿色环保理念;除此之外,多输出函数的电路化简不能以追求每个输出最简,而应该从整体出发,以集体最优为目标,协同化简。这意味着可能会牺牲单个输出函数的最优,但是这种合作却换来整体的最简化。这个设计思路正好与大局观、合作共赢理念不谋而合,从而可以顺势引导学生以大局为重,以合作共赢的理念处理生活中遇到的各种各样问题,在国家社会建设中有责任、有担当。

（2）对比法凸显大局统筹优势。

在多输出函数化简中,采取两种化简方法对比讲解:一种是个体最简法,即基于单函数最简的化简原则,对多输出电路中的每个输出分别对待,各个都取得最简结果;另一种是全局统筹法,即化简时各个输出函数协同完成,牺牲个体的最简结果,以全局最简为目标。通过对比法,两种化简方法的对比结果高下立判,大局统筹法的优势不言而喻,思政要素的讲解更有说服力。

## 四、学生反馈

（1）同学 1:在学习多输出函数化简时,我发现大局观不是一句空话,已经成了实实在在的策略,在电路设计中如此,在生活中我们也应该胸怀大局,着眼全局,这样才能取得最大的收益。

（2）同学 2:团结协作、合作共赢的理念在电路设计中体现得淋漓尽致,每个人做事都应该有大局观,看长远。

## 五、教学反思

本案例的思政设计及融入都比较贴切,不会在授课过程中显得突兀,打断专业知识的传授节奏,效果符合预期;生活实例结合了抗疫事件,在今后的授课中需要紧跟时事热点,更新实例。

撰 写 人:王秀娟
所属单位:北京工业大学信息学部计算机科学与技术系

# "数据库原理"课程案例

## ——软件人的责任与担当

中 文 名 称：数据库原理（Database Principle）

课 程 性 质：学科基础必修课

所属学科门类：计算机类/0809

学 分：3 学分　　　　　　　　　学时：48 学时

课 程 简 介："数据库原理"是计算机类专业的核心课程，其主要内容涉及数据组织的基本原理、数据库设计的方法及实施技术。在原理方面，本课程涉及问题的抽象与归纳、逻辑推理、问题求解的方法与思路，有利于学生计算思维的训练。通过概念模型与逻辑模型的设计、关系代数、范式理论等内容的教学，培养学生正确的思维方法，以利于其将来在计算机领域中学习新的理论知识或从事科学研究工作。在应用方面，本课程涉及软件开发能力的培养，数据库技术是大型软件开发的核心技术，也是目前许多新兴数据库技术（如大数据处理）的基础。通过数据库设计、SQL（结构化查询语言）、事务处理以及实验上机等内容的教学，培养学生的复杂系统中数据组织与管理的工程能力。本课程具有理论与实践紧密结合的特点，对计算机类专业本科生的毕业能力要求起重要支撑作用。

## 一、章节名称

第二章第一节 关系模型的数据结构

## 二、案例介绍

### 1. 育人目标及理念

关系模型是数据组织的基本模型，是数据库的核心理论，在数据库领域中有重要的地位。本节将通过介绍关系模型及其理论支撑、关系模型研究的历程，以及我国关系数据库技术的研究，让学生理解数据组织方法研究的基本思路，建立起利用数学等自然科学知识通过建模解决领域问题的意识和兴趣，树立科学研究的自信心，明确每位计算机专业的工程师肩上的责任，树立研发国产自主软件的自信心！

### 2. 案例内容

本节主要聚焦关系模型的基本概念和理论支撑，让学生理解关系模型的核心思想、本质特征，明确关系模型与二维表的区别，关系模型与集合论的关系。这个过程中涉及渐近式概念的形成，逐步去伪存真的探究式学习思维的培养，以及融合数学相关知识到专业领域并利用数学知识对应用领域进行抽象建模的科研思路。课程学习过程中，还通过对关系模型研究过程和研究者奋斗过程的介绍,将科研成果形成的艰辛历程和科研工作者的不懈努力与奋斗精神与学生共享,从而让学生明白科研工作者需具备的品质和责任担当,以及严谨的科学精神。

### 3. 设计思路

本节采用兴趣驱动、渐进引导、对比探究的教学方法让学生在不断追寻中获得知识。所以,在教学过程中:

首先以目前社会各行业实际应用中涉及的数据组织案例出发,激发学生的兴趣,并逐渐抛出问题,引发思考,逐步分析。先通过案例提出一个宽泛的关系模型的概念,再利用实际应用中的限制,一步步提出问题对概念进行精确化,从而引导学生建立一个递进分析、逐步探究的问题研究方法。

PPT 截图如图 1 所示。

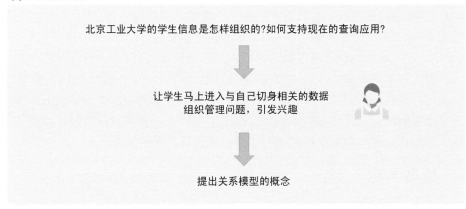

**(2) 抛出实际问题**

北京工业大学的学生信息是怎样组织的?如何支持现在的查询应用?

让学生马上进入与自己切身相关的数据组织管理问题,引发兴趣

提出关系模型的概念

**(2) 继续抛出实际问题**

| 工号 | 姓名 | 联系电话 |
|------|------|----------|
| 001 | 张三 | 176****1234 |
| 002 | 李四 | 87352456 |

| 工号 | 姓名 | 联系电话 |
|------|------|----------|
| 001 | 张三 | 176****1234 |
| 001 | 张三 | 176****1234 |

| 姓名 | 工号 | 联系电话 |
|------|------|----------|
| 张三 | 001 | 176****1234 |
| 张三 | 001 | 176****1234 |

引发学生进行聚焦思考

二维表格就是关系模型吗?

简单属性就是关系模型吗?

元组与属性的顺序?

图 1　关系模型教学设计-概念讲解思路

其次,在关系模型概念的基础上进一步深化,引导学生尝试用数学知识对概念模型进行

表达,让学生深度思考数学知识在数据组织领域的应用方法。过程中启发学生通过分析关系的本质特征与数学理论的对应,挖掘出关系模型的数学表达。这一过程培养学生建立将数学应用于领域问题建模求解的意识和基本思路,从而培养学生的学科素养。

PPT 截图如图 2 所示。

图 2　关系模型教学设计-理论融合讲解思路

再次,清晰了关系模型的概念和表达后,再通过实际应用实例说明如何利用关系模型表达数据及数据之间的联系,从而让学生牢固掌握关系模型的相关知识,运用其组织数据。

课堂在最后的知识扩展阶段,对关系模型的产生以及应用于数据库的发展历程进行了介绍。通过介绍关系模型提出者 Cood 博士的相关事迹、关系理论历经质疑、不断论证和实践的发展过程,以及我国科学工作者及公司在数据库领域的相关工作,让学生理解一个理论产生时领域科学工作者的研究思路和方法,坚持实事求是、不妥协、不让步、不气馁的奋斗精神,让学生明白计算机专业的开发者或研究者所面对的大环境以及肩负的责任,树立开发国家自主软件的责任心和自信心,从而实现对其进行价值目标的引领。

PPT 截图如图 3 所示。

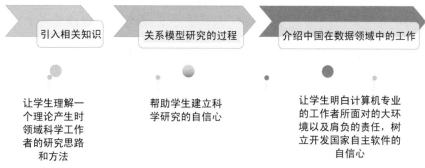

图 3　关系模型教学设计-知识扩展思路

教学过程采用 PPT 与板书相结合的方式。PPT 主要以提纲的形式给出课程内容的主线,同时给出一些典型实例和相关的概念解释,利于学生梳理知识脉络,抓住重点,并能辅助复习。板书主要用于扩展的具体实例,以及必要的分析和推导,同时记录课程的关键知识点和概念,用于课程总结。

## 三、案例特色

本案例的创新在于以溶盐于水、润物无声的方式对学生进行价值引领和品德培养。

(1)通过教学设计融入了科研意识的培养。从一张二维表格到关系模型,采用渐近式、层层递进的方式探究概念的本质,帮助学生建立科学研究的思维方式,建立利用数学手段进行数据库领域抽象建模的思维方法,形成科学研究的意识。

(2)通过教学设计及扩展知识环节融入科学精神的培养。数据库领域著名的研究者有许多,有多人因为贡献卓著而获得图灵奖,其中 Cood 博士便是最著名的一位先驱者,其提出的关系理论成为至今主流数据库依赖的基础理论,他的研究经历对学生甚至科研工作者都具有非常好的启发价值,本节通过递进式的关系模型概念探究及名人的研究经历介绍帮助学生树立克服困难的奋斗精神和严谨务实的科学精神。

(3)通过扩展知识融入国家情怀和责任担当意识。在数据库发展历程中介绍中国数据库领域工作者的不断探索,让学生理解科学精神无国界,但科学家是有国界的。面对国际风云变幻的时局,我们要清晰地知道作为信息技术工作者,特别是计算机专业的工作者在新时代自己所肩负的责任和义务,要有为国家、为社会奉献的大无畏精神。

总之,这个教学过程的设计,既让学生掌握了专业的知识和研究问题的方法,也帮助学生树立了科学研究的自信心,建立了社会责任感,实现了学生核心素养的提升。

## 四、学生反馈

学生对本课程反馈较好,均表示收获颇丰,下面是代表性发言。

(1)授课条理清晰,重点突出,能引导学生思考。

(2)课堂内容充实,讲课思路清晰及深入浅出的表达,让学生容易接受。

(3)对于老师讲的 Cood 博士的事迹,我很受启发,希望自己也能做一个不怕困难的计算机人。

(4)我们国家的数据库一定要跟上啊,希望我也能做些贡献。

(5)老师讲课认真严谨,对专业知识了解深入。

(6)善于调动学生的积极性,课堂气氛很活跃,我对数据库知识越来越感兴趣了。

## 五、教学反思

"立德树人"是人才培养的根本目标,课程教学是培养人才的直接手段,因此,上好一门课,上好一节课是每位教师的神圣使命。如何通过一门课,通过一节课让学生在学习专业知识、具有专业能力的同时也建立起正确的国家观、价值观和人生观是教师的根本职责,因此我们必须不断研究科学的教学方法,实现人才的品德培养和价值塑造,为国家培养忠诚的、合格的建设者和接班人。本节案例是数据库原理课程教学过程中的一部分,我们将基于课程的价值目标在其他教学环节中不断探索、实践,完成整个课程的思政融合。

撰 写 人:杜金莲
所属单位:北京工业大学信息学部计算机科学与技术系

主题2

# 文化自信　民族自豪

# "操作系统原理及安全"课程案例

## ——中国鸿蒙系统改变全球格局

课 程 名 称：操作系统原理及安全（Principle and Security of Operating System）

课 程 性 质：学科基础课

所属学科门类：计算机类/080904K

学　　　　分：3 学分　　　　　　　　　　学时：48 学时

课 程 简 介：操作系统是所有软件的基础，是计算机系统中的核心软件，其安全性是保证上层应用软件高可靠性运行以及信息的完整性、机密性的基础。操作系统原理及安全是信息安全专业的学科基础必修课。

本课程的主要任务是使学生掌握操作系统原理中的基本概念、基本原理、基本方法、主要功能及实现技术，重点论述多用户、多任务操作系统的运行机制，系统资源管理的策略、方法和特点，并使学生能联系实际，与已掌握的数据结构与算法、计算机组成原理、编程语言相结合来解决一些相关实际问题，在系统软件级上使学生系统科学地受到分析问题和解决问题的训练，从而具备初步的操作系统分析、设计、开发的能力。

## 一、章节名称

第一章 引言 第二节 操作系统发展

## 二、案例介绍

### 1. 育人目标及理念

通过从手工操作到现代操作系统以及国产操作系统发展历程的讲解，首先让学生理解需求驱动的创新发展，教育学生应该坚持用发展的观点看问题、保持用两点论和重点论统一的方法解决问题，以实现以用户需求为终点对学生进行敬业精神引导，从而提高学生对事物的认知度。其次，中国华为鸿蒙操作系统的问世不仅构建了中国基础软件的根，同时也拉开永久性改变操作系统全球格局的序幕，从而增强学生的民族自豪感和文化自信心，激发学生的爱国精神和使命担当。

### 2. 案例内容

（1）操作系统的发展历程。

操作系统在人工操作阶段，用户独占全机资源，为提升计算机资源利用率，引入了脱机输入/输出技术；为克服单道批处理阶段缺点，引入多道批处理系统，改善 CPU 利用率；为提升系统人机交互能力，引入分时系统；为及时响应外部请求，设计实时系统，现代操作系统一直朝着便捷性、网络化、融合性方向不断发展。因此,"用户的需求"是驱动新一代操作系统的发展动力。

（2）鸿蒙操作系统。

首先介绍鸿蒙操作系统的发展背景和历程。

中国软件行业枝繁叶茂,但没有根。目前国内操作系统的 PC 端和移动端几乎都由美国公司控制,微软 Windows 系统全球市场占有率超过 90%,谷歌安卓系统占有率为 70%,苹果 iOS 系统占有率为 29%,也就是在移动端美国系统占有率达 99%,而国内的手机公司使用的手机操作系统都是基于安卓开源二次开发的,这就细思极恐了。

近几年,美国一方面通过半导体设备霸权,封锁芯片成品供应链、封锁芯片代工供应链、彻底堵死华为的芯片来源;另一方面全面封杀华为所有设备的操作系统使用权限。留给华为的路只能是超越硬件制造的另外一个阶段,迫使华为改变直接售卖硬件的商业模式,摆脱芯片封锁带来的业务风险,通过鸿蒙操作系统来实现业务的延续。

2012 年 9 月,在华为"2012 诺亚方舟实验室"专家座谈会上,任正非提出要做终端操作系统,以防患于未然,要在"断了我们粮食的时候,备份系统要能用得上",而这就是鸿蒙操作系统的起点。

2017 年,鸿蒙内核 1.0 完成技术验证,并逐步开展鸿蒙内核 2.0 研发。

2018 年,鸿蒙内核 2.0 已应用于终端 TEE。

2019 年,华为手机遭遇重大打击,谷歌在海外市场禁止华为手机的 GMS（谷歌移动服务）,让华为手机在海外市场销量大跌。华为在 2019 年 5 月 16 日发布的手机,都无法直接获得安卓系统更新,也无法使用包括 Gmail、地图、YouTube、Play 商店等在内的各项应用与服务。华为迅速推出 HMS（华为移动服务）,以替换 GMS。但光有 HMS 还不够,万一哪一天安卓系统也无法使用,华为手机将遭受灭顶之灾。华为不得不将鸿蒙这个"备胎"拿出来研发,让其提前转正。

2019 年 8 月 9 日于东莞举行华为开发者大会（HDC.2019）,华为公司正式发布自研的操作系统——鸿蒙操作系统。鸿蒙操作系统 1.0 版本正式亮相,它是一款全场景分布式操作系统,可按需扩展,实现更广泛的系统安全,主要用于物联网,特点是低时延。鸿蒙操作系统实现模块化耦合,对应不同设备可弹性部署。鸿蒙操作系统有三层架构:第一层是内核;第二层是基础服务;第三层是程序框架。2019 年 8 月 10 日,荣耀正式发布荣耀智慧屏、荣耀智慧屏 Pro,搭载鸿蒙 OS。开发者大会现场如图 1 所示。

2020 年 9 月 10 日,华为鸿蒙系统升级至华为鸿蒙系统 2.0 版本,在关键的分布式软总线、分布式数据管理、分布式安全等分布式能力上进行了全面升级,为开发者提供了完整的分布式设备与应用开发生态。2020 年,华为已与美的、九阳、老板等家电厂商达成合作,这些品牌将发布搭载鸿蒙操作系统（英文名为 HarmonyOS,意为和谐）的全新家电产品。

2021 年 10 月,HarmonyOS 3.0 的更新日志被曝光。HarmonyOS 3.0 的更新包容量为 2.98GB,优化了控制中心的界面显示,新增了提升游戏流畅度的 GameServiceKit,安全方面,合入安全补丁,系统安全得到进一步的增强,系统方面,桌面图标可以调节大小了,并且

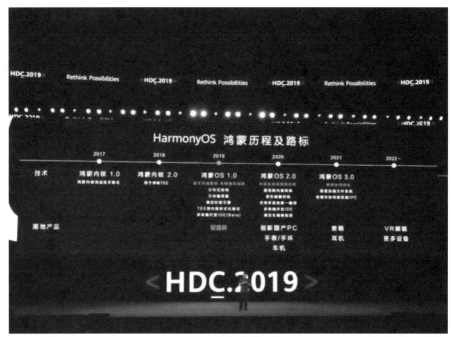

图 1 开发者大会现场

优化了免打扰功能和重新设计通知栏,地图也将支持三维城市体验,另外,系统的稳定性也得到了增强。

2022 年 6 月,HarmonyOS 3.0 开始公测,目前支持的机型是华为 Mate40 系列、P50 系列多款手机,以及 MatePad Pro 12.6 平板。

HarmonyOS 历程及路标如图 2 所示。

图 2 HarmonyOS 历程及路标

其次介绍 HarmonyOS。

HarmonyOS 是华为公司开发的一款基于微内核、耗时 10 年、4000 多名研发人员投入开发、面向 5G 物联网、面向全场景的分布式操作系统。该系统将打通手机、计算机、平板、电视、工业自动化控制、无人驾驶、车机设备、智能穿戴统一成一个操作系统,创造一个超级虚拟终端互联的世界,将人、设备、场景有机联系在一起。

HarmonyOS 不是 Android 系统的分支或修改而来的,与 Android、iOS 是不一样的操作系统。2021 年发布的 HarmonyOS 2.0 与 iOS 及 Android 的区别如图 3 所示。

| 特点＼系统 | HarmonyOS | iOS | Android |
|---|---|---|---|
| 硬件载体 | 手机之外,还可以搭载在电视、手表、车机、智能家居等众多IoT设备 | 手机为主 | 手机为主 |
| 增长空间 | IoT设备潜力很大 | 有限 | 有限 |
| 优点 | 流畅,开源,分布式能力 | 流畅 | 开放 |
| 缺点 | 新生系统,处于增长期 | 封闭 | 碎片化,卡顿 |
| 开发者开发App | 一次开发多端适配 | 单独适配 | 单独适配 |

图 3　HarmonyOS 2.0 与 iOS 及 Android 的区别(来源于华为开发者大会)

再次介绍技术特征。

第一,分布式架构首次用于终端操作系统,实现跨终端无缝协同体验。

HarmonyOS 的“分布式操作系统架构”和“分布式软总线技术”通过公共通信平台,分布式数据管理,分布式能力调度和虚拟外设四大能力,将相应分布式应用的底层技术实现难度对应用开发者屏蔽,使开发者能够聚焦自身业务逻辑,像开发同一终端一样开发跨终端分布式应用,也使最终消费者享受到强大的跨终端业务协同能力为各使用场景带来的无缝体验。

第二,确定时延引擎和高性能 IPC 技术实现系统流畅。

HarmonyOS 通过使用确定时延引擎和高性能 IPC 两大技术解决现有系统性能不足的问题。确定时延引擎可在任务执行前分配系统中的任务执行优先级及时限进行调度处理,优先级高的任务资源将优先保障调度,应用响应时延降低 25.7%。鸿蒙微内核结构小巧的特性使 IPC(进程间通信)性能大大提高,进程通信效率较现有系统提升 5 倍。

第三,基于微内核架构重塑终端设备可信安全。

HarmonyOS 采用全新的微内核设计,拥有更强的安全特性和低时延等特点。微内核设计的基本思想是简化内核功能,在内核之外的用户态尽可能多地实现系统服务,同时加入相互之间的安全保护。微内核只提供最基础的服务,比如多进程调度和多进程通信等。

第四、通过统一 IDE 支撑一次开发,多端部署,实现跨终端生态共享。

HarmonyOS 凭借多终端开发 IDE,多语言统一编译,分布式架构 Kit 提供屏幕布局控件以及交互的自动适配,支持控件拖曳,面向预览的可视化编程,从而使开发者可以基于同一工程高效构建多端自动运行 App,实现真正的一次开发,多端部署,在跨设备之间实现共享生态。华为方舟编译器是首个取代 Android 虚拟机模式的静态编译器,可供开发者在开发环境中一次性将高级语言编译为机器码。此外,方舟编译器未来将支持多语言统一编译,可大幅提高开发效率。

最后介绍意义。

自技术爆发之后,华为在芯片与操作系统受限的背景下推出主打物联网时代的"鸿蒙系统"。基于华为自身发展的战略意图,鸿蒙的出现将打通万物互联的关键一环——手机,从而全面打通智能手机、智能家居、智能穿戴、智能汽车等设备的界限,实现跨设备协同,真正建立全新的跨设备融合的生态系统。这是华为跻身生态巨头的入场券。

基于国家层面的战略意义。中国软件行业枝繁叶茂,但没有根,如果美国对华科技封锁日益加剧,或者是某一天突然封锁,国产手机市场将直接崩溃,手机作为智能终端最核心的领域,依赖手机的很多应用场景都将无法实现。因此,华为要从鸿蒙开始,构建中国基础软件的根,这意味着国产手机操作系统要真正实现自主创新、自主可控,彻底摆脱美国"卡脖子"的困境。同时,鸿蒙问世时恰逢中国整个软件业亟需补足短板,鸿蒙对国产软件的全面崛起有战略性带动和刺激。

基于国际层面的战略意义。从全球操作系统来说,美国的 Android 和苹果的 iOS 已掌控了这一领域,而华为 HarmonyOS 面向全场景智慧化时代而来,代表中国高科技必须开展的一次战略突围,是打破美国垄断的一个现实方案,它的诞生拉开了永久性改变操作系统全球格局的序幕,对全球技术平衡具有积极意义。

### 3. 设计思路

(1) 通过学习操作系统的发展历程,提升学生的认知度,同时引出中国的 HarmonyOS。

操作系统经历了无操作系统(人工操作)、单道批处理系统、多道批处理系统、分时系统、实时系统等阶段。通过对操作系统发展历程的讲解,让学生理解需求,驱动创新发展,教育学生不仅要用发展的眼光看待问题,更要用辩证的思维解决问题,从而提高学生对事物的认知度。另外,现代操作系统一直朝着便捷性、网络化、融合性方向不断发展,而中国鸿蒙系统的问世也正是时代发展的需求。

(2) 通过了解中国华为 HarmonyOS,增强学生的民族自豪感和文化自信心。

华为 HarmonyOS 创造了一个超级虚拟终端互联的世界,将人、设备、场景有机联系在一起,将消费者在全场景生活中接触的多种智能终端实现极速发现、极速连接、硬件互助、资源共享,用合适的设备提供场景体验。HarmonyOS 同主流 Android 和苹果的 iOS 相比,其硬件载体除手机之外,还可以搭载电视、手表、车机等众多 IoT 设备,且 IoT 设备增长空间潜力更大,系统更流畅、开源,分布式能力更强,对开发者开发 App 来说一次开发可实现多端适配。这款由中国电信巨头打造的操作系统在技术上是先进的,代表中国高科技必须开展的一次战略突围,是打破美国垄断的一个现实方案,它的诞生拉开了永久性改变操作系统全球格局的序幕,同时也证明华为在自己聚焦的技术领域已经走到世界前列,增强学生的民族自豪感和文化自信心。

(3) 通过分析中国的 HarmonyOS 的发展背景、历程和意义，激发学生的爱国精神和使命担当。

目前国内操作系统的 PC 端和移动端几乎都由美国公司控制，中国软件行业枝繁叶茂，但没有根。近几年，在美国等西方国家的禁令影响下，华为芯片来源被切断，手机运营受到压制的情况下，华为公司仍然屹立不倒，自主研发了 HarmonyOS，构建了中国基础软件的根，同时华为的坚强抵抗为中国其他相关制造商提供喘息的时间，从而激发学生的爱国主义精神。另外，HarmonyOS 的问世解决了中国基础软件的根，但并不等于万事大吉，用任正非先生此前的话，就是仍然缺乏良好的应用程序生态系统。整个系统建立良好生态，需要时间，也需要机会。何况，面对群狼环伺，要实现突围，需百倍努力，不断超越。因此，让学生明白自己身上担负的重要责任，只有学好这门课，掌握了操作系统的基本原理，将来才能投身于自主可控的系统研发的行列里，才能解决技术受制于人的问题，才能实现科技强国，才能走在世界前列。

## 三、案例特色

(1) 从个人层面，通过学习操作系统的发展历程，提高对事物的认知度。

从手工操作性到现代操作系统，其发展历程是人类遇到问题并解决问题的过程，任何事物都有其自身的发展规律。首先，"用户的需求"驱动新一代操作系统的发展，对此教育学生应该坚持用发展的观点看问题；其次，每种操作系统功能的侧重发展都蕴含着两点论和重点论的统一，引导学生在学习或工作中遇到问题，要先分清主要矛盾和次要矛盾，然后先解决主要矛盾，同时兼顾次要矛盾；最后，操作系统的发展是应用户需求不断发展的，对学生进行敬业精神引导，从事软件开发，实现用户需求是终点。

(2) 从国家层面，通过了解中国的 HarmonyOS，增强民族自豪感和使命感。

在华为芯片来源被制裁和全面封杀华为所有设备的操作系统使用权限的双重打压下，华为坚强抵抗，自主研发出一款面向全场景智慧化时代的 HarmonyOS，它不仅代表华为在 IoT 领域的雄心，也代表中国高科技必须开展的一次战略突围，是中国解决诸多卡脖子问题的一个带动点，从而增强了学生的爱国主义精神、民族自豪感和文化自信心。然而，在 Android 和 iOS 垄断的手机市场，HarmonyOS 想要突围，还有漫漫长路，这又激发了学生的斗志和为国家富强而战的一份责任心。

总之，教学内容与思政元素相互渗透，高度融入而不牵强。选择的案例符合当前时代背景，时效性强，容易引发学生的认同感，从小到个人认知，大到国家使命两个层面，达到思政育人的目标。

## 四、学生反馈

(1) 同学 1：通过学习了解了操作系统的发展过程及我国操作系统的现状，我认为我们现在必须脚踏实地,好好钻研相关理论,并且要认识到只有自己拥有独立的知识产权才能不受别人的控制。

（2）同学 2：我觉得科学虽然没有国界,但科学家是有国界的,科技工作者是有国界的。爱国不是一句空话,而是实实在在地做工作,脚踏实地地做研究,为我国计算机技术的研发做出贡献。

## 五、教学反思

本案例的思政融合的设计结合了国际、国内的实际情况,在授课过程中自然引入,不会让学生觉得是专门为思政而进行的讲解,得到学生的共鸣,效果较好。今后在授课中,我们将继续不断探索更好的思政融入实例。

撰　写　人：侍伟敏
所属单位：北京工业大学信息学部计算机科学与技术系

# "密码学"课程案例 Hash 函数破译
## ——中国密码标准走向世界

课 程 名 称：密码学(Cryptography)

课 程 性 质：学科基础必修课

所属学科门类：计算机类/080904K

学　　　分：2.5 学分　　　　　　　学时：40 学时

课 程 简 介：没有网络安全，就没有国家安全，密码学是信息安全的基础，密码学课程是信息安全专业的基础必修课。

在知识传授与能力培养目标方面，旨在使学生理解并掌握密码学所涉及的基本理论和方法，熟悉和掌握主要的密码学算法与技术，掌握密码学的基本实践能力，具备使用密码学理论与工具保护信息系统安全和解决复杂信息安全问题的能力。

在育人目标方面，结合课程相关知识点，贯穿爱国主义素质教育，让学生在掌握密码基本理论和技术的同时，通过密码领域的中国贡献、杰出人物以及国家商用密码标准制定及发展等案例，培养学生自主可控的安全理念，树立民族自信和职业素养，激发学生爱国热情，在工作和信息系统开发过程中，自觉使用国产密码算法，保证系统安全运行。

## 一、章节名称

第六章第一节 Hash 算法及其攻击

## 二、案例介绍

### 1. 育人目标及理念

通过密码领域的中国贡献、杰出人物的介绍，正确认识我国密码事业的发展现状，树立文化自信和求实拼搏精神，激发学生的爱国热情和民族自豪感。

### 2. 案例内容

王小云，中国科学院院士，密码专家，国际密码协会会士，清华大学高等研究院教授，密码理论与技术研究中心主任，中国密码学会副理事长，从事密码理论与密码数学问题研究，重创 **MD5** 密码标准，破解 **SHA- 1**"白宫密码"，设计 **SM3**"网络护盾"，与神秘的数学、公式、程序共舞，不断颠覆密码世界，获有中国版诺贝尔奖的未来科学大奖。

2004 年之前，国际上公认 MD5 密码标准是安全的，而在 2004 年美国加州圣芭芭拉国际密码学会议上，来自当时山东大学的王小云教授破例做了破译 MD5、HAVAL-128、MD4 和 RIPEMD 算法的报告，彻底打破了这一平静，报告轰动了全场。报告结束时，与会者长时间热烈鼓掌,部分学者起立鼓掌致敬,国际密码学泰斗 Yvo Desmedt 当时胳膊骨折了,他兴奋地用另一只手击打大腿表示鼓掌,这在密码学会议上是少见的盛况。她的研究成果作为密码学领域的重大发现,宣告了固若金汤的世界通行密码标准 MD5 的堡垒轰然倒塌,引发了密码学界的轩然大波。

在密码分析领域,SHA1 算法被视为计算安全系统的基石,有"白宫密码"之称,王小云教授同样攻克了 SHA1 分析难题,给出了这类算法的碰撞攻击,并带领团队设计了国际领先的中国哈希函数标准 SM3 网络护盾,极大增强了我国密码算法在国际上的地位。

在哈希(Hash)函数的教学过程中,通过王小云教授对 MD5 和 SHA1 算法破解事迹的讲述,融入民族自信、求实拼搏和中国元素等思政元素,弘扬科学家高尚的爱国主义情怀和坚持不懈的科学精神。PPT 截图如图 1 和图 2 所示。

图 1    王小云教授发现了 MD5 哈希函数的碰撞

图 2    王小云教授提出新一代 Hash 函数国际标准 SM3

### 3. 设计思路

科学是人类探索自然同时又变革自身的伟大事业,科学家是科学知识和科学精神的重要承载者。党的十八大以来,以习近平为核心的党中央高度关心关怀我国科技事业和广大科学家群体。习近平总书记指出:"中国要强盛、要复兴,就一定要大力发展科学技术,努力成为世界主要科学中心和创新高地。"他强调:"希望广大院士弘扬科学报国的光荣传统,追求真理、勇攀高峰的科学精神,勇于创新、严谨求实的学术风气,把个人理想自觉融入国家发展伟业,在科学前沿孜孜求索,在重大科技领域不断取得突破。"这一重要论述,体现了党中央对科学家群体的殷切期望,而要激励和引导科技工作者追求真理、勇攀高峰,真正把学问和人格融合在一起,就必须重视科学家精神的培育和弘扬。

Hash 函数是实现信息安全完整性目标的主要措施,是完成密码学教学目标的核心教学内容之一。在章节安排上,其位于传统密码、分组密码及序列密码之后,因为 Hash 函数具有不可逆性、压缩性及抗碰撞性等特点,因此设计安全的 Hash 函数及对 Hash 函数进行安全性分析是非常困难的。对 MD5 算法,需要经过消息分组,对每一分组需经过 4 轮处理过程,而对每轮处理过程,又需经过 16 轮迭代过程,中间经过了复杂的线性与非线性变换,使得根据输出结果难以反推到原始输入。如果只讲 Hash 函数的原理,虽然学生能明白基本的设计思想,但较难激发学生的学习兴趣,学生听完算法,反馈的结果只是"好难啊!"。即使这么难的算法,也会给学生一个启发性的问题,"您能破解它吗?""您能找到 Hash 函数的碰撞吗?""给您一个软件,您能改变它吗",针对这一系列问题,大部分学生直摇头,那么"有谁能破解 Hash 函数?",有谁能想到,那就是我们中国的密码专家王小云教授,从而引入课程思政的育人目标,体现科学家的拼搏精神,激发学生的民族自信心。

在教学方法上通过提问、启发式教学、课堂讨论等方法,逐步引导学生发现原来国际上的 Hash 函数也不是不可破解的,也有设计缺陷,而且这个破解者原来是中国的学者,从而激发学生的爱国热情和民族自豪感。在教学手段及载体途径上,通过 PPT 讲解、播放专家视频先进事迹、密码学算法的中国贡献、视频算法 Flash 动画等多种教学手段,实现课程的理论与育人教学目标。

本案例的主要设计思路是:Hash 函数的特点→用途→MD5 算法原理→算法安全性分析→启发式、讨论式,通过多种教学手段引入课程思政育人目标,激发学生的爱国热情和民族自信心→促进新标准形成,争取密码标准引领世界。

## 三、案例特色

(1) 文化自信。

密码算法广泛应用于电子政务、金融、军事、电子商务等应用中,是信息安全的基础,如果密码算法(尤其是完整性算法)掌握在其他国家手中,一旦算法存在后门而受到攻击,将对国家的数字公共基础设施造成损坏,引起不可估量的损失,如伊朗的震网病毒、轰动世界的勒索病毒攻击给全世界带来巨大的伤害。MD5 及 SHA1 算法是国际标准的完整性检测算法,用于检测数据是否被篡改。MD5 及 SHA1 算法的破解终结了国际算法难以被中国专家破解的神话,没有什么事情是中国不能完成的,从而激发学生强烈的文化自信心。

(2)民族自豪。

密码算法是信息安全的基石,由于历史的原因,我们国家起步较晚,很多旧的标准及技术都掌握在其他国家手中。由于受美欧等国家技术封锁的原因,因此提出新的密码算法需要有坚忍不拔的意志,求实拼搏的顽强精神。王小云教授常说:"密码技术是实现国家安全的一个支撑技术,希望能通过努力,带给国家一个更加安全的未来。"王小云教授的事迹说明,中国人通过自己的努力,完全有智慧和能力,超越其他国家,提出自己的国家标准,并推行为国际标准。事实表明,中国的密码学研究在某些方面已经走在世界的前列,并且在逐步扩展,比如祖冲之密码标准,SM2、SM3、SM4、SM9 系列标准等,从而激发学生强烈的民族自豪感。

## 四、学生反馈

(1)张同学:伊朗的震网病毒说明数据的完整性有时候比保密性更重要,软件完整性遭到破坏,造成国家军事等基础设施严重损坏,给国家造成不可挽回的损失。伊朗的震网病毒事件还说明,只靠使用国外的软硬件产品是不够的,关键基础设施及软件产品还需要自主可控。

(2)李同学:王小云教授破译 MD5 和 SHA1 指的是找到了这两类 Hash 函数的碰撞,也就是知道一个软件,可以伪造另一个软件而不被发现,并不是解密算法中的从 Hash 值破译找到原文件。其直接后果就是当时的标准必须进行更新,否则金融行业的银行、电子商务、政务系统都会受到攻击,王小云教授在 10 年内破译了 5 部顶级密码,让全球密码界为之震撼,完整性研究中国走在世界前列! 为中国点赞!

(3)赵同学:找到 Hash 函数的碰撞,倒逼世界提升国际标准!

(4)刘同学:刚开始感觉 SM3 很难,学完 SHA1 才发现 SM3 并不怎么难了,SM3 吸取了 SHA1 的优点,消除了其不足,中国标准更安全,相信中国标准,相信中国做的会更好。

(5)尹同学:学完本章才知道,完整性和保密性是两个不同的安全属性,不存在谁更重要的问题,在某些领域,更看重保密性,而在另一些领域则更需要完整性,完整性中国已走在世界前列,期望更多的领域有所突破,中国引领世界。

(6)吴同学:王小云教授能在孩子睡着之后,对 Hash 算法进行深入研究,奋斗拼搏精神值得学习!

## 五、教学反思

从学生的专业成绩看,学科前沿、中国贡献和思想政治教育内容的引入,并没有影响学生对专业知识的获取,反而提高了学生的学习兴趣和学习主动性,使得专业基础更加扎实。通过对学生课后的交流,很多学生对国家未来网络安全的思考感悟颇深,意识到自己肩上的责任与担当,达到专业技能教育、思想政治教育的双重目标。

在教学心得方面,思政教育应该紧扣知识点,锦上添花;用心设计思政案例,实现价值塑造;及时了解学情,思政教育润物无声;提升自身修养,思政教育随时开展。

撰 写 人:周艺华

所属单位:北京工业大学信息学部计算机科学与技术系

# "密码学"课程案例：战争中的密码较量

## ——中国经典密码传奇

课　程　名　称：密码学(Cryptography)

课　程　性　质：学科基础必修课

所属学科门类：计算机类/080904K

学　　　　　分：2.5 学分　　　　　　　　学时：40 学时

课　程　简　介：没有网络安全，就没有国家安全，密码学是信息安全的基础，密码学课程是信息安全专业的基础必修课。

在知识传授与能力培养目标方面，旨在使学生理解并掌握密码学所涉及的基本理论和方法，熟悉和掌握主要的密码学算法与技术，掌握密码学的基本实践能力，具备使用密码学理论与工具保护信息系统安全和解决复杂信息安全问题的能力。

在育人目标方面，结合课程相关知识点，贯穿爱国主义素质教育，让学生在掌握密码基本理论和技术的同时，通过密码领域的中国贡献、杰出人物以及国家商用密码标准制定及发展等案例，培养学生自主可控的安全理念，树立民族自信和职业素养，激发学生爱国热情，在工作和信息系统开发过程中，自觉使用国产密码算法，保证系统安全运行。

## 一、章节名称

第二章第一节 传统密码算法

## 二、案例介绍

### 1. 育人目标及理念

通过对中国古代兵书《六韬》中阴书密码算法、密码专家池步洲破译日军偷袭珍珠港密电、中国剩余定理用于韩信点兵等事件的讲解，展现中国智慧，激励民族自豪感，传播先进文化，不断增强文化自信，并将这种自信融入自身的思想和行动，激发学生科技报国的家国情怀和使命担当。

### 2. 案例内容

中国古代兵书《六韬》中记录了阴符和阴书两种加密通信方式。阴符据传由姜子牙发明，通过不同长度的特质"符"传达信息，如图 1 所示。阴书由阴符演变而来。国君和在外主将之间用阴符秘密联络，八种不同尺寸长度的阴符，隐藏着不同的军情秘密。如需传递军机大事，则用阴书：把书信拆成三部分，分派三人发出，每人拿一部分，只有三部分合在一起才能读懂信的内容。南宋还出现了密写的先进技术。据《三朝北盟会编》记载，公元 1126 年，开封被金军围困之时,宋钦宗"以矾书为诏"。因为"以矾书帛,入水方见",只有把布帛浸入水中,隐藏其上的字迹才会显露出来,如图 2 所示。金人不知道这个"内幕",便无从知道情报的内容了。

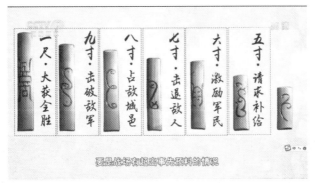

图 1　中国古典密码算法"阴符"

图 2　中国古典密码算法"隐写术"

中国剩余定理(又称为孙子定理),是整个数学中少数几个以国家名字命名的定理,是中国古代求解一次同余式组的方法。最早可见于中国南北朝时期的数学著作《孙子算经》,叫作"物不知数"问题。相传汉高祖刘邦问大将军韩信统御兵士多少,韩信答说,每 3 人一列余 1 人、5 人一列余 2 人、7 人一列余 4 人、13 人一列余 6 人……刘邦茫然而不知其数,而韩信迅速计算出了结果,足以体现出中国剩余定理的精妙,如图 3 所示。

池步洲生于 1908 年,福建省闽清人,曾赴日本早稻田大学留学,在机电专业就读。抗日战争爆发后,其回国抗日。二战中,日本偷袭珍珠港的机密曾经被他破译,但是美国接到警报后却没有采取任何措施;珍珠港事件美国惨败,后来罗斯福吸取教训,利用池步洲再次破译山本五十六出巡的信息一举歼灭之。池步洲因在破密方面屡立不世之功,所以被晋升为国军少将参谋,以文职而晋升将军行列。他是我国的密码天才,如图 4 所示。

章照止,中国科学院数学所研究员,中国最出色的密码算法专家,是一个先天视力障碍的半盲人,20 世纪六七十年代在国家破译国际情报密码方面做出卓越贡献,被人称作"中国

图 3 韩信点兵与中国剩余定理

图 4 一片丹心破日密——池步洲传奇

的眼睛",密码破译界的一只猫头鹰,冷战时期,他破译了苏军军区级军用密码,迫使世界最强大的陆军放弃它庞大的通信系统,还原于一战的通信方式,如图 5 所示。

图 5 中国密码算法专家章照止

## 3. 设计思路

从密码学发展的历程看,密码学经历了古典密码(人工密码)、近代密码(机械密码)和现代密码(电子计算机)时期。古典密码与近代密码又统称为传统密码或经典密码,经典密码有着悠久的历史,虽然这些密码现在看起来大都比较简单,但是研究这些密码的原理,对于理解、构造和分析现代密码都是十分有益的,很多现代密码算法都是基于经典密码进行多次迭代,以增加扩散和置乱效果实现的。经典密码的教学目标包括:熟悉国内外主要的经典密码算法,为现代密码算法的教学奠定基础;同时,经典密码承载了展现中国智慧、传播先进文化、激励民族自信等思政育人功能。

在教学内容的选择上,选择了具有代表性的中国古代兵书《六韬》中的阴符和阴书两种加密通信方式,阴符通过不同长度的特质"符"传达信息,是一种典型的"替代"密码,而阴书通过使用八种不同尺寸长度的阴符进行组合来传递更为复杂的军事机密,具有现代密码学中"秘密分享"的思想;另外,选择"韩信点兵"的历史典故,引出展现中国智慧的中国剩余定理,而中国剩余定理是非对称加密和秘密分割算法的重要理论基础,至今仍广泛应用,以此激励学生的民族自豪感,增强文化自信;进而,引入二战期间中国密码专家池步洲破译日本密电的历史事实,池步洲的事迹很多学生是不知道的,当时中国破译密码的水平在世界上是领先的,只是美国并没有采纳中国的电文,造成珍珠港被偷袭的悲剧,通过池步洲的事迹增强民族自信,激发学生科技报国的家国情怀和使命担当;二战以后,通过对中国出色密码算法专家、先天视力障碍的半盲人章照止事迹的阐述和观看,进一步增强和激发学生的文化自信、民族自豪、责任担当和淡泊名利的社会主义核心价值观。

在教学方法及教学手段上,除了传统的课堂讲授之外,还通过启发式提问、课堂讨论及视频播放等方式,增强课堂教学效果。在经典密码算法上,先对学生进行提问,由学生回答古代有哪些典型的密码算法、中国有哪些典型的密码算法,然后由老师进行补充,继而通过课堂讨论这些经典密码算法背后的数学机制是什么? 比如,是"替代""置换",还是"秘密分割",增加学生对算法的理解。最后,播放"密码的奥秘""军事科技""加密"和"破译的永恒之战""讲武堂"等,通过历史故事中的姜子牙、韩信、池步洲、章照止等著名人物增强经典密码育人功能的体现,提高学生的学习兴趣,增强民族自豪感,激发学生的学习动力和使命担当。

## 三、案例特色

(1) 文化自信。

中国古代兵书《六韬》中姜子牙发明的独具特色的阴符以及阴书加密方法,宋钦宗"以矾书为诏""以矾书帛,入水方见"的隐写技术,苏轼的连环诗等,密码算法不但是一种技术,而且是一种独特的艺术;另外,国际上有很多密码算法都是其他国家提出的,甚至很多密码算法的数学基础都基于国外的数学原理,引用中国剩余定理以及韩信点兵的历史典故,让学生认识到中国数学基础的博大精深,中国剩余定理至今仍然是现代密码算法中"秘密共享算法"的数学基础。从古典密码、近代密码到现代密码,无不展现出超高的中国智慧,从而激发学生的强烈的文化自信。

(2) 民族自豪。

密码算法在古代军事领域的精彩较量,展现了密码技术的风采。密码技术对战争的胜负起到举足轻重的作用,二战期间美国没有重视池步洲的破译成果,付出了高傲的代价,珍珠港被袭,造成历史上不可挽回的遗憾;密码专家章照止破译了苏军的军区级密码,迫使苏军不得不放弃现代通信手段而改用原始的摩托车通信方式,可谓是一人可抵三军;引用中国共产党创编的"豪密"算法,直到1949年解放都无人破解,从而激发学生强烈的民族自豪感。

## 四、学生反馈

(1)张＊:池步洲确实是一个传奇人物,一生不为名利,从不贪功,一心抗战的热情令人钦佩。抗战结束后,池步洲因反对内战,不愿继续从事密电码研译工作,一生历史清白,一心为民,大是大非分得清,值得学习。

(2)靳＊＊:韩信点兵使用了中国剩余定理的"物不知数"求解问题,此算法还可用于秘密共享,自我感觉类似于寻找宝藏时的地图分割,但算法更为精妙,地图分割少一份就不能恢复秘密了,而中国剩余定理还存在冗余备份,赞叹中国人的智慧。

(3)李＊＊:中国密码算法专家章照止是一个先天视力障碍的半盲人,身残志坚,成为密码破译领域"中国的眼睛",而自己却住在一间小平房里,淡泊名利,令人敬佩。

(4)刘＊＊:中国古代的阴符及阴书,与现代密码有异曲同工之妙,佩服古代中国人的智慧。

(5)毛＊＊:池步洲抗战过程中颠沛流离,两个孩子不幸夭折,一心报国。如果都能像池步洲,中国无敌。

(6)柳＊:美国人的自大,珍珠港遭到重创;日本人的狂妄,山本五十六命丧布干维尔岛;池步洲的心思缜密,成功破译密电。为中国人的贡献点赞!

(7)吴＊＊:池步洲谦虚地说,他一生只做过一件大事,就是在国家民族生死存亡的关头,破译日寇密电码成功,尽了匹夫之责。一份密电可顶10万精兵,如此谦虚,谁人能比?

(8)戴＊＊:由于情报工作的特殊性,美国和国民党政府都未公开池步洲在抗战中做出的巨大贡献,池步洲晚年过着平静的生活,淡泊名利,一生未改变国籍,生为中国人,死为中国鬼的豪情令人钦佩。

## 五、教学反思

从学生的反馈效果看,中国古代兵书《六韬》中阴符、阴书知识的引入,韩信点兵与中国剩余定理知识的引入,池步洲密码破解事迹的引入,连环诗以及隐写术等知识的引入,不但传授了经典密码知识,而且在悄无声息之中引入了思想政治教育内容,提高了学生的学习兴趣,调动了学生的学习积极性,为后面的近现代密码学习打下了坚实的基础。

很多学生给出对密码学及信息安全专业的理解、对一些信息安全事件的反思、对国家未来网络安全的思考等思政感悟,意识到自己肩上的责任与担当,会更加自觉地为国家安全、社会发展和民族复兴而奋斗,课程教学达到知识传授、能力培养与价值引领的有机统一。专业课教师可以从"国家、社会、人格、智力……"层面挖掘课程思政元素;课程思政教学不仅限于课堂,课前、课后都可以利用信息化教学手段适时展开,润物无声地设计有情怀、有温度、有爱的课程思政教学。具体来讲,可以挖掘身边的人和事、社会生活中的事实热点、科学(工程)发展故事等拓展思政教育资源,思政教育的形式既可以是价值塑造,又可以体现科研精神或价值塑造等。

撰 写 人:周艺华
所属单位:北京工业大学信息学部计算机科学与技术系

# "计算机网络"课程案例

## ——中国移动通信的逆袭之路

课　程　名　称：计算机网络(Computer Networks)

课　程　性　质：学科基础必修课

所属学科门类：计算机科学与技术/0812

学　　　　　分：2.5 学分　　　　　　　　　学时：40 学时

课　程　简　介：在信息社会中,计算机网络与互联网已成为最重要的信息基础设施,也是人们生活和工作中必不可少的组成部分,特别是随着"互联网＋"的出现,互联网开始渗透到各个传统行业.因此,了解和掌握计算机网络与互联网相关的知识与技能是十分必要的,也是学习其他信息技术的必备基础。计算机网络为计算机类专业的必修课,也是研究生入学统一考试中的计综科目之一。课程按照计算机网络的体系结构组织内容,比较全面地介绍了计算机网络各层次的工作过程、基本原理与核心协议。由于计算机网络不仅技术复杂,而且发展迅速,因此本课程既注重对计算机网络基本原理和概念的阐述,又力求反映计算机网络的新技术和新发展,兼顾课程的深度和广度。

在育人方面,结合课程相关知识点,贯穿爱国主义素质教育,让学生在学习计算机网络基本理论和技术的同时,通过计算机网络领域的中国贡献、杰出人物等案例,培养学生树立文化自信心,增强民族自豪感。

## 一、章节名称

第二章第七节 移动电话系统

## 二、案例介绍

### 1. 育人目标及理念

通过中国移动通信的逆袭之路的讲解,增强学生爱国热情,提升学生民族自豪感,不断增强文化自信心,并将这种自信融入自身的思想和行动,加强学生的社会主义职业道德与规范修养。

### 2. 案例内容

20 世纪 80 年代,第一代移动通信技术(1G)诞生于美国芝加哥,此时的中国移动通信产业还处于空白状态,直到 1987 年才正式启用蜂窝移动通信系统。2G 时代,中国组建了中国移动公司和中国联通公司专门从事移动通信业务,使用国外的标准和设备。3G 时代,中国移动通信技术第一次登上历史的舞台,中国自主研发的 TD-SCDMA 标准,成为三大 3G 国际标准之一。为了使弱小的 TD-SCDMA 成长起来,大唐、华为、中兴、联想等 8 家企业自愿联合发起成立 TD-SCDMA 产业联盟,形成中国自身的产业链。得益于 3G 的基础,4G 时代,中国主导的 TD-LTE 标准成为两大 4G 国际标准之一,中国移动通信产业迎来了繁荣。5G 时代,截至 2021 年 2 月,5G 标准必要专利中,中国企业声明数量占比达 38.66%,其中华为以 15.39% 的份额位居榜首,中兴以 9.81% 的份额位居第三。2020 年全年全球 5G 通信设备市场份额中,中国企业占 42.7% 的份额。其中华为以 31.7% 的份额保持第一,中兴以 11% 的份额排名第四。相关 PPT 截图如图 1 所示。

## 中国移动通信的逆袭之路

### 中国5G领先之处

- 据德国专利数据公司IPlytics报告，截至2021年2月，全球5G标准必要专利中，中国企业声明数量占比38.66%。其中华为以15.39%的份额位居榜首，中兴以9.81%的份额位居第三

Table 1. Top 5G patent declaring companies (IPlytics Platform, February 2021)

| Current Assignee | Share of 5G families | Share of 5G granted and active families | Share of 5G EP/US families | Share of 5G EP/US granted/active families not declared to earlier generations |
|---|---|---|---|---|
| Huawei (CN) | 15.39% | 15.38% | 13.96% | 17.57% |
| Qualcomm (US) | 11.24% | 12.91% | 14.93% | 16.36% |
| ZTE (CN) | 9.81% | 5.64% | 3.44% | 2.54% |
| Samsung Electronics (KR) | 9.67% | 13.28% | 15.10% | 14.72% |
| Nokia (FN) | 9.01% | 13.23% | 15.29% | 11.85% |
| LG Electronics (KR) | 7.01% | 8.7% | 10.3% | 11.48% |
| Ericsson (SE) | 4.35% | 4.59% | 5.25% | 3.79% |
| Sharp (JP) | 3.65% | 4.62% | 4.66% | 5.50% |
| Oppo (CN) | 3.47% | 0.95% | 0.64% | 1% |
| CATT Datang Mobile (CN) | 3.44% | 0.85% | 0.46% | 0.68% |
| Apple (US) | 3.21% | 1.46% | 1.66% | 2.15% |
| NTT Docomo (JP) | 3.18% | 1.98% | 2.25% | 1.9% |
| Xiaomi (CN) | 2.77% | 0.51% | 0.23% | 0.32% |
| Intel (US) | 2.37% | 0.58% | 0.32% | 0.4% |
| Vivo (CN) | 2.23% | 0.89% | 0.08% | 0.07% |
| InterDigital (US) | 1.43% | 1.6% | 1.79% | 0.42% |

## 中国移动通信的逆袭之路

- 据市场调研机构Dell'Oro报告，2020年全年全球5G通信设备市场份额中，中国企业占42.7%的份额。其中华为以31.7%的份额保持第一，中兴以11%的份额排名第四

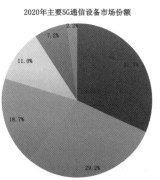

图 1　中国移动通信的逆袭之路 PPT

**3. 设计思路**

课程的教学目标:使学生掌握计算机网络的基本工作原理、基本理论和基本方法,了解网络新技术和新发展,使学生对计算机网络从整体上有一个较清晰的了解,提高分析和解决复杂问题的能力,为进一步深入学习相关网络课程及开发基于网络的分布式应用打下良好的基础。

课程的育人目标:遵循新时代高等教育和人才成长规律,贯彻落实党的德智体美劳全面发展方针,培养学生具有高度社会责任感和良好的职业道德及人文科学素养,提升学生民族自豪感,不断增强文化自信;具备较强的创新实践能力,良好的团队协作沟通能力、国际视野和自主学习能力。

通过中国移动通信技术 1G 空白,2G 跟随,3G 突破,4G 并跑,5G 引领的跨越式发展,增强学生的民族自信心。结合中兴和华为事件让学生充分认识核心技术的重要性,明白核心技术必须自主创新。教育学生要坚定四个自信,勤于学习、刻苦钻研,为中华民族的伟大复兴贡献自己的力量。

## 三、案例特色

(1)用学生感兴趣的事来感悟他们。

向学生展示中国企业 5G 领先之处。截至 2021 年 2 月,5G 标准必要专利中,中国企业声明数量占比达 38.66%,其中华为以 15.39%的份额位居榜首,中兴以 9.81%的份额位居第三。2020 年全年全球 5G 通信设备市场份额中,中国企业占 42.7%的份额,其中华为以 31.7%的份额保持第一,中兴以 11%的份额排名第四。用现实中的实例告诉学生,中国在移动通信行业取得了很大的进步,从追赶者变为领先者。学生听后都很兴奋,既感叹祖国改革开放以来的飞速进步,也对学好计算机网络技术课程有了更大的动力。

(2)从 5G 技术进行文化自信、民族自豪感的提升。

随着科技创新持续进步,中国在 5G 领域的优势越来越明显,通过这个案例说明中国 5G 技术实力非凡,提升学生文化自信、民族自豪感。当前,全球正在掀起第四次工业革命,以 5G 通信技术、高端制造等为代表,这些技术能带来美好生活。让学生从这个案例中体会科技强国的重要性,提升学生文化自信、民族自豪感,为实现中华民族的伟大复兴贡献自己的力量。

## 四、学生反馈

通过中国移动通信的逆袭之路案例的讲解和讨论,学生们深刻体会到科技自立自强对国家发展的战略支撑,真实感受到文化自信、民族自豪感。赵某某说:听案例后都很兴奋,既感叹祖国改革开放以来的飞速进步,也对学好计算机网络技术课程有了更大的动力。钱某某说:拓展国际视野,学会如何从国际合作、竞争、博弈的多角度看待问题。孙某某说:加强了国家意识和社会责任感,体会到国家发展和个人命运息息相关。李某某说:从这个案例中体会到文化自信、民族自豪感,立志为实现中华民族的伟大复兴贡献自己的力量。

## 五、教学反思

通过案例教学,学生在学习过程中对计算机网络中知识点的学习更加深入,兴趣更浓厚,讨论更热烈,参与度更高,师生互动良好,加深了他们的文化自信、民族自豪感;培养学生树立将个人奋斗目标同国家现代化建设的发展规划相结合的崇高理想,也打开了学生的国际视野。但是,课堂时间有限,教师应该加强引导,培养学生从爱国热情、民族自豪感出发,落实到刻苦钻研、科技自强的本职工作上来。

撰 写 人:任兴田　竹翠
所属单位:北京工业大学信息学部计算机科学与技术系

# "软件工程引论"课程案例

## ——从鸿蒙系统看兼容性测试

课　程　名　称：软件工程引论（Introduction to Software Engineering）

课　程　性　质：学科基础课

所属学科门类：计算机类/080901

学　　　　分：2.5 学分　　　　　　　　　学时：40 学时

课　程　简　介：软件工程是计算机专业本科生的核心专业课程，研究如何应用计算机科学、数学及管理等学科的理论开发软件，它借鉴传统工程的原则、方法，以提高软件质量，降低软件开发成本为目的。课程主要讲授内容包括软件生存周期模型、需求分析、概要设计、详细设计、面向对象分析与设计、编码、软件质量与质量保证、项目计划与管理等。通过本课程的学习，学生可了解软件工程发展的概况，掌握软件工程师必须了解的知识，包括软件工程学科的概念、技术与方法，以及如何运用软件工程的技术和方法，从理论和实践两个方面设计、开发高质量软件和管理软件项目。学完该课程后，学生可具备一定的实际软件系统设计、开发的能力，为从事软件工程实践和更深入地研究软件工程理论打下良好的基础。

## 一、章节名称

第六章第三节 兼容性测试

## 二、案例介绍

### 1. 育人目标及理念

- 结合本课学习内容介绍 HarmonyOS 推出的背景，增强学生的家国情怀；
- 结合本课讲述的内容：兼容性测试，了解针对 HarmonyOS 的兼容性测试情况，增强学生的民族自信心和自豪感；
- 结合本课主题，思考当代的计算机科学与技术专业学生应如何助力中国未来的发展，理解当代青年的责任与担当，肩负起实现中华民族伟大复兴的使命。

### 2. 案例内容

- 导入

2021 年 6 月 2 日，华为最新的鸿蒙操作系统 HarmonyOS 2.0 正式面世，在全球引起强烈反响。这是华为被美国逼出的一次绝地反击和超越，是打破安卓和苹果垄断移动操作系统的真正开始，对中国高科技产业的独立自主尤其具有战略意义。

• 课程内容的引出

目前国内有将近半数的机构、企业计划开展对接鸿蒙系统的适配和兼容性等方面的测试,并以此作为拥抱国产操作系统的开端。

在国产操作系统 HarmonyOS 2.0 发布后,软件和系统厂商首要解决的问题就是软件和系统的测试问题,否则很容易出现不兼容、闪退、Bug 等问题。实际上,别说全新的操作系统了,就连比较成熟的 iOS 或者 Android 系统在大版本更新时,都会伴随一大堆的 Bug。那么,对于开发者和厂商来说,在 HarmonyOS 2.0 的适配和兼容性方面目前要注意哪些问题? HarmonyOS 2.0 和其他系统相比有什么不同? 在实际使用中出现的问题主要集中在哪一类上?

• 课程小结

根据国内测试行业领头羊 Testin 云测试在 HarmonyOS 2.0 正式发布之前就开展的关于鸿蒙操作系统的一系列测试工作,体现出 HarmonyOS 2.0 的优秀,进一步增强了学生的民族自信心和自豪感。

## 3. 设计思路

• 导入

众所周知,华为公司近年来惨遭疯狂打压,2019 年 Google 公司断供华为,限制华为新发布手机预装使用 Google GMS 服务,这对华为手机海外出货造成重大影响。

长期以来,我国科技"缺芯少魂"现象十分突出。"芯"就是芯片,"魂"就是操作系统和工业软件。相比于芯片方面的差距而言,我国在操作系统和工业软件方面与西方的差距实际上要更大。尤其是在西方国家的系统软件提供商纷纷推进"SaaS 化"进程之后,这个差距不但没有缩小,反而越来越大。

打造自主可控的操作系统成为紧迫的任务。在这样的背景之下,华为此次推出的鸿蒙操作系统意义重大,是我国在操作系统领域的一次具有里程碑意义的突破。

思政元素融入思考:

请看看你的手机使用的是什么操作系统? 你所了解的华为公司受到的打压有哪些? 华为公司为什么会受到美国的打压?

通过这些问题的思考,增强学生的家国情怀和作为当代青年的责任与担当。

• 课程内容的引出:从 HarmonyOS 看兼容性测试

课下自主学习内容:

通过网络调查,了解诺基亚的塞班系统,微软的 Windows Mobile 系统,黑莓的 BlackBerry 系统,三星的 Tizen 系统等操作系统失败的原因。

思政元素融入思考:

通过学生对智能手机操作系统的现状调查,进一步增强学生的民族自信心和自豪感。

课堂讨论学习内容:

鸿蒙操作系统是一款华为研发了十年之久的国产自主操作系统,为此华为投入了 5000 位研发人员和无数的财力、物力。从华为鸿蒙操作系统上线到发布 2.0 系统的第三轮公测,共支持包括华为 mate20 系列、P30 系列、华为 nova8、nova7 系列等 24 款机型。同时,讨论华为 HarmonyOS 是否能很好地兼容 Linux、UNIX 和 Android 系统,为用户使用做到良好衔接。

通过学生对以上问题的思考,引出本节课内容的知识点——软件的兼容性测试。

**思政元素融入思考:**

通过课堂讨论,结合 HarmonyOS 2.0,讲述软件兼容性测试知识点,同时让学生体会到软件开发中精益求精的工匠精神。

- 互动输出与评价

在学生了解华为公司被美国打压及 HarmonyOS 2.0 的成功发布后,以小组讨论的形式进行互动,交流表达自己所感所想;小组讨论后选取组长,在全班表达自己及小组所感所想。

评价分两个部分进行:学生互相评价、学生自主评价。学生结合这节课的学习目标,对课堂学习进行随堂记录自评;通过聆听学生对本课所学主题内容的所感所想,对学生的课堂表现进行评价。

- 课程小结

Testin 云测试作为国内首家提供 HarmonyOS 原生应用测试的第三方服务商,此次发布的 HarmonyOS 测试平台包含兼容测试、远程真机、自动化测试等测试类型,覆盖搭载 HarmonyOS 的所有主流机型。

## 三、案例特色

(1) 课堂导入时思政元素的融入。

2021 年 6 月 2 日,华为最新的鸿蒙操作系统 HarmonyOS 2.0 正式面世,在全球引起强烈反响,这是华为被美国逼出的一次绝地反击和超越,是打破安卓和苹果垄断移动操作系统的真正开始,对中国高科技产业的独立自主尤其具有战略意义。通过介绍 HarmonyOS 2.0 的发布背景,增强学生的家国情怀和作为当代青年的责任与担当。

(2) 课下自主学习时思政元素的融入。

诺基亚的塞班系统,微软的 Windows Mobile 系统,黑莓的 BlackBerry 系统,三星的 Tizen 系统等操作系统失败。iOS 或者 Android 系统在智能手机操作系统市场占有较大份额。通过学生对智能手机操作系统的现状调查,进一步增强学生的民族自信心和自豪感。

(3) 课堂讨论学习时思政元素的融入。

HarmonyOS 2.0 发布以来,银行、证券、基金在内的金融行业企业此前纷纷表态自家旗下 App 全面兼容鸿蒙,支持操作系统国产化,组织开展对接鸿蒙系统的兼容性测试。通过课堂讨论,结合 HarmonyOS 2.0,讲述软件兼容性测试知识点,同时让学生体会到软件开发中精益求精的工匠精神。

## 四、学生反馈

邢**:以前使用的都是苹果手机,后来身边的同学慢慢开始使用华为手机,但是从来没有思考过产品背后的事,通过这次课的学习,以及课后查阅相关资料才知道国产操作系统的不易和厉害!

## 五、教学反思

(1)课程思政融入点要继续挖掘。

软件工程教学中可融入的课程思政点较多,还需进一步深入挖掘,在更多的内容和角度上融入课程思政内容。

(2)学生反馈下课程思政效果的教学评价。

以"以学生为中心"的理念出发,对基于学生反馈的课程思政元素融入专业课的教学活动进行评价,期望在专业课程中融入的课程思政内容能达到更好的效果。

撰　写　人:付利华
所属单位:北京工业大学信息学部计算机科学与技术系

# "分布式系统导论"课程案例

## ——UTC 时间之北斗卫星原子时钟

课　程　名　称：分布式系统导论(Distributed System Introduction)(双语)
课　程　性　质：专业选修课
所属学科门类：计算机科学与技术/0812
学　　　　　分：2 学分　　　　　　　　　　学时：32 学时
课　程　简　介：当今很多系统和应用都因为各种原因而分布在地域很广的范围,应用的设计和实现会面临很多挑战。本课程涉及分布式系统的设计和实现,对操作系统和计算机网络知识进行了拓展和深化,满足学生这方面的兴趣爱好,从而可发展学生的个性与特长。本课主要内容涉及分布式系统的基础知识、进程间通信、命名服务、同步问题、分布式事务管理和复制与一致性问题。通过本门课程的学习,学生能够了解什么是分布式系统;深入了解在分布式系统中如何管理分布式资源;根据所学知识分析解释相关现象;面对分布资源的管理问题给出合适的解决方案。本课程的先修课程为操作系统原理,针对计算机专业的本科生,本课程是一门双语课程。

## 一、章节名称

第五章 同步 第一节 UTC 时间

## 二、案例介绍

### 1. 育人目标及理念

让学生树立理想信念,提升家国情怀,增强民族自信,强化责任意识,并通过北斗系统中原子时钟开发的艰难历程鼓励学生不懈奋斗。

### 2. 案例内容

第五章同步问题中,最开始要讲的是分布式系统中使用的物理时钟。由于 UTC 是世界公认的时间表示,而 UTC 时间现在通常要通过与卫星定位系统获得。以前的教材中往往会提到 GPS 服务,而且过去的若干年中,国内很多具有定位服务的软硬件设备也使用 GPS 服务实现自己的功能。然而,既然 GPS 已经有定位和时间服务了,为何国家还要花那么多的钱建设北斗卫星? 这是本思政案例的一个非常好的融入点。

GPS 虽然已经商业化运作了很多年,但是其本质还是军用卫星导航,完全可以在信号上增加干扰,甚至停止某个地区的服务;同时,GPS 芯片的定价权和使用权是美国控制的(实例如图 1 所示),这就是中国开发北斗的原因。在北斗的发展过程中,中国科学家做出巨大的努力,克服了无数困难,最终建成信号覆盖全球的北斗三号系统,并在卫星上搭载了最先进的、自主设计的原子时钟(如图 2 所示),保证可以提供精准的时间服务和定位服务(如图 3 所示)。

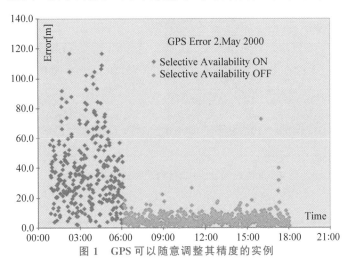

图 1　GPS 可以随意调整其精度的实例

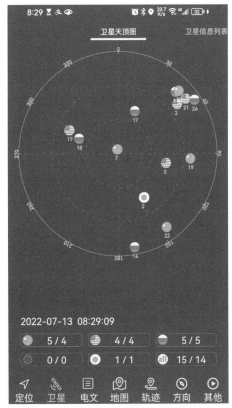

图 2　我国自主设计的铷钟　　　　图 3　"北斗伴"App 中显示的北斗卫星

北斗卫星团队的科学家和技术人员(如图 4 所示)体现出的北斗精神,可以非常好地激励学生,让学生建立家国情怀,提升为国奉献的思想观念,并鼓励学生要不懈奋斗。

Chen Fangyun
陈芳允

Sun Jiadong
孙家栋

Chen Zhonggui
陈忠贵

图 4  北斗一号、北斗二号和北斗三号的总设计师

### 3. 设计思路

1) 介绍基础知识

20 世纪 50 年代,科学家发明了一种非常精确的时钟,叫作原子时钟,定义铯 133 的 9192631770 次跃迁为 1 秒。全世界有大约 50 个实验室有这种时钟,之后巴黎的 BIH 对所有这些时钟的时间取平均值,得到国际原子时间(TAI)。

地球自转越来越慢,所以每 86400 个 TAI 会比一个太阳日少 3ms。为保证与人类的 solar day 一致,BIH 每当 TAI 和 solar day 的时间相差 800ms 后,就会引入 1 闰秒,从而得到 UTC。国际标准时间机构通过一个短波电台(WWV)在每个 UTC 秒开始时发出一个脉冲,只要有 WWV 接收器,就可通过接收这个脉冲获得 UTC 时间。

PPT 截图如图 5 所示。

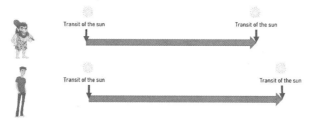

图 5  此 PPT 示意了地球自转速度逐渐变慢的事实,从而引出需要把 TAI 时间调整为 UTC 时间

2) 引入 GPS 卫星获取 UTC 时间

美国在 20 世纪 70 年代制造出 GPS。由于时钟是一种定位手段,因此所有 GPS 卫星上

都有原子时钟,所以 GPS 也提供时间服务:在消息中增加 GPS 时间与 UTC 时间之间的差值,地球的接收器上就可以得到 UTC 时间。

PPT 截图如图 6 所示。

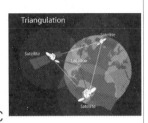

图 6　此 PPT 示意讲解了原子时钟对于 GPS 定位的作用,以及 GPS 如何授时

中国现在也开发出与 GPS 对标的北斗卫星导航系统(BDS),且在 2020 年信号覆盖全球。

3)引入北斗卫星导航系统原子时钟的开发

北斗二号的一个难点是提高时钟精度,因为 1ns 的时间误差就会产生 0.3m 的距离误差。国际上通用的星载原子钟精度要达到每 10 万年 1 秒的误差,当时仅有美国、俄罗斯和瑞士可以做到。北斗一号所用的原子钟就是从瑞士进口的,但到了北斗二号时,与瑞士的合作却被迫中断。所以,北斗二号的原子钟是中国自主研制的高精度星载铷原子钟。之后科学家再次挑战世界最先进的氢原子钟,达到 1000 万年差 1 秒的精度,应用到北斗三号。

PPT 截图如图 7 所示。

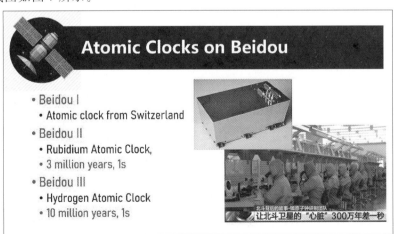

图 7　此 PPT 示意了我国自主开发的北斗二号和三号上使用原子时钟的历程

4）引导学生思考中国为何要建立北斗卫星定位系统

GPS虽已经商业化运作很多年，但是其本质还是军用卫星导航，隶属于美国空军，必要时可以在信号上增加干扰手段，还可以停掉某个地区的服务。同时，需要有特定芯片才能接收GPS信号，而芯片的定价权和使用权由美国控制。若我们依赖GPS服务，未来会产生不可预想的问题。因此，我国要开发一套自己的定位系统。

PPT截图如图8所示。

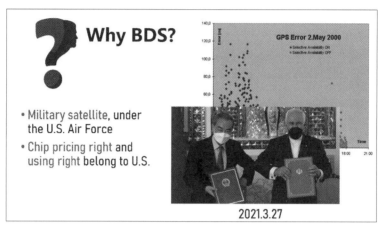

图8　此PPT示意了为何我国要花巨资建设北斗卫星系统，从而引入此思政案例

5）通过北斗卫星定位系统的建设过程，激发学生的家国情怀，提升民族自信，并鼓励学生努力拼搏

为实现卫星全覆盖，环绕地球的卫星总数要在24颗以上。可在20世纪90年代，中国从技术和设备上很难在短期内发射同等数量的导航卫星。当时，著名电子学家陈芳允首次提出由两颗卫星组成的双星定位系统，2000年两颗北斗卫星成功入轨，这便是北斗一号。

北斗二号从2007年到2019年发射了20颗卫星，覆盖范围扩大到亚太地区的大部分区域，定位精度为10m，时间精度为10ns。时钟精度的提高对定位精度影响很大，1ns的时间误差就会产生0.3m的距离误差。国际上通用的星载原子钟精度要达到每10万年1秒的误差，仅美国、俄罗斯和瑞士可以做到。北斗一号所用的原子钟就是从瑞士进口的，但到了北斗二号时，与瑞士的合作却被迫中断。北斗二号的原子钟是中国自主研制的高精度星载铷原子钟。之后科学家再次挑战世界最先进的氢原子钟，达到1000万年差1秒的精度，应用到北斗三号。

2020年6月23日，北斗三号最后一颗卫星发射升空。无论何时何地，人们抬头便可以看见5～6颗北斗卫星，全球覆盖的目标终于实现，且北斗三号卫星组成部件全部实现中国制造。

北斗精神："多年来，参与北斗系统研制建设的全体人员迎难而上、敢打硬仗、接续奋斗，发扬'两弹一星'精神，培育了"自主创新、开放融合、万众一心、追求卓越"的新时代北斗精神。"

## 三、案例特色

（1）选择的案例与教学内容契合度高，高度融入而不牵强。

UTC 时间的原理以及 UTC 时间的获取是课程的重要知识点，是必须讲解的内容，在这里加入北斗卫星的案例非常正常，没有牵强感。

（2）选择的案例符合当前时代背景，时效性强，容易引发学生的认同感，实现案例的思政教育目标。

北斗三号最后一颗卫星于 2020 年 6 月 23 日发射成功，现在很多手机和智能手表、手环都可以使用北斗卫星的定位。同时，结合 2018 年之后中美贸易战暴露出来的中国某些领域对美国技术过分依赖所导致的问题，以及最近几年美国对中国在技术和科技产品上"卡脖子"（以华为公司为代表），使得本案例具有时代性，学生感同身受，接受度高。另外，在北斗卫星开发从无到有的过程，尤其时钟制造技术也是因为被"卡脖子"之后科研人员奋起从落后到进步的过程，都可以提升学生的民族自豪感，从而引发学生的家国情怀，并提升学生艰苦奋斗的拼搏精神。

（3）通过课后作业，让学生通过相关软件使用北斗卫星的定位功能，通过亲手操作加深体会，提升思政效果。

## 四、学生反馈

（1）留学生一：我在阿富汗也能收到北斗卫星的信号。北斗卫星定位服务非常好用，中国的这个卫星系统真厉害。该同学的作业界面如图 9 所示。

图 9　留学生一的作业界面

（2）学生二：北斗卫星的信号很强，我这里检测到很多卫星，这是一次很有趣的尝试。中国的卫星系统已经在服务我们的生活了，我竟然还不知道。学生二的作业界面如图 10 所示。

GPS is designed by the United State and provides services for publics. Besides, Beidou is designed by our country and also provides location service like GPS

图 10　学生二的作业界面

## 五、教学反思

本案例已经在几次课上讲过，从学生的反映看有呼应，从作业的角度看学生对作业有兴趣。今后可以对案例继续打磨，让案例与课程内容的结合更自然，让案例展开的逻辑更清晰，并通过平时多注意时事新闻，尝试添加更多的元素，让案例始终保鲜。

撰　写　人：金雪云
所属单位：北京工业大学信息学部计算机科学与技术系

# "无线传感器网络"课程案例

## ——点亮北斗，走向未来

课 程 名 称：无线传感器网络(Wireless Sensor Network)

课 程 性 质：学科基础必修课

所属学科门类：计算机类/0809

学 分：2 学分　　　　　　　　　　　学时：32 学时

课 程 简 介：本课程是物联网工程专业的重要基础课程。无线传感器网络是集传感器技术、嵌入式技术、现代网络和无线通信技术于一体的综合信息处理平台，具有广泛的应用前景，是信息领域最活跃的研究热点之一。本课程主要介绍无线传感器网络相关的若干关键技术。通过本课程的学习，要求学生掌握无线传感器网络的体系结构和网络通信技术，着重掌握无线传感器网络的通信协议，了解无线传感器网络的节点定位、目标跟踪和时间同步等支撑技术，培养学生掌握无线传感器网络的基本原理和基本技术，为基于无线传感器网络的系统开发打下坚实基础。

## 一、章节名称

第六章第一节 定位技术基础

## 二、案例介绍

### 1. 育人目标及理念

弘扬北斗精神，激发报国热情

### 2. 案例内容

定位技术是无线传感器网络系统中重要的支撑技术，目前应用最广泛、定位精度最高的技术是卫星导航技术。中国北斗卫星导航系统是中国自行研制的全球卫星导航系统，是继美国的 GPS、俄罗斯的 GLONASS 之后第三个自主可控的全球型卫星导航系统，既彰显我国先进的科技水平和强大的综合国力，又体现出集中力量办大事的体制优势，潜移默化地引领学生在提升政治认同、家国责任、自主创新等方面产生共鸣。我国早期即认识到拥有自主可控的卫星导航系统对国家安全、军事科技、国民经济的重要性，经过综合考虑建设全球卫星导航系统的资金投入、建设周期，以及当时的迫切需求和经济能力，我国求真务实地提出"三步走"的发展战略。北斗科技人员面对缺乏频率资源、没有自主的原子钟等难关，团结一致，攻坚克难，首获占"频"之胜、攻克无"钟"之困，走出一条浓缩着我国科技创新的不凡之路。新时代北斗精神的基本内涵是自主创新、开放融合、万众一心、追求卓越。在 26 年的建设历程中,"北斗人"众志成城,发射了 55 颗卫星,攻克了 160 余项关键核心技术,突破了 500 余种器部件的国产化研制,实现北斗三号核心器部件 100% 国产化,终于使我国拥有了自主可控的全球卫星导航系统。

北斗系统发展战略和北斗三号创新技术如图 1 和图 2 所示。

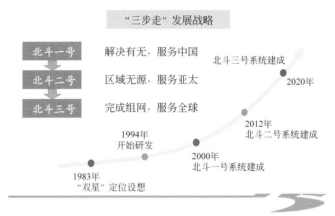

图 1 北斗系统发展战略

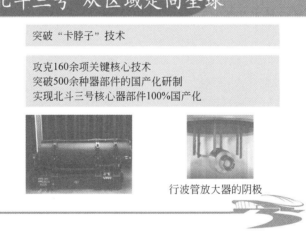

图 2 北斗三号创新技术

## 3. 设计思路

案例首先通过无线传感器网络定位技术中信标节点需要卫星导航技术获取准确坐标来导入北斗导航系统,然后通过介绍北斗系统是目前世界上仅有的四大全球型卫星导航系统来夯实学生的爱国情怀和自豪感,通过指出格洛纳斯系统由于俄罗斯经济衰退在 2002 年退化只能维持 7 颗卫星这一事实,引导学生思考构建全球型卫星导航系统不仅需要先进的科技水平,还需要强大的综合国力作为坚实基础,从而产生强烈的政治认同和道路自信,坚信党的领导才是中国迎来伟大复兴的基础。课程接着讲解中国在 20 世纪 90 年代提出三步走的发展战略和双星定位原理来"好、快、省"地建设北斗系统,帮助学生强化求真务实的科学精神;通过介绍北斗二号建设过程中的首获占"频"之胜,攻克无"钟"之困等典型事例,厚植学生的爱国情怀和攻坚克难、艰苦奋斗的探索精神;通过北斗三号的星间链路技术成功解决全球布站的难题,激发学生科技报国、为民族复兴而奋斗的使命担当。案例最后用"新时代北斗精神"总结北斗系统艰辛的建设历程,使学生在政治认同、爱国情怀、求真务实和探索精神等方面进一步得到升华。

本门课程的总体思政设计思路为:首先确定了课程的思政目标,即以隐性教育的方法,将思想政治教育的原则、要求和内容与课程设计、课程实施、课程评价等有机结合起来,培养品格和专业能力兼优的综合性人才,实现价值塑造、知识传授、能力培养三者融为一体。然后分析了课程特点和选课学生的特点。无线传感器网络是物联网工程专业的基础必修课,是人才系统能力培养的核心课程,知识体系庞杂,涉及面广,需要大量工程实践;同时,随着计算机和物联网技术的飞速发展,无线传感器网络的教学内容也在不断迭代和充实,技术内涵正在发生巨大的变化。本门课程设立在第 6 学期,学生正处于人生观、世界观、价值观形成的重要阶段,并且具有思维独立,不轻信,不盲从,有较强的自我意识等特点。

## 三、案例特色

### 1)思政内涵丰富

北斗系统是世界上第三个全球型卫星导航系统,也是我国迄今为止规模最大、覆盖范围最广、服务性能最高、与百姓生活关联最紧密的巨型复杂航天系统,通过介绍,学生自然而然在政治认同、爱国情怀、国情意识、家国责任等社会主义理想信念方面产生强烈的共鸣。同时,北斗系统是我国科研自主创新的结晶,其建设过程浓缩着我国科技发展的不凡之路,这一案例可润物无声地将求真务实、自主创新、工匠精神、探索精神等科学精神和职业规范融入课程内容中,激发学生的学习兴趣和责任意识。北斗的建设包含了 400 多家单位、30 余万名科研人员的参与,既彰显了我国集中力量办大事的制度优势,又是合作精神和奉献精神的具体体现。

### 2)教学形式多样

本案例采用了丰富多样的教学模式。在北斗建设过程中,科研人员攻克 160 余项关键核心技术,突破 500 余种器部件的国产化研制,其中多项技术设计思想和研发事迹都可以深入讨论,比如星间链路技术就与本门课程的内容非常接近,学生对其表现出浓厚兴趣。在教学过程中,课程将星间链路、国产原子钟等北斗科研创新过程以经典事迹导入课程,通过播放视频调度学生积极性,通过小组讨论发言激发学生的学习兴趣。多样化的形式有助于将科学精神隐形融入教学的主线中。

## 四、学生反馈

（1）张＊：我手机就支持北斗导航，通过这节课了解到北斗卫星导航系统已实现关键器件全部国产，深深地敬佩北斗人的开创精神，并且为我们伟大的国家感到自豪。

（2）杨＊＊：作为新时代的大学生，我们也应该发扬"新时代北斗精神"，为中华民族的伟大复兴而奋斗。

（3）王＊：北斗系统背后还有这么艰辛的研发过程和这么辉煌的成就，向北斗科研人员致敬，为北斗系统感到自豪。

## 五、教学反思

（1）通过"隐性思政"、精心设计，课程思政具有促进学生学习、提升学生学习积极性的作用；

（2）物联网是一个快速发展的领域，是一个综合性强、涉及面广的领域，涉及的思政元素非常广泛，需要长期持续地挖掘思政元素；

（3）专业课教师要持续加深在思想政治方面的学习和培训，要与思政课教师多交流多合作。

撰 写 人：陈锬
所属单位：北京工业大学信息学部计算机科学与技术系

# 工匠精神　求真务实

# "代数与逻辑"课程案例

## ——推理理论之侦破珠宝盗窃案案例

**课 程 名 称**：代数与逻辑(Algebraic Structures and Symbolic Logics)

**课 程 性 质**：学科基础课

**所属学科门类**：计算机科学与技术/0812

**学　　　分**：2 学分　　　　　　　　　　　**学时**：36 学时

**课 程 简 介**：本课程是理工科高等院校计算机专业必修的、重要的学科基础课程,与"集合与图论"一样是以研究离散结构为对象的数学课程,与计算机科学理论、应用技术有着密切的联系。该课程在教给学生问题建模、数学理论、计算机求解方法和技术知识的同时,培养学生的数学抽象能力和严密的逻辑推理能力。通过本课程的学习,使学生具备综合运用所掌握的专业相关的知识、方法和技术,以创新意识设计、实现复杂计算解决方案。

该课程不仅为后续课程(数据结构、编译原理、操作系统、人工智能、计算机网络、数据库等)做必要的理论准备,而且可以逐步引导学生将掌握的从事本专业工作所需的数学(特别是离散数学)、自然科学知识、学科基础和专业知识以及经济学与管理学知识,用于解决复杂计算系统的问题;培养学生的建模能力、模型计算能力、抽象思维能力。

## 一、章节名称

第五章第五节 推理理论

## 二、案例介绍

### 1. 育人目标及理念

通过分析珠宝盗窃案件的线索,使用推理理论找出犯罪嫌疑人,利用求真务实、开拓创新的思路,展现创新和敬业的工匠精神,加强学生对因果的理解,不断增强创新意识和创新能力,并将这种意识融入自身的行为,最终激发学生勤于思考、勇于探索、敢于创新。

### 2. 案例内容

本案例选取的是"代数与逻辑"第五章命题逻辑第五节推理理论。命题逻辑是离散数学的重要组成部分,也是计算机科学的基础之一。命题逻辑解决的一个主要问题是如何使用数学的方法研究判断和推理,而要想将逻辑推理的方法准确地应用到实际问题中,并在相应的运算体系下进行正确的推理,从而获得准确的结论,首先需要对普通语言文字所描述的命题进行正确的符号化,然后按照一定的推理规则得出结论。本案例使用珠宝盗窃案作为问题引入,既激发了学生探索结果的好奇心,又可以引导学生在分析问题时,要本着求真务实、实事求是的原则,不脱离实际、好高骛远,因此是一个非常好的思政切入点。

任何案件的线索通常都是一些自然语言描述的语句,虽然我们较易理解单个线索的含义,但是在分析整个案情时,复杂的线索通常会使人较难厘清里面所蕴含的逻辑关系,不利于侦破案件。命题符号化可以将线索以符号的形式表示出来,有助于克服自然语言描述的缺点。在此基础上,利用推理理论分析线索之间的逻辑关系,找出犯罪嫌疑人。侦破案件过程中体现出的勤于思考、勇于创新的工匠精神,可以非常好地启发学生,让学生建立求真务实、实事求是的态度,引导学生以科学的态度去侦破案件,鼓励学生深思熟虑,反复求证。

珠宝盗窃案的线索以及侦破案件需要关注的原则如图1和图2所示。

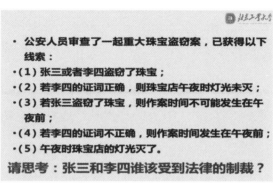

图 1  珠宝盗窃案的线索

图 2  侦破案件需要关注的原则

### 3. 设计思路

首先,以"珠宝盗窃案"为例切入课程,具体如下。

某天,公安人员审查了一起重大珠宝盗窃案,获得以下线索:

(1) 张三或者李四盗窃了珠宝;

(2) 若李四的证词正确,则珠宝店午夜时灯光未灭;

(3) 若张三盗窃了珠宝,则作案时间不可能发生在午夜前;

(4) 若李四的证词不正确,则作案时间发生在午夜前;

(5) 午夜时珠宝店的灯光灭了。

天网恢恢,疏而不漏。通过以上线索,我们来推断张三和李四究竟谁该受到法律的制裁。

回顾命题符号化的内容。命题符号化是指把自然语言表示的命题使用符号表示出来。在表示过程中,注意找出原子命题和选择合适的逻辑连接词。

其次,引出推理理论的基本概念。

推理理论是从前提出发,推出结论的过程。设 $A_1$,$A_2$,$\cdots$,$A_k$,$B$ 都是命题公式,若对于每组赋值,$A_1$,$A_2$,$\cdots$,$A_k$ 为假,或者当 $A_1$,$A_2$,$\cdots$,$A_k$ 为真时,$B$ 也为真,则称由前提 $A_1$,$A_2$,$\cdots$,$A_k$ 推 $B$ 的推理有效或推理正确,并称 $B$ 是有效的结论。

使用推理理论,可以依据现有的线索得出有效的结论。需要注意的是,这时的结论是未知的,需要我们勇于探索、反复求证。

然后,通过分析线索侦破珠宝案的过程,引导学生实事求是,激发学生踔厉奋发,努力做一名勇于创新的工匠。

为了侦破珠宝案,需要使用一定的方法由前提推出结论。最直观的方法是仅使用前提(线索)之间的关系,推理最终的结论。该方法称为直接证明法。它表示为,为了证明 $A_1$,$A_2$,$\cdots$,$A_k \Rightarrow B$,只需证明若 $A$ 为真,则 $B$ 亦为真。即,首先假设所有的前提都为真,然后使用前提推出结论。

使用直接证明法,可以得出结论——李四盗窃了珠宝,必须接受法律的制裁。直接证明法只是众多证明方法的一种。在证明过程中,由于结论是未知的,因此较难建立一个明确的目标,容易陷入局部死锁状态。引导学生回想是否还有其他的证明方法?

引出间接证明法,即反证法。使用反证法证明时,需要首先假设结论是不正确的,然后根据结论的否定和前提(线索)进行推理,得出一个永假式。此时永假式的产生,仅是因为我们否定了结论引起的。因此,结论是有效结论,珠宝案件被侦破。

珠宝案件的侦破,不仅依赖于求真务实、实事求是的分析,而且使用了不同方式的证明。这就要求学生在分析问题时,勤于思考,善于发现不同线索间的关系,多方求证,这些正是勇于创新的工匠精神的体现。

## 三、案例特色

(1) 珠宝盗窃案的例子与教学内容高度契合,不牵强。

本案例的内容是推理理论,该过程的严谨性、简洁性、逻辑性蕴含着因果辩证关系,是开展课程思政的契机。在本案例中,首先使用公安侦破的珠宝盗窃案为引例,给出目前已找到的线索,培养学生求真务实、实事求是的思维;其次介绍推理理论的规则和方法,并给出使用不同推理方法的步骤;最后课堂讨论,引出思政元素——勤于思考、勇于创新,实现教学的德育目标。

(2) 在多个环节融入思政元素,促进学生自主学习和积极研讨,引导学生勤于思考、勇于创新,逐步引导,易于学生接受。

在讲授本案例时,使用了讲授、示范、启发、讨论等方法相结合,线上线下混合式教学模式。具体来说，使用讲授法引入珠宝盗窃案的例子，提问两位嫌疑人究竟谁该受到法律的制裁，激发学生的好奇心；使用示范法分别讲授直接证明法和间接证明法（反证法），引导学生要勤于思考、多方求证；使用讨论法使学生思考推理过程中的关键步骤是什么，指出线索和结论之间的因果关系，进而展示古今因果关系的例子，使学生在惊叹于古人智慧的同时，也发现身边的例子，比如国产大飞机 C919 的"展翅高飞"，离不开千千万万人的配合和努力。贴切的例子能够使学生产生思想的共鸣，使学生认识到任何一件事情的求证过程都不是一劳永逸的，需要有实事求是、求真务实的态度，养成勤于思考、精益求精的习惯。

（3）思政融入方式多样，课堂氛围活泼，学生愿意接受。

本案例将现代化教学工具（如计算机、投影仪等），学习平台（如日新学堂、学习通等），传统教学工具（如黑板、教材、参考书等）紧密结合，融入方式多样，使得课堂氛围活泼，学生愿意在欢乐氛围中学习知识。具体来说，使用计算机和投影仪播放 PPT，使学生能够紧跟教学思路；同时，使用 PowerPoint 中的动画、强调等功能，突出重点，在课堂讨论环节，方便走到学生中间和学生一起讨论，注意引导学生深入理解课堂内容，引出思政元素；使用日新学堂和学习通提前发布预习 PPT，使学生提前熟悉课堂内容，找出自己难以理解的内容，作为上课听讲的重点；使用板书构建课堂内容的框架。

## 四、学生反馈

（1）王**：本节课的学习，我不仅学习到基本的推理知识，而且感触更深的是认识到我们不能用自己的青春年华、人身自由去以身试法换取身外之物，感觉比之前课堂学习学到更多的知识。

（2）温**：本节课的学习，时时吸引着我们的注意力，从开始的问题出发，究竟谁该受到法律的制裁，到中间不同的推理方法，再到最后的讨论，不同学习阶段时时刻刻提醒我们，要保持法制观念，不能崇尚拜金，否则最终会走上错误的道路。

（3）张**：不仅学习到推理理论的相关知识，而且再次认识到一件事情的完成不仅需要求真务实，更重要的是要勤于思考、勇于创新，多试试不同的方法，殊途同归。我们也要遵纪守法，一心一意听党指挥，学习好理论知识，增强实践本领，全心全意报效祖国。

（4）郝**：要树立正确的世界观、人生观、价值观。在世界观方面，要有坚定的共产主义理想信念；在人生观方面，要有坚定的人生目标和追求，自觉警醒自己，想到"手莫伸，身手必被捉，党和人民在监督，万目睽睽难逃脱"。

（5）林**：我们要举一反三，警钟长鸣。要自觉地充实自己，有正确的追求、健康的心态和实在的寄托，不能误入歧途。

## 五、教学反思

将思政元素融入教学内容，使原本冷冰冰的理论内容形象化，有了温度，增进了与学生的距离，使学生的课堂参与度更高。此外，从作业的完成率和正确率也可以反映出这种教学方式的有效性,紧紧抓住了学生的注意力,通过求解问题、找出犯人、复盘过程等环节,让案例的讲解不仅逻辑清晰,而且生动有趣,学生掌握程度较高。同时,由于学生课堂参与度高,因此愿意课下尽快完成作业,最终作业完成度和正确率有所提高。

　　该案例虽然加入了一些思政元素,但是珠宝盗窃案的例子稍微有些陈旧。今后需要结合当前实际设计例子,使之更贴合实际,学生更愿意接受。

撰　写　人:张婷
所属单位:北京工业大学信息学部计算机科学与技术系

# "C++程序设计"课程案例

## ——通过软件开发过程培养团队意识，分工协作

课　程　名　称：C++程序设计(Programming in C++)

课　程　性　质：专业选修课

所属学科门类：(参照普通高等学校本科专业目录(2020))

学　　　　分：2学分　　　　　　　　　　学时：32学时

课　程　简　介：通过对封装、继承、多态和模板类的讲述，加强学生对面向对象编程方法的理解和掌握，培养学生对现实世界问题采用计算机语言描述时面向对象的抽象和设计能力，掌握面向对象的程序设计方法，学会利用C++语言编写面向对象的程序、利用调试工具调试程序，培养学生分析问题和解决问题的能力。要求学生掌握有关方面的基本概念、基本理论、基本方法和基本技术。具体知识包括：封装、继承、多态、运算符重载、模板类和基础模板类的使用、文件读写、异常处理和程序调试方法，为后续数据结构等课程提供基础知识储备。

## 一、章节名称

第一章第三节　面向对象的软件开发

## 二、案例介绍

### 1. 育人目标及理念

通过对C++面向对象软件的开发过程的讲解，培养学生分工协作，引导学生具有责任担当和团队意识，精益求精地将程序开发、系统运维、程序测试、需求分析及技术问题处理等工作内容完成好，才能保证软件系统运行时正确、稳定，保证客户的需求被精确采集和纳入软件开发计划，保证软件在运行时遇到问题能被及时解决。

### 2. 案例内容

古语说：势单力薄联络诸侯。也有经济学者说"实力未够，就自己做车厢，挂人家的火车头"。可想而知合作的重要。任何大一点的事都是群体完成的，绝不是个人的能力问题。没有汉初三杰及屠夫豪杰们的合作，刘邦不可能建立汉朝；没有桃园三结义，卖履小儿怎可能三鼎天下；没有瓦岗排座次，何来成就褐衣公子。还有古语说："一箭易折，五箭难摧"。可见团队合作的重要性。一定要求和存异地合作，才能更好地做好业务。问题引入如图1所示。

基于第一章第三节内容的讲述，针对面向对象软件开发过程中的软件分析、设计、编码、

测试和维护的不同阶段,结合未来软件开发相关的工作岗位,如程序员、软件系统运维人员、软件测试员、售前售后服务人员等,在这些职位岗位上,要具备责任担当和工匠精神,保证软件系统运行时正确、稳定,保证客户的需求被精确采集和纳入软件开发计划,保证软件运行时遇到问题能被及时解决。引导学生认识到,一个人的精力毕竟有限,很难面面俱到,团队协作必不可少。社会分工可以促进生产力的发展,同样,一个开发团队做好分工就可以很好地完成任务,提高效率。既然是团队,就需要分工完成任务,每人独自负责一部分内容,然后达到合作完成的目的。

《论语·学而》:"《诗》云:'如切如磋,如琢如磨'。"朱熹集注:"言治骨角者,既切之而复磋之,治玉石者,既琢之而复磨之;治之已精,而益求其精也。"PPT 配图如图 2 所示。

图 1　问题引入

图 2　如切如磋,如琢如磨

C++ 语言编程需要严密的逻辑思维,程序中需要考虑各种细节与意外,而且软件开发有许多突发事件和难以预料的情况发生。因此,在学习过程中,需要有严谨的学习态度,将知识夯实、精技强能,精益求精,方能不出纰漏,软件运行才会令用户满意。引导学生认识到,专注、敬业的工匠精神与责任担当、团队意识对完成软件开发工作,促进软件行业整体高水平、优质化发展具有重要意义。相关 PPT 如图 3 和图 4 所示。

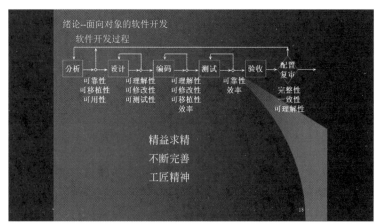

图 3　引入精益求精、不断完善、工匠精神

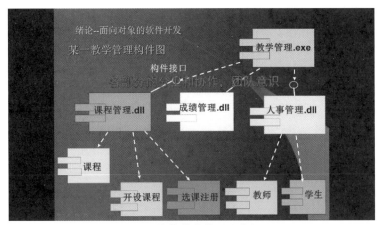

图 4 培养学生的团队意识

**3. 设计思路**

程序设计技能是大数据与人工智能时代的计算机科学与技术专业人才不可或缺的基本技能,是学生未来职业技能的关键保障。C++语言逻辑性强、语法繁多且枯燥无味,入门困难,在课堂教学中通过介绍本领域成功的代表人物引发工匠精神和团队意识,并树立职业理想,从职业理想到爱国主义教育。了解计算机前沿技术和国内外计算机科学发展现状,穿插科技对国家发展的重要作用,体会我国与发达国家科技之间的差距,形成强烈的爱国情怀,激发学生奋发学习、刻苦钻研的家国使命感。

课程主要采取案例驱动的教学模式,在项目开发案例中穿插思政元素,让学生切身体会、潜移默化地接受思想政治教育,合理而深刻地引入思政元素。

对于面向对象的软件开发而言,目标是在限期内保质保量完成项目,在软件开发与测试周期过程中就是工匠精神、大局意识、协作精神和服务精神的集中体现。"三个臭皮匠,顶个诸葛亮"的谚语体现了团队的重要性,面向对象的软件开发,一定是团队合作的结果。必须有团队的分工和协作,大家各做一部分,聚合起来提供服务。

教学手段中利用"课堂派""雨课堂""学习通"等多种手段加强学生课堂的参与度,提高学生对知识的掌握,并充分利用现场答疑,课下微信群等进行答疑,全方位地提高教学效果。

## 三、案例特色

(1) 案例教学紧扣工匠精神、团队意识。

在学习面向对象的软件开发过程中,以实际开发案例引导学生认识到"面向对象的软件开发需要精益求精的工匠精神,同时,需要有他人的配合以及团队精神,团队力量胜过个人力量",激发学生的专业使命感,激励他们好好学习专业知识,培养将来从事软件开发相关职业的基本素养。

（2）全方位融入思政元素。

使用 C++ 语言编程，需要严密的逻辑思维，专注的学习态度。从这个课程特点就可以引入思政内容：做人也必须脚踏实地，具有工匠精神，一步一个脚印提高自己。要想编写合格的程序，必须精益求精，考虑各种可能的情况，不断迭代、升级，对各种情况进行全盘考虑和测试，帮助学生培养编程时严密的思维习惯。

（3）及时收集反馈，做好改进。

通过"学习通""课堂派""雨课堂"等布置课后思考题，了解学习效果，做好思政教育改进。

## 四、学生反馈

（1）张＊＊：程序刚编写出来时，感觉写得非常好，但是经过多次运行和测试，以及老师的建议，发现程序的问题还有很多，不光是程序错误的问题，还有可读性、运行效率可复用性的改进，经过一次次的改进，发现程序看起来顺眼了很多，运行速度也加快了，真实体会到编写程序需要精益求精，不断打磨。

（2）吴＊＊：在这次大作业过程中，深刻体会到团队合作的重要性，分工明确，各司其职，终于顺利完成了这次任务。

## 五、教学反思

该案例深挖了课程教学中 C++ 面向对象程序设计所蕴含的思政教育元素，学生通过课程大作业及思考题反馈了认识，实践效果较好。

撰　写　人：桂智明
所属单位：北京工业大学信息学部计算机科学与技术系

# "面向对象程序设计"课程案例

## ——探索国产开源项目的"中国软件开源创新大赛"

课　程　名　称：面向对象程序设计（Object Oriented Programming）

课　程　性　质：专业课

所属学科门类：计算机类/0809

学　　　　分：2.5 学分　　　　　　　　　学时：40 学时

课　程　简　介：面向对象程序设计是计算机专业的一门重要课程，理论与实践结合度高。目前，面向对象方法已成为软件项目开发中使用最广泛的基本方法，也是软件从业人员必备的一种基本素质和能力。课程强化学生对面向对象基本原理和程序设计方法的掌握，培养学生面向对象的编程思维及问题分析和描述能力。培养学生从对象、类的视角，基于可复用、可扩展、易维护的设计原则，对复杂工程问题进行专业表述和抽象建模。同时，课程要求学生掌握 Java 语言的基本语法、具备运用 Java 语言开发面向对象软件系统的能力。先修课程为高级语言程序设计，后继课程为后续课程（数据结构、软件工程、C++ 程序设计、网络编程）做必要的准备。

## 一、章节名称

第一章第一节　面向对象概述

## 二、案例介绍

### 1. 育人目标及理念

通过竞赛，培养学生求真务实的科学态度，坚持不懈的工匠精神。国产开源软件的开发，可突破国外对我国软件"核心技术"的封锁，鼓励学生不畏艰难，发扬拼搏创新精神，为突破核心技术"卡脖子"工程而不懈奋斗。

### 2. 案例内容

第一章介绍面向对象的产生、特点，面向对象技术的发展、未来。面向对象程序设计诞生于 20 世纪八九十年代，是因为软件危机而产生的，因此，思政的切入点可由解决软件危机而引入。

面向对象程序设计是为解决第二次软件危机而诞生，但随着软件规模越来越大，软件生产速度远远跟不上硬件的发展速度，也无法满足用户日益增多的软件需求，软件危机不断重复上演。而软件开源，集全世界各软件人才的智慧于一体，将是解决软件危机的一条有效途径。中国软件开源创新大赛是为解决我国软件产业发展问题，培养新一代国产软硬件人才，倡导开源技术社区,由华为等企业牵头发起和赞助的。竞赛受到学术界、教育界、产业界的高度重视,它们共同赞助组织,旨在鼓励对国产开源操作系统 openEuler、国产开源数据库 openGauss、开源移动操作系统 Harmony 等一批配套国产开源软件的使用、改进和完善,鼓励开源社区贡献、合作。通过竞赛,提升学生对国产软件的了解,参与开源社区共建,激发科研创新能力,培养求真务实的探索精神。

中国软件开源创新大赛由学术界、教育界、产业界共同组织。CCF 软件工程、系统软件专委会、国家基金委的专家、产业界的巨头都参与其中,华为等几十家"绿盟(绿色产业联盟)"软硬件企业赞助,表明对我国未来的软件产业人才培养的重视,也饱含了各界对软件人才的期望和渴求。为积极应对国外对我国芯片和操作系统等关键技术的封锁,竞赛聚焦"卡脖子"软件领域以及人工智能、大数据等前沿技术领域的开源软件,秉承创新、国产自主研发,大赛组委会联合华为、百度、飞腾、麒麟、长城科技、旷视科技、开放原子开源基金会等企业单位以及多所高校共同设置赛题。因此,大赛本身就是一个生动的自强不息、顽强拼搏、工匠精神的思政融合案例。

我们鼓励学生积极参与中国软件开源创新大赛,为国产软件做出贡献。竞赛共分三个学生赛道,各赛道内容均涉及国产开源软件的开发。

赛道 1) 开源项目贡献赛

主要包括:openKylin 开源项目贡献赛、openEuler 开源项目贡献赛、openGauss 开源项目贡献赛、MindSpore 开源项目贡献赛。每项任务都针对我国软件领域的最前沿技术、产业界最先进的开源项目而设置,学生积极参与,必将推动国产开源软件的更新发展。

赛道 2) 开源任务挑战赛

主要包括:飞桨(Paddle)框架任务挑战赛,计图(Jittor)人工智能挑战赛等。

飞桨是百度自主研发的中国首个开源开放、功能丰富的产业级深度学习平台,以百度多年的深度学习技术研究和业务应用为基础。飞桨框架任务挑战赛聚焦飞桨框架能力建设,鼓励开发者了解与参与深度学习开源项目,推动深度学习技术的发展和应用。

计图人工智能挑战赛是在国家自然科学基金委信息科学部指导下,由北京信息科学与技术国家研究中心和清华大学-腾讯互联网创新技术联合实验室于 2021 年创办、基于清华大学"计图"深度学习框架的人工智能算法大赛。近两年,该赛事作为中国软件开源创新大赛中开源任务挑战赛的赛事之一开展。

赛道 3) 开源任务评注赛

为开源项目征集优秀的技术评注和代码注释,推动优秀开源项目代码的传播和学习范围,加速扩大开源项目社区。

主要包括:openGauss 内核代码注释,撰写技术博客;MindSpore 内核代码评注,撰写技术博客等。2021 中国软件开源创新大赛作品如图 1 所示。

上述竞赛赛题,每个赛道的每个任务都源自我国自主研发的开源软件项目。由此可以看出,产业界急需开源人才,而基于国家创新发展和软件企业对开源人才提出迫切的需求,十四五规划纲要首次将"开源"列入其中。因此,将竞赛作为对本课程的进一步延伸,不仅是

图1　2021 中国软件开源创新大赛作品

对课程目标的进一步达成,而且对培养高技术人才的拼搏精神,服务国家建设意识,即"为祖国建设培养人才"的达成具有较大的促进。

2020 年参赛选手决赛及获奖颁奖画面如图 2 所示。

图2　2020 年参赛选手决赛及获奖颁奖画面

## 3. 设计思路

从程序设计方法的发展历史看,20 世纪 60 年代以前,计算机刚刚投入实际使用,经历了第一代面向机器的程序设计方法,这个时期主要的软件开发方式是使用机器语言或者汇编语言在特定机器上进行软件的设计与编写。20 世纪 60 年代中期开始,大容量、高速度计算机问世,使计算机的应用范围迅速扩大,软件开发需求急剧增长。由此,第 1 次软件危机产生,诞生了高级语言,以 1972 年诞生的 C 语言为其代表。20 世纪八九十年代,软件复杂性进一步增加,大规模软件由数百万行组成,爆发第 2 次软件危机,诞生了面向对象程序设计方法,以 Java 和 C++ 为代表。2005 年以来,多核时代到来,软件无法在多核下发挥硬件性能,工业界也无法提供解决方案,第 3 次软件危机产生。软件危机多次反复爆发,源于软件规模的无限制扩大,软件需求越来越复杂。

通过介绍软件产业最新动态,产业界发布了"白皮书"等,让学生了解业界技术发展情况。为突破国外封锁,国内产业界斥巨资发展国产自主知识产权核心软件,突破技术"瓶颈",解决"卡脖子"问题。通过引导,激发学生的爱国情怀,发扬工匠精神,求真务实,努力拼搏,勇于担当。

教学内容:

(1) 引入"软件危机",从其来源、诞生概要介绍其特点、如何解决等问题,引导学生了解面向对象编程的优点,了解其在软件发展史上的重要性,提高学生的学习兴趣。

(2) 从软件的最终发展趋势,探索解决软件危机之路,寻求未来软件发展之路。挖掘课程中蕴含的思政元素——求真务实,探索创新。

(3) 大力发展国产软硬件开源生态,国产 CPU、操作系统、数据库等,突破技术封锁和壁垒。挖掘课程中蕴含的思政元素——敬业拼搏,工匠精神,爱国情怀。

(4) 积极参加中国软件开源创新大赛,在竞赛中会遇到很多困难、技术难题,需要坚持不懈,勇于探索,也需要有求真务实,努力拼搏,不怕挫折的精神。

教学过程中,可从讲解面向对象的诞生原因入手。20 世纪 60 年代的第 1 次软件危机,诞生了 C 语言,产生了软件工程学这门学科。20 世纪八九十年代的第 2 次软件危机,诞生了面向对象方法,产生了一批面向对象语言,如 Java、C++、C♯等。2005 年,随着软件规模的不断扩大,多核时代到来,并行处理软件亟需开发去替代原单核系统上的软件开发模式,由此,第 3 次软件危机来临。纵观过去几十年,每一次软件危机,都因软件的发展跟不上硬件的发展速度而产生。随着数字经济的到来,数据体量进入爆发式增长,全球进入以数据为关键生产要素的数字经济时代。鲲鹏计算产业发展白皮书(2020 年)中,预计 2025 年,中国将拥有全球最大的数据圈,将成为全球计算产业增长的重要引擎,如图 3 所示。如何突破数字技术发展瓶颈,解决软件危机,发展我国的数字经济,是急需解决的难题。

教学方法和教学手段:可通过启发式提问、课后探究式课题、课题讨论、小组协作形式,增强课题教学效果。先抛出问题:如何解决软件危机这一行业难题?通过引入软件危机概念,探索解决软件危机的方法来激发学生的学习兴趣。也可引导学生查阅开源软件源码,解读代码注释,以开源社区讨论等形式来学习。如 2019 年,华为公司发布了面向开发者的"沃土计划 2.0",5 年投入 15 亿美元用于发展鲲鹏生态,形成"开发体系便捷高效、开发社区完善活跃"的生态格局。可提出问题,比如让学生查找什么是"沃土计划"?查阅沃土计划具体实施的内容、进展,了解产业动态。又如,近几年,陆续发布了国产鲲鹏处理器、openEuler 开源操作系统、开源智能终端操作系统 HarmonyOS、openGauss 开源数据库、openLooKeng 虚拟化开源引擎等一批配套国产软硬件。这些国产软硬件均构建在开源的基础上,可引导

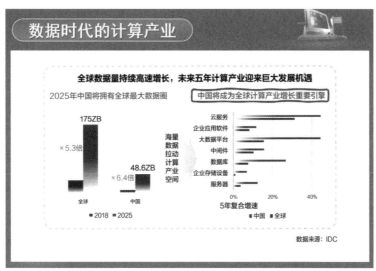

图 3　鲲鹏计算产业发展白皮书（2020 年）——全球及中国计算产业数据增长情况

学生关注并加入开源社区,了解技术发展动向、提供大赛的网址和资源,为提前介入产业界做准备。这些都不是课本的知识,但都是产业界急需探索的领域,树立学生责任担当,勇于探索,求真务实的工匠精神。

## 三、案例特色

（1）求真务实,勇于探索:通过“软件危机”产生的来源,激发学生的探索精神,在解决问题过程中,树立责任担当意识。

（2）敬业拼搏,工匠精神:为突破技术壁垒,支持国产 CPU、操作系统、数据库,支持开源软件社区,大力发展国产软硬件开源生态,突破软件产业技术瓶颈和壁垒,探索终结软件危机途径,为构筑我国良好的计算生态不懈努力。

（3）爱国情怀,责任担当,勇于探索:通过引导学生积极参加中国软件开源创新大赛,磨炼意志,在竞赛中培养学生勇于探索、积极进取的精神,通过参与自主知识产权的国产操作系统、数据库等软件改进,激发学生的家国情怀,责任担当,培养学生的努力拼搏精神。

## 四、学生反馈

（1）王\*\*:在面向对象课程中,了解了面向对象的产生、优点,与 C 语言的不同,同时也了解了国产开源软件,还有大赛的一些内容,课程打开了我的思路。

（2）周\*\*:开源创新大赛让我了解了国产移动操作系统 HarmonyOS,对今后的求职就业很有帮助,也使我解读程序的能力大大提高。

（3）孙\*\*:大赛中同学们都很努力,团队氛围很浓,通过大赛,磨炼了意志,在参赛过程中,解决了一个个难题,最终走到最后。在全国那么多的高校中,得奖很不容易。

（4）方＊＊：开始觉得特别难，后来一步步走，一点点学习，发现自己能力提高了，在开源社区学到很多知识。

（5）师＊＊：作为第二届竞赛的同学，大一暑假参加竞赛，觉得自己是个小白，在学长的带领下，一步步走过来，收获很多。这是我之后科研的一个起点，非常感谢大赛组织者。

通过三届学生参加竞赛的体验，对国产软件有了一定的了解，竞赛中同学们都勇于担当，团结合作，求真务实，积极进取，不仅收获了奖励，而且对国产操作系统等软件也有了更深入的了解，在民族自豪感、职业素养、文化自信方面都收获很大。

## 五、教学反思

从学生反馈效果看，课程开篇介绍面向对象的发展历史时引入的国产开源软件及开源创新大赛介绍很受欢迎，学生都非常感兴趣。课程后续，很多有能力的学生积极咨询并参加大赛。通过介绍开源软件，特别是说明了为什么国产操作系统要开源，大多数学生，对这门课程有了更深入的了解，也能从整体上把握课程的地位和作用。参与竞赛的学生对国产开源软件也有了深入了解，增强了学生的责任担当，民族自信心。

撰　写　人：杨惠荣
所属单位：北京工业大学信息学部计算机科学与技术系

# "数字逻辑"课程案例

——立足当下，着眼未来

课 程 名 称：数字逻辑（Digital Logic）
课 程 性 质：学科基础必修课
所属学科门类：计算机科学与技术/0812
学　　　　分：3 学分　　　　　　　　　　　学时：48 学时
课 程 简 介：本课程是计算机类的学科基础必修课，属于硬件基础课程，可划分为基础理论、组合电路和同步时序电路三大部分。主要内容是：在引入必要的数制、码制等基础知识的基础上，通过逻辑代数的基本定律、规则、常用公式的介绍，建立数字电路的基本概念，进而深入学习组合电路、时序电路中典型电路的设计思想、逻辑工具、基本分析方法、基本设计方法并掌握现代数字系统设计中的硬件描述语言建模技术。本课程具有较强的实践性特征，通过与"数字逻辑实验"课程的紧密结合，在理论学习的基础上，借助 EDA 平台和实验平台，建立电路物理实现的真实感受，培养发现问题、分析问题、解决问题的工程素质与能力。本门课程的先修课程是模拟电子技术。

## 一、章节名称

第八章第一节 序列检测器

## 二、案例介绍

### 1. 育人目标及理念

培养学生实事求是、脚踏实地的学习作风，放眼未来的胸怀，能够承担起自己的社会责任，为国家、社会建设做出贡献。

### 2. 案例内容

一般时序电路设计中，原始状态图的建立是关键，以序列检测器为例，常用直接状态指定法建立原始状态转换图，即根据文字描述的设计要求，假设一个初态，从这个初态出发，每加入一个输入，就确定其次态，该次态可能是现态本身、另一个已有状态、需新增状态。重复上述过程，直到每个现态向次态的转换都已确定且不再产生新的状态。原始状态图的提出以及原始状态图的绘制的 PPT 截图分别如图 1 和图 2 所示。

在这一过程中，需要面向检出目标序列这一任务，基于某个现态以及输入情况，决定次态，恰好吻合了"立足当下，着眼未来"的内涵，从而引导学生实事求是，辨析问题的当前状况，着眼要解决的问题，做出最佳判断，体现出脚踏实地的工匠精神，放眼未来的胸怀，承担

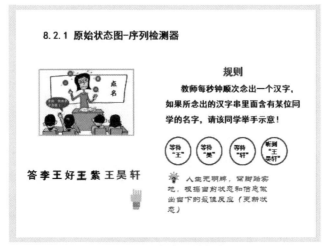

图 1　原始状态图的提出

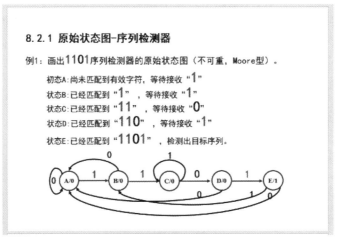

图 2　原始状态图的绘制

起应负的社会责任。

### 3. 设计思路

1）介绍一般同步时序电路

一般同步时序电路设计时,通常不能确定根据逻辑功能所建立的状态转换序列中的状态个数是否最少,而状态数的多少决定着触发器的数量,即电路的规模。因此,当所设计的同步时序电路不能确定为典型同步时序电路时,应先按照建立原始状态图→状态化简→状态分配的过程,得到最小状态表或最简的状态转换图,再遵循典型同步时序电路的设计原则完成设计。一般同步时序电路包括序列检测器、B 码识别器和双向可逆分配器、串行加法器、非法码检测、串行代码转换等。

2）序列检测器的电路功能

首先引入生活中常见的几个例子,如点名、遥控汽车开锁、自动售货机等,抽象出序列检测器的功能,即序列检测器有固定的检测码,接受一组串行随机信号(X),在时钟 CP 的控制下,每个 CP 接受一位 X 的数据,当输入数据与检测码相同时,检测电路输出有效信号。

3）一般同步时序电路的设计步骤

第一步,根据要求建立原始状态转换图,并形成原始状态表;

第二步,对原始状态表进行化简,消去多余状态,求得最小状态表;

第三步,对最小状态表进行状态分配(状态编码),形成卡诺图形式的二进制状态表;

第四步,选定触发器类型,求最简激励函数和输出函数;

第五步,画出逻辑电路图;

第六步,检查电路是否具有自启动特性,若符合设计要求,则设计完成,否则需要修改设计,甚至重新设计。

4）建立原始状态图

以点名环节为例,放慢点名节奏,与学生互动,引导学生体会点名过程中的心理状态变化,从而为后续序列检测器建立原始状态图提供参考;然后带领学生思考辨别可重序列检测器和不可重序列检测器的差别,摩尔型原始状态图和米勒型原始状态图的不同;最后带领学生建立 1101 序列检测器的原始状态图。

5）思政育人

本案例在思政育人方面,把思政要素嵌入原始状态图的建立思路中,即在直接状态指定法中,需要从某个状态出发,每加入一个输入,就确定其次态,该次态可能是现态本身、另一个已有状态、需新增状态;次态到底是哪个状态,取决于序列检测器的目标序列、当前状态以及当前输入;这个过程可以概括为:人生会遇到各种各样的问题,我们只需脚踏实地,着眼未来,根据当前状态和信息做出当下的最佳反应(更新状态),即立足当下,放眼未来;最好的未来就是国家繁荣昌盛,社会和谐幸福,进而引导学生在国家社会建设中有责任、有担当;鼓励学生以饱满的热情与踏实的态度追求梦想,奋力拼搏,以实际行动和丰硕成果报效祖国。

## 三、案例特色

(1) 思政要素高度契合课程内容。

原始状态图的建立是一般时序电路分析的首要环节,次态的确定需要基于现态及输入进行匹配,这一逻辑高度契合了思政要素:立足当下,放眼未来,此处知识点的讲解与思政育人相辅相成,不牵强。

(2) 思政要素与专业知识的双向反馈。

立足当下,着眼未来的内涵可以深入浅出地帮助学生快速、有效掌握原始状态图的建立方法;而原始状态图的建立又反过来印证了这一思政要素的科学性、合理性,从而形成思政要素与专业知识的双向、正面反馈。

## 四、学生反馈

（1）肖同学说：我们生活的环境无时无刻不在变化，我们也要根据需求而积极改变，这与序列检测器的工作原理相通。

（2）张同学说：习近平总书记在党的十九大报告中指出"中国特色社会主义进入到了新时代"，在新时代物质世界和网络世界都在飞快改变着，我们要像序列检测器那样，学会灵活变通，根据当下的情况判断出最佳方案，为中国特色社会主义建设添砖加瓦。

## 五、教学反思

本案例的思政设计及融入都比较贴切，不会在授课过程中显得突兀，打断专业知识的传授节奏，效果符合预期；同时，序列检测器属于有限状态机的一类，后续可以基于有限状态机进一步挖掘思政要素，在拔高专业知识深度的同时，将思政育人走得更深、更实。

撰　写　人：王秀娟
所属单位：北京工业大学信息学部计算机科学与技术系

# "数据结构与算法"课程案例
## ——最小生成树算法之"一带一路"交通设施建设

课　程　名　称：数据结构与算法(Data Structures and Algorithms)
课　程　性　质：专业必修课
所属学科门类：计算机科学与技术/0812
学　　　　分：3.5学分　　　　　　　　　　学时：56学时
课　程　简　介："数据结构"课程是计算机科学与技术专业的基础课程,也是专业核心课程之一,在计算机人才培养过程中起着非常重要的作用。通过该课程的学习,使学生掌握计算机加工数据的方法,为数据选择适当的存储结构、逻辑结构及实现应用的相应算法,建立起数据结构与算法设计和问题求解的知识体系,培养学生的数据抽象能力和程序设计能力。"数据结构"课程同时是操作系统、软件工程、数据库概论、编译技术、人工智能、计算机图形学等专业课程的必修先行课,很多应用软件都要使用各种数据结构和算法编写程序进行科学计算、模拟试验等。加强课程思政的教学引领,培养学生社会主义核心价值观,提高学生团队合作意识的综合素质,逐步实现满足国家工程认证要求的教学目标和毕业要求。

## 一、章节名称

第七章第五节　最小生成树

## 二、案例介绍

### 1. 育人目标及理念

作为"一带一路"建设的倡议者,新时代的中国青年是"一带一路"的建设者,工匠精神的传承者,中国故事的传播者。

### 2. 案例内容

基础设施建设是"一带一路"的重点合作领域,国际、国内"一带一路"重点基础设施项目有序推进,其中铁路是备受关注的"一带一路"基建领域,随着中国铁路加速拓展的铁路网络,逐步打破地区封闭,把世界连成一个更紧密的整体。要在这些国家之间建立一个铁路网络,这时我们需要考虑如何在成本最低的情况下建立这个铁路网络。

可以用 Prim 算法解决这个问题,该算法具有很高的应用价值,尤其在设施建设方面。图论是数学应用的一部分,由若干顶点及连接两顶点的边所构成的数据结构便称为图,生成树包含原图 $n$ 个节点且拥有保持图连通的最少的 $n-1$ 条边。Prim 算法是图论中一种常用的算法,可用来在加权连通图中搜索最小生成树。通过此算法搜索到的边子集所构成的树中不仅包含了连通图里所有的顶点,而且所有顶点连成的边的权值之和也是最小的。

根据最小生成树的应用,在我国高速铁路服务"一带一路"倡议的重大背景下,强调高速铁路是互联互通的重要基础设施,加强学生对"一带一路"意义的理解,同时激发学生投身社会主义建设的决心和信心。

### 3. 设计思路

1) 介绍基础知识

最小生成树:一个有 $n$ 个节点的连通图的生成树,它是原图的极小连通子图,且包含原图中的所有 $n$ 个节点,并且有保持图连通的最少的边。

最小生成树可以用 Kruskal 算法或 Prim 算法求解,它们考虑问题的出发点是为使生成树的边的权值之和达到最小。

Prim 算法以某个顶点为起点,逐步找到每个顶点上最小权值的边来构建最小生成树。

2) 引入"一带一路"建设

2013 年 9 月和 10 月,国家主席习近平提出建设"新丝绸之路经济带"和"21 世纪海上丝绸之路"的合作倡议,简称"一带一路"。基础设施互联互通是"一带一路"建设的优先领域。在尊重相关国家主权和安全关切的基础上,沿线国家宜加强基础设施建设规划,共同推进国际骨干通道建设,逐步形成连接亚洲各次区域以及亚欧非之间的基础设施网络。抓住交通基础设施的关键通道、关键节点和重点工程,优先打通缺失路段,畅通瓶颈路段,提升道路通达水平。推进建立统一的全程运输协调机制,促进国际通关、换装、多式联运有机衔接,逐步形成兼容规范的运输规则,实现国际运输便利化。

3) 引导学生思考"一带一路"基础设施建设中哪些实际问题可抽象为数学问题

为加强与沿线有关国家的沟通磋商,在基础设施互联互通、产业投资、资源开发、经贸合作、金融合作、人文交流、生态保护、海上合作等领域,推进了一批条件成熟的重点合作项目。中国积极开展亚洲公路网、泛亚铁路网规划和建设,与东北亚、中亚、南亚及东南亚国家开通公路通路 13 条,铁路 8 条。其中最重要也是最现实可行的通道路线是:日本—韩国—日本海—扎鲁比诺港—珲春—吉林—长春—白城—蒙古国—俄罗斯—欧盟的高铁和高速公路规划。假设要在这 11 个地点之间建立铁路网络,则连通 11 个城市只需要修建 10 条线路,如何在最节省经费资源的前提下建立这个铁路网?

为节省课上计算时间,同时保证学生能够深刻体会算法流程,将城市数量设为 7。该问题等价于构造铁路网的一棵最小生成树,即在带权的边中选取 6 条边(不构成回路),使权值之和最小。PPT 截图如图 1 所示。

4) 用 Prim 算法求解最小生成树

指定图中某个顶点 $v$ 作为生成树的根,随后往生成树上添加新的顶点 $w$。添加的顶点 $w$ 和已经在生成树上的顶点 $v$ 之间必定存在一条边,并且该边的权值在所有连通顶点 $v$ 和 $w$ 之间的边中取值最小,之后继续往生成树上添加顶点,直至生成树上含有 $n$ 个顶点为止。

构造生成树的基本过程可以描述为:将图中 $n$ 个顶点分成两个集合(见图 2):$U$ 集合

为已经在生成树上的顶点集;$V-U$ 集合为尚未落在生成树中的顶点集。不断选取连通 $U$ 中顶点与 $V-U$ 中顶点的权值最小的边,如图 3 所示。

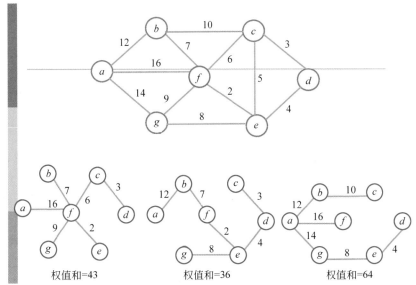

权值和=43　　　　　权值和=36　　　　　权值和=64

图 1　选择 6 条边构成不同权值和的树

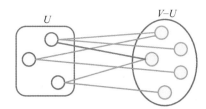

图 2　将图中 $n$ 个顶点分成两个集合

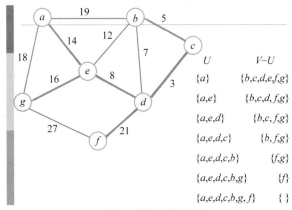

| $U$ | $V-U$ |
| --- | --- |
| $\{a\}$ | $\{b,c,d,e,f,g\}$ |
| $\{a,e\}$ | $\{b,c,d,f,g\}$ |
| $\{a,e,d\}$ | $\{b,c,f,g\}$ |
| $\{a,e,d,c\}$ | $\{b,f,g\}$ |
| $\{a,e,d,c,b\}$ | $\{f,g\}$ |
| $\{a,e,d,c,b,g\}$ | $\{f\}$ |
| $\{a,e,d,c,b,g,f\}$ | $\{\ \}$ |

图 3　求解过程展示

## 三、案例特色

交通互联互通是"一带一路"建设的基础支撑、重要保障,扮演着"先行官"的关键角色。共建"一带一路"倡议提出以来,"六廊六路多国多港"互联互通架构不断完善,为"一带一路"建设发挥了重要的基础和先行作用。线路规划是铁路建设所面临的首要问题,充分调研参与国的地理状况、气候条件以及基础设施等因素,在满足互联互通的前提下,应选择合适的建路区域,尽量降低时空成本,同时节省人力、财力资源。该实际问题正是最小生成树的应用,图论的应用在现实生活中很常见,合理将图论算法应用到我们的日常生活中,会帮助我们解决许多问题,也可以帮助我们节省资源与成本等。以"一带一路"铁路建设为最小生成树课程讲解的应用背景,可以加深学生对最小生成树的理解,引发学生的认同感,实现案例的思政目标。

同时,本案例具有时代意义,学生感同身受,接受度高。"一带一路"建设不仅需要广大青年积极认知,广泛参与,更需要广大青年利用特有的时代特性和知识优势,带动更多的社会资源的参与,带动更多的社会力量的支持。这对当代青年来说,方向十分明确;尽管道路并不平坦,但广大青年只要在推进"一带一路"进程中不断增强民族自豪感、历史使命感及国家责任心,努力将个人梦和国家梦紧密相连,就能在实现国家梦中创造这个时代青年的精彩。

## 四、学生反馈

学生认为课程思政是思政教育最好的开展形式,这样既能吸引学生的注意力,又能缓解专业课学习中的枯燥情绪,还能提高课堂效果。学生表示课程思政能够提升专业课的学习效果。课程思政能够帮助学生树立正确的价值观,培养正确的职业观,提升学生的爱国主义情怀,最直接的效果就是促进了专业课的学习,提高了听课效率。这说明课程思政不但不会和专业课冲突,合理融入还会与专业课相互促进,提高二者的学习效率。

## 五、教学反思

在当前"以学生为中心"的教学方式下,充分了解学生对课程思政的真实需求,才能准确高效地在课堂上将思政元素传达给学生,实现课程育人。可以通过讨论、社交媒体等方式了解学生关注的思政元素和偏好的案例内容,同时,课下通过学习平台、网络资源等实现学生的自主学习,课上采取翻转课堂、课堂互动、讨论等方式探讨现实案例,提高学生的学习兴趣。

撰 写 人:杜永萍 苏航
所属单位:北京工业大学信息学部计算机科学与技术系

# "无线传感器网络"课程案例

## ——鸿蒙系统与科技创新

**课 程 名 称**：无线传感器网络(Wireless Sensor Network)

**课 程 性 质**：学科基础必修课

**所属学科门类**：计算机类/0809

**学　　　　分**：2学分　　　　　　　　　　**学时**：32学时

**课 程 简 介**：本课程是物联网工程专业的重要基础课程。无线传感器网络是集传感器技术、嵌入式技术、现代网络和无线通信技术于一体的综合信息处理平台，具有广泛的应用前景，是信息领域最活跃的研究热点之一。本课程主要介绍无线传感器网络相关的若干关键技术。通过本课程的学习，要求学生掌握无线传感器网络的体系结构和网络通信技术，着重掌握无线传感器网络的通信协议，了解无线传感器网络的节点定位、目标跟踪和时间同步等支撑技术，培养学生掌握无线传感器网络的基本原理和基本技术，为基于无线传感器网络的系统开发打下坚实基础。

## 一、章节名称

第八章第五节 鸿蒙操作系统

## 二、案例介绍

### 1. 育人目标及理念

践行科学精神，提高创新能力

### 2. 案例内容

操作系统在计算机学科知识体系中处于硬件知识与软件知识的结合点，是计算机学科中的重要内容。鸿蒙操作系统的出现既有 5G、物联网、人工智能等技术发展的时代背景，又有中国面临国外"卡脖子"调整的政治背景，既有国家层面核高基重大专项发展的政策背景，又有华为公司被谷歌禁供 Android 服务 GMS 的商业背景。鸿蒙操作系统采用微内核、组件化的设计方案和 1+8+N 的全场景战略，其结构包括内核层、系统服务层、框架层和应用层，可扩展性高、可移植性强。本案例通过精心设计教学内容，引入鸿蒙操作系统核心技术特色和架构分析、核心组件及常用布局应用，提升学生掌握主流国产操作系统的应用实践能力；通过介绍操作系统发展历史和国产软件产业发展现状，强调发展国产操作系统和软件生态的必要性与紧迫性，引导学生充分认识操作系统自主可控工作的重要性，激发学生的爱国敬业热情，把推动国家科学技术创新作为使命追求。

国产基础软硬件推进历程和鸿蒙系统发展时代背景的 PPT 截图如图 1 和图 2 所示。

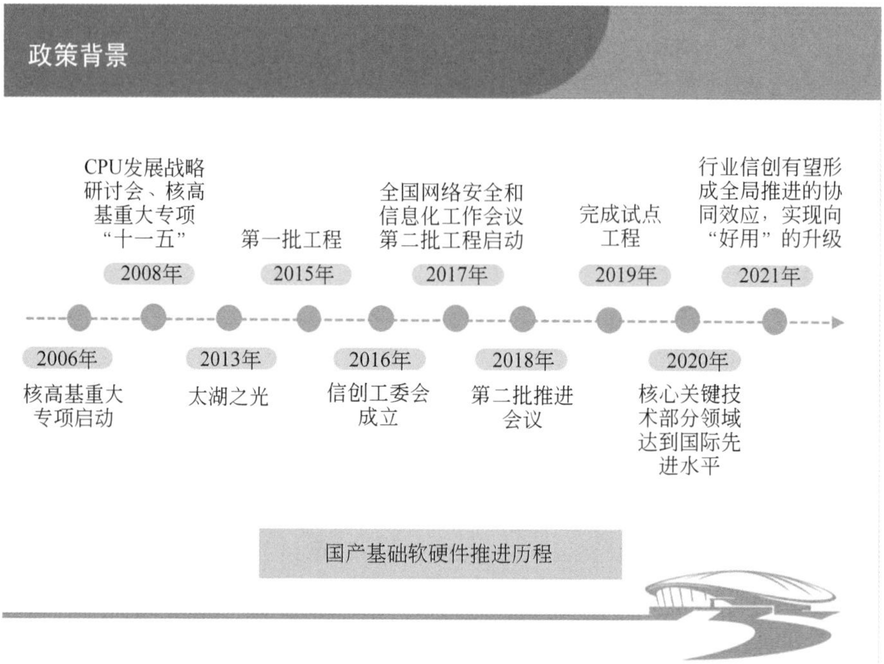

## 政策背景

CPU发展战略
研讨会、核高
基重大专项
"十一五"
2008年

第一批工程
2015年

全国网络安全和
信息化工作会议
第二批工程启动
2017年

完成试点
工程
2019年

行业信创有望形
成全局推进的协
同效应，实现向
"好用"的升级
2021年

2006年
核高基重大
专项启动

2013年
太湖之光

2016年
信创工委会
成立

2018年
第二批推进
会议

2020年
核心关键技
术部分领域
达到国际先
进水平

国产基础软硬件推进历程

图 1 国产基础软硬件推进历程

## 时代背景

### 面临"卡脖子"的挑战
独立自主的研发操作系统是迫切
需求

### 数字化需求
数字化新时代的到来需要
新的操作系统

### IoT与5G
5G物联网时代的到来对
操作系统提出了新的要求

### 人工智能与大数据
AIoT场景天然要求多设备智
能协同，万物智联需要一个
适应各种类型设备的操作系统

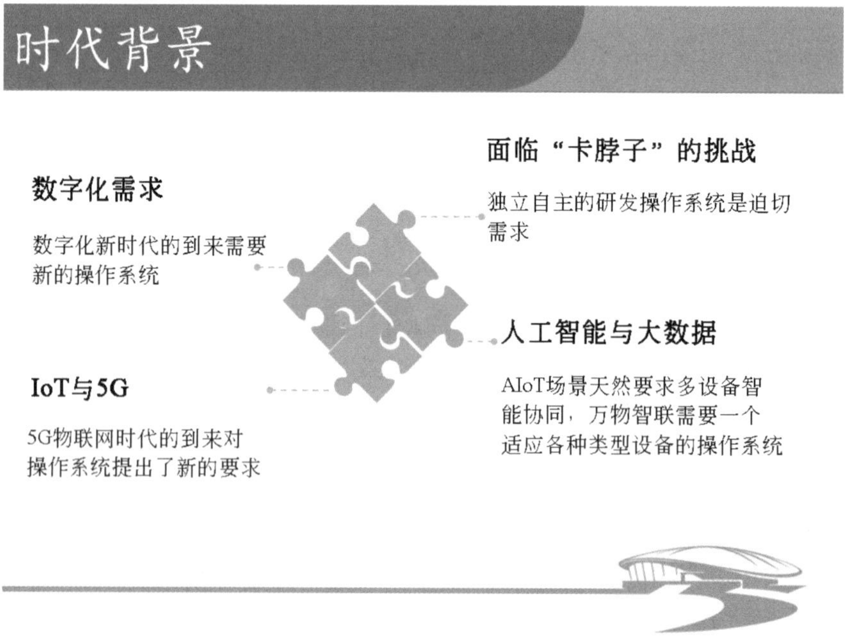

图 2 鸿蒙系统发展时代背景

### 3. 设计思路

在本案例中,课程在总结前面章节介绍的无线传感器网络操作系统的基础上,自然过渡到国产操作系统,进而导入鸿蒙系统。课程首先介绍鸿蒙出现的 5G、物联网和人工智能等技术背景,引导学生领悟求真务实的科学精神;然后介绍政策背景,以华为被谷歌断供为例,详细讲解我国在高新技术领域面临的"卡脖子"的挑战,以及我国通过核高基等项目在独立自主开发软、硬件方面的奋斗历程,激发学生对国家、对民族的责任感和科技报国的决心。课程接着介绍鸿蒙操作系统的微内核设计和系统结构,培养学生进一步建立工匠精神和探索精神。最后将主题落在科技创新方面,引导学生思考我国近几年取得的科技创新成果,以及我国为什么要建设创新型国家和应该怎样建设创新型国家这三个问题。在教学形式上,充分利用选课学生来自两个自然班的特点,将全体学生按照行政班级分为两组,进行抢答和讨论,通过分组对抗的形式讨论上述三大问题,激发学生的爱国情怀,夯实学生的家国责任,强化科技报国、为祖国复兴而奋斗的决心。

无线传感器网络的课程思政建设,主要从凝练思政元素、改进教学模式、改进评价方式三个方面进行。在挖掘和凝练思政元素方面,应与课程内容紧密融合,同时要与学生产生情感共鸣,符合认知规律和心理特征。课程挖掘了 4 大类共 13 个思政元素,并结合课程内容分析了思政元素的内涵。在教学模式方面,课程立足第一课堂,充分发挥课堂育人的主渠道作用,通过典型案例引出课程内容调动学生学习热情,通过学生讨论激发学生的学习兴趣和积极性、主动性,并且课程积极合理应用新的教学技术手段,通过使用微信群、在线学术论坛、在线调查问卷等学生熟悉和擅长的现代化信息工具,将知识传授和价值引领有效延伸至网络空间。在改进评价方式方面,本课程基于教学评价体系,尝试增加思政评价指标,对于理论课,期末试卷增加主观题目,全面综合考查学生对知识体系和思政内容的掌握情况;对于实验课,设置多维度的评价项目,侧重评价学生的价值塑造和能力培养的综合效果。

## 三、案例特色

#### 1)科技创新代表性强

在技术层面,数字化时代来临对操作系统提出新的要求,随着 5G、物联网等技术的发展,万物智联的趋势需要一个适用于多种机器硬件的操作系统,鸿蒙操作系统经过技术创新,采用微内核、组件化的设计,具有灵活、可裁剪、可扩展等特点,由此能够培养学生多角度全方位思考问题及不畏困难、勇于创新的精神;在国家安全层面,华为公司被列入贸易"实体清单"和谷歌禁用 GMS,直面关键基础软件"卡脖子"问题,开发独立自主的操作系统,更能激发学生的爱国情怀和使命担当。案例继续深入探讨科技创新,通过启发引导学生总结近几年我国在科技创新方面的成果,比如北斗系统、量子科学卫星悟空、天宫一号二号对接、世界最长的跨海大桥和世界最大射电望远镜等,引领学生思考我国为什么要建设成为创新型国家、我国该怎样建设创新型国家等问题,激励学生科技报国、树立为民族崛起而读书的决心和信心。本案例力求回答好"为谁培养人?培养什么样的人?"的问题。

2）形式多样，易于接受

本案例采用丰富多样的教学模式，通过大量的案例式、启发式、分组对抗等教学方式层层递进地引导学生思考和讨论科技创新、科技报国这一主题，增强课程挑战度和高阶性，极大提升了学生的课堂参与度。

## 四、学生反馈

（1）赵\*\*：我们参加华为ICT大赛使用的开发环境就是鸿蒙操作系统，我感觉鸿蒙操作系统对开发者比较友好，使用起来也很方便，现在越来越多的硬件都支持鸿蒙操作系统。

（2）张\*\*：我参加过华为的认证课程，比较了解鸿蒙操作系统的基本概念和架构，以及一些实践案例。

（3）李\*\*：关键技术是买不来的，也要不来，我国必须通过自主创新，把关键技术掌握在自己手中。

## 五、教学反思

（1）通过"隐性思政"、精心设计，课程思政具有促进学生学习、提升学生学习积极性的作用；

（2）物联网是一个快速发展、综合性强、涉及面广的领域，涉及的思政元素非常广泛，需要长期持续地挖掘思政元素；

（3）专业课教师要持续加深在思想政治方面的学习和培训，要与思政课教师多交流多合作。

撰　写　人：陈锬
所属单位：北京工业大学信息学部计算机科学与技术系

# "数字逻辑"课程案例

## ——做好新时代的一枚螺丝钉

课　程　名　称：数字逻辑(Digital Logic)

课　程　性　质：学科基础必修课

所属学科门类：计算机科学与技术/0812

学　　　　　分：3 学分　　　　　　　　学时：48 学时

课　程　简　介：本课程是计算机类的学科基础必修课,属于硬件基础课程,可划分为基础理论、组合电路和同步时序电路三大部分。主要内容是：在引入必要的数制、码制等基础知识的基础上,通过逻辑代数的基本定律、规则、常用公式的介绍,建立数字电路的基本概念,进而深入学习组合电路、时序电路中典型电路的设计思想、逻辑工具、基本分析方法、基本设计方法并掌握现代数字系统设计中的硬件描述语言建模技术。本课程具有较强的实践性特征,通过与"数字逻辑实验"课程的紧密结合,在理论学习的基础上,借助 EDA 平台和实验平台,建立电路物理实现的真实感受,培养发现问题、分析问题、解决问题的工程素质与能力。本门课程的先修课程是模拟电子技术。

## 一、章节名称

第七章第一节 计数器

## 二、案例介绍

### 1. 育人目标及理念

培养学生脚踏实地的学习、工作作风,能够承担起自己的社会责任,为国家、社会建设做出贡献。

### 2. 案例内容

第七章是典型同步时序电路设计,其中第一个面向的电路就是计数器。电路设计首先需要抽象出电路功能,从生活实例入手,可以将计数器功能直观呈现给学生,而计数器在实际生活中的应用范围非常广泛,恰似一枚不起眼的螺丝钉;而从电路功能需求出发实现电路设计的思路也与工匠精神相吻合,这就是本思政案例一明一暗的两处思政融入点。

计数器在实际生活中,以计步器、交通灯计时、数字钟、验钞机、频率计、菌落计数器、尘埃计数器等多种形式存在,应用在食品、卫生、防疫、航天、医药、电子等多个领域,实现计数、分频、测量、控制等多种功能,恰似一枚小小的螺丝钉,虽不起眼,但却发挥着重要作用,从而引导学生认识到个人在国家、社会建设中虽平凡,却依然能够发挥出巨大作用,做好新时代的一枚螺丝钉,在国家社会建设中有责任、有担当;另一方面,在设计计数器电路时需围绕核心元器件——触发器,逐步思考剥离出电路的状态变化规律,从而指导触发器的激励信号设计,在此过程中,学生需从触发器的角度出发,一步步寻找匹配数字电路特点的状态变化规律,体现出严谨、踏实、认真的工匠精神。

思考引入和实例的 PPT 截图如图 1 和图 2 所示。

图 1　思考引入

**例：试用D触发器和逻辑门元件设计一个模16计数器。**

1) 状态图:

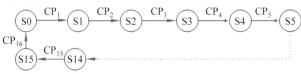

2) 状态编码:　$Q_3Q_2Q_1Q_0$

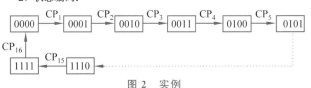

图 2　实例

### 3. 设计思路

1) 介绍典型同步时序电路

所谓典型同步时序电路,是指电路的状态数量是已知的,其转换明确,规律性强,一般不用化简,较容易进行状态分配。典型同步时序电路包括计数器、寄存器、移位寄存器、移位型计数器、节拍分配器和序列信号发生器等。

2）计数器的电路功能抽象

首先引入生活中常见的几个例子,如计步器、交通灯计时电路、验钞机等,抽象出计数器的功能,即计数器是对 CP 脉冲进行计数的一类时序电路,计数器可以计数的状态数称为计数器的模,以上例子中,核心功能都是计数器,只不过计数的对象和计数方式不同。

以计步器为例,给出计数器的状态转换图。

3）带领学生完成基于触发器的计数器电路设计

首先带领学生思考辨别计数器电路的核心:触发器,以实现计数器的状态转换;回顾触发器的电路功能,引导学生思考计数器电路设计的方法主线,即寻找计数状态规律变化,指导触发器的激励信号设计。以此为目标,带领学生完成基于触发器的模 16 加 1 计数器的设计,包括状态图建立,状态编码,次态矩阵建立,次态卡诺图化简得到次态方程,设计激励函数,完成电路连接,最后进行功能验证,从而总结出典型同步时序电路设计的一般步骤。

4）思政育人

在计数器的设计与实现过程中,展示不同处理方式所对应的设计效果及其影响,让学生体会到踏踏实实做好每一步的重要性,培养他们严谨认真的精神;计数器应用广泛,可作为核心功能,以不同实现形式应用在不同的场景中,满足不同的需求,从而引出思政要素:每个人都像一个计数器,在不同的需要下可以发挥不同的作用,提升学生的责任和担当意识。

## 三、案例特色

(1) 一明一暗两处思政育人着力点。

暗点是在电路设计过程中,始终面向同一个主线任务,严谨认真完成每一个环节,任一处小的变化,都会给电路的设计结果带来不同的影响,比如,次态卡诺图化简得次态方程中,如果结果不是最简,那么最终电路的激励函数实现复杂度将会大大增加,从而让学生体会到严谨认真的工匠精神;

明点则是在计数器应用的介绍中,引入了计数器的多种实现形式,包括食品、卫生、防疫、航天、医药、电子等多个领域中的计步器、交通灯计时、数字钟、验钞机、频率计、菌落计数器、尘埃计数器等,实现计数、分频、测量、控制等多种功能,从而引出思政育人点:计数器恰似一枚小小的螺丝钉,虽不起眼,但却发挥着重要作用,引导学生认识到个人在国家、社会建设中虽平凡却依然能够发挥出巨大作用,做好新时代的一枚螺丝钉,在国家、社会建设中有责任、有担当;鼓励学生以饱满的热情与踏实的态度追求梦想,以实际行动和丰硕成果报效祖国。

(2) 通过课后作业让学生实现基于 JK 触发器的计数器电路设计,让学生在设计中体会严谨认真的工匠精神,提升思政效果。

## 四、学生反馈

(1) 肖同学说:在学习计数器时,老师给我们讲了螺丝钉精神,我们应该找准目标,坚持不懈,全力以赴,回报国家和社会。

（2）黄同学说：我以前只觉得数字逻辑这门课是一门技术型课程,只需要掌握相关技术即可,从未想过能与思政元素结合,王老师巧妙地将二者结合起来,使我们在学习知识的同时,也明白了做人的道理。

## 五、教学反思

本案例的思政设计及融入都比较贴切,不会在授课过程中显得突兀,打乱专业知识的传授节奏,效果符合预期;同时,计数器的设计思路抽象,基于实例的计数器设计实现过程相对比较枯燥,需要大量互动,只有带领学生参与到设计过程中,才能更深刻地领会"严谨认真""踏实"的工匠精神,这样课堂上的时间和节奏的掌控还需进一步提高。

撰　写　人：王秀娟
所属单位：北京工业大学信息学部计算机科学与技术系

# 主题4

## 牢记初心　报效祖国

# "集合与图论"课程案例

## ——牢记初心，报效祖国的使命担当

课　程　名　称：集合与图论（Set and Graph Theory）

课　程　性　质：学科基础课

所属学科门类：计算机科学与技术/0812

学　　　　分：2.5学分　　　　　　　　学时：45学时

课　程　简　介："集合与图论"课程是理工科高等院校计算机专业必修的、重要的学科基础课程，是以研究离散结构为对象的数学课程，与计算机科学理论、应用技术有密切的联系。集合与图论为后续的专业课，如数据结构、操作系统、编译原理、人工智能、计算机网络、数据库等做了必要的理论准备。集合与图论课程中的归纳、演绎、分析、递推等方法在各个学科领域，特别在计算机科学与技术领域有着广泛的应用，同时还是重要的数学建模工具之一，所体现的数学思想对于提高学生分析问题、解决问题的能力，以及学生抽象思维和逻辑表达能力具有重要的作用。

## 一、章节名称

第四章第三节 生成树

## 二、案例介绍

### 1. 育人目标及理念

培养学生牢记初心，报效祖国的使命担当

### 2. 案例内容

树是图论中最重要的基本概念，也是一类重要的特殊图。生成树是在计算机科学中有着重要作用和广泛用途的特殊图。本案例主要讲解生成树的概念，通过农村铺设光缆的案例引出生成树和最小生成树，如图1和图2所示。

在生成树的基本概念讲解中，通过温故而知新，回顾树和生成子图的概念，引出生成树的概念，并通过生成树的特点讲解求解生成树的避圈法的思想与过程；并进一步通过构造赋权图，讲解基于避圈法推广的 Kruskal 最小生成树算法的思想与步骤。同时，通过逆向思考，引出我国著名数学家管梅谷先生于1975年提出的最小生成树的破圈法的思想与步骤（见图3）。通过本课程的学习，引导学生关注社会民生，将课堂所学理论知识与实践结合，培养学生的分析问题和抽象建模的能力，能够从实际问题中抽象出图模型，并且利用图论方法求解问题，让学生在实践中加深对所学知识的理解，并用管梅谷先生的事迹教育学生学以

◆ 问题引出

"要想富，先修路，道路通，百业兴" —— 脱贫攻坚，交通先行

我国最后一个不通公路的建制村路双通
**滴滴！阿布洛哈村来车了**

**全国打赢脱贫攻坚战的一个标志**

《焦点访谈》20201210 阿布洛哈的脱贫路
CCTV节目官网-CCTV-13_央视网(cctv.com)

**一条3.8千米的路，为何修了一整年？**

阿布洛哈村公路被评为2020年度"十大最美农村路"

第三十一届中国新闻奖一等奖

公路——打开了山区脱贫致富的大门

图 1 问题的引出之一

◆ 问题引出

"脱贫摘帽不是终点，而是新生活、新奋斗的起点" ——互联网+助力乡村振兴

网路——开通乡村振兴的快车道

　　某小镇准备开展5G网络建设，镇上共有6个村子，村子间有公路相连(如右图所示)。政府决定沿着公路铺设光缆，计算了沿着每条道路铺设光缆的施工费用，标注在公路上(万元)，本着节约高效的原则，提出两个要求：

1) 尽可能少铺设光缆，又使得6个村都能有光缆相连；

2) 总费用最低。如何铺设？

 背后蕴含的数学问题是什么呢？

图1 乡镇道路结构

"数学源于生活，又服务于生活"

图 2 问题的引出之二

致用，报效祖国，如图 4 所示。

### 3. 设计思路

　　集合与图论的课程目标是通过理论学习，为计算机科学与技术专业的后继课及将来的科学研究提供必要的相关数学知识，提供建立离散系统数学模型的数学描述工具；使学生掌握"集合与图论"中的基本概念、基本理论、基本方法，为后续课程(如数据结构、编译原理、操作系统、人工智能、计算机网络、数据库等)做必要的理论准备；提高学生分析问题、抽象建

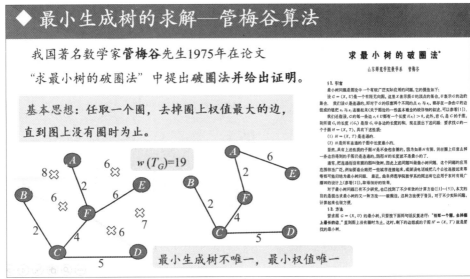

图 3　管梅谷算法

图 4　用管梅谷先生的事迹教育学生学以致用，报效祖国

模、解决问题的能力。下面从教学目标、教学方法、教学手段、载体途径等方面介绍课程思政元素融入全课程的完整教学设计思路及理论依据。

1）教学目标

知识目标：

① 理解生成树的概念及求解算法；

② 掌握赋权图的最小生成树求解算法。

能力目标：

① 提高学生的离散建模能力、抽象思维和逻辑表达能力；

② 提升学生分析问题、解决问题的能力，能够学以致用，利用所学知识对实际问题进行分析、建模、求解。

育人目标：关注民生、服务社会、学以致用、报效祖国

2）教学方法及教学手段

本案例的生成树是在计算机科学中有着重要作用和广泛用途的特殊图，在铺设管道、光缆、计算机网络中的生成树协议（STP）等方面都有应用。

本案例采用了讨论启发式教学方法：围绕实例问题进行讨论，按照提出问题、分析问题、解决问题的思路层层递进，引导学生思考如何对实际案例进行分析，构建图模型，进行求解，培养学生分析问题、抽象建模、解决问题的能力；通过复习旧知识引出新概念，通过逆向思维联想，由避圈法引出破圈法，加深学生对问题的理解，最后通过作业巩固提升。本案例课程思政的融入点主要包括以下三方面。

① 从"村村通网络"互联网＋助力乡村振兴的例子出发探索其背后的数学理论，体现了数学源于生活，服务于生活的特点，同时有助于引导学生关注民生，思考如何用所学数学知识助力乡村振兴，激发学生的学习兴趣，树立学以致用、服务社会的意识。

② 在概念和算法的讲解中，培养学生的逻辑推理能力和辩证思维。通过温故而知新，引导学生思考生成树的概念，并通过生成树的特点推理出求解生成树的避圈法思想；在算法讲解中，通过辩证思维，由基于避圈思想的 Kruskal 算法引出我国管梅谷先生提出的破圈法，锻炼学生的逻辑推理能力和辩证思维。

③ 观看管梅谷先生访谈视频截取片段，管梅谷先生一生致力于将数学理论联系实际，解决社会中的实际问题，牢记初心，不畏困难，不断探索，于 1960 年提出著名的"中国邮递员问题"，这是为数不多的以中国命名的享誉国际的问题。正如张平文院士所说，"数学作为'自然科学的皇冠'，为其他科学研究提供了主要工具，也为创新驱动发展战略提供了重要的动力源泉。要积极发挥数学学科在解决科技前沿问题和'卡脖子'难题中的支撑作用。"以此，激发学生牢记初心，学以致用，报效祖国的使命担当。

3）教育方法和载体途径

**在教育方法上**，除传统的课堂讲授外，本案例还通过启发式提问、课堂讨论及视频播放等方式，增强课堂教学效果。通过实例引出问题，然后围绕实例问题进行讨论，按照提出问题、分析问题、解决问题的思路层层递进，引导学生思考如何对实际案例进行分析，构建图模型，进行求解，培养学生分析问题、抽象建模、解决问题的能力。

**在载体途径上**，本案例采用了日新学堂、PPT、视频播放等；课前通过日新学堂发布课件、视频、文献等资料，课中主要利用 PPT 演示，借助板书推理；最后通过播放视频聆听管梅谷先生的中国梦，激发学生的使命担当。

## 三、案例特色

1）理论联系实际，思政融入点与教学内容契合度高

生成树是一种具有广泛用途的特殊图,本案例从铺设光缆的应用场景出发,有助于培养学生抽象建模、分析问题、解决问题的能力。管梅谷先生相关事迹的融入,便于学生了解算法的故事,可激发学生的使命担当。

2)符合时代背景,易激发学生的认同感,实现育人目标

阿布洛哈村通车通路是我国打赢脱贫攻坚战的一个标志,然而富民之路任重道远,脱贫摘帽不是终点,而是新生活、新奋斗的起点。从"互联网+助力乡村振兴"的例子出发,引导学生关注民生、思考能为社会发展做些什么,牢记初心,报效祖国。

3)采用开放型作业,学以致用

通过让学生设计生成树的应用场景,并分析、建模、求解,引导学生查阅资料,拓展自学Prim算法、了解STP原理,这样有助于巩固所学知识,加深学生对所学知识的理解。

## 四、学生反馈

思政元素的融入有助于提升学生学习兴趣,加深学生对知识的理解,同时能够激励学生不忘初心,报效祖国的使命担当。学生学习本节内容后,普遍反映通过将理论知识与实例相结合,有助于对知识的理解,同时也意识到所学知识的重要性,尤其对后续数据结构、计算机网络等课程的理解有重要的帮助。通过观看管梅谷先生的视频,对理论联系实际的重要性有了更深入的了解,对"中国邮递员问题"的来龙去脉了解得更清楚,要向管梅谷先生学习,努力学好集合与图论这门课,更好地掌握理论知识,并用所学知识服务社会,解决实际问题。

(1)李某某:本节课内容很充实,我们不仅学习到很多知识、方法,同时也感受到所学知识与实际应用的联系,可用于解决实际中的问题,以后也会更加关注实际中的问题,思考能否用所学知识解决实际问题。

(2)刘某某:通过本节课内容的学习,我们学到很多可应用于以后学习的知识,将理论知识与实例相结合,有助于对知识的理解。同时,我们也意识到所学知识的重要性,尤其对后续数据结构、计算机网络等课程的理解有重要的帮助。

(3)王某某:通过观看管梅谷先生的视频,我们对理论联系实际的重要性有了更深入的了解,今后要努力学好集合与图论这门课,更好地掌握理论知识,并用所学知识服务社会,解决实际问题。

(4)赵某某:本节课结合实际案例进行讲解,从分析问题、抽象图模型到最后解决问题,我们理解了生成树算法、最小生成树算法的思想和过程,同时了解到它们的应用,感觉思维有一些提升。

## 五、教学反思

案例中引入思政元素,使得理论知识的讲解更加直观,易于了解,并且通过生活中铺设光缆,修建"信息路"的案例,让学生意识到所学知识能够用于求解实际问题,提出问题、分析问题、解决问题的教学模式,有助于培养学生分析问题、解决问题的能力。

另外,著名的 Kruskal 算法是基于避圈法推广的最小生成树算法,在介绍完 Kruskal 算法之后,通过分析与避圈法对应的破圈法思路,引出我国著名数学家管梅谷先生提出的求最小生成树的破圈法,培养学生的辩证思维能力。

最后,通过介绍管梅谷先生最享誉国际的贡献,1960 年提出"中国邮递员问题",让学生观看"山师学者"第八专辑:"研学有道,蜚声中外——记原山东师大校长管梅谷先生"视频片段,引入张平文院士在庆祝中国工业与应用数学学会成立三十周年大会上关于数学在科技创新,解决"卡脖子"难题中的重要支撑作用的讲话,激励学生牢记初心,报效祖国,运用所学知识为解决"卡脖子"难题贡献自己的力量。

撰　写　人:刘兆英
所属单位:北京工业大学信息学部计算机科学与技术系

# "可信计算基础"课程案例

## ——从可信 3.0 的发展看我国软件的自主创新之路

**课 程 名 称**：可信计算基础(Introduction of Trusted Computing)

**课 程 性 质**：专业课

**所属学科门类**：计算机类/0809

**学 分**：2 学分　　　　　　　　　**学时**：32 学时

**课 程 简 介**：本课程为信息安全领域的综合性课程。可信计算是为安全体系提供支撑的重要技术,其研究系统中可信计算环境的构建方法,以及如何通过可信计算来支撑系统安全,其内容涉及信息系统和信息安全的多个层面,是一个安全理论、密码学技术和工程实现高度结合的学科。课程除教授可信计算的基础知识和技能外,还以可信为线索,引导学生从整体上了解信息系统和信息安全的关系,了解安全的可信属性,重新梳理各种安全机制在系统中的作用,了解通过可信计算保障安全机制的体系化集成的方法。强化学生体系化、综合解决安全问题的思维方式,以及相互配合、协作开发的意识。先修课程为计算机体系架构、密码学与操作系统,无后继课程。

## 一、章节名称

第一章第二节 中国可信计算技术发展

## 二、案例介绍

### 1. 育人目标及理念

让学生通过信息安全领域的实际案例体验西方对我国的技术封锁,了解技术上学习西方和自主创新并重技术路线的重要性,体会 IT 领域的核心技术对信息安全专业的重要价值,以及对国家发展的重要意义,端正信息安全方面的学习态度,增强学生的责任感。

### 2. 案例内容

在沈昌祥院士的领导下,我国可信 3.0(主动免疫可信)的发展途径：从消化吸收橘皮书(TCSEC 标准)开始,1996 年形成自己的双系统体系架构方案,20 世纪末到 21 世纪初,与微软合作在 Windows 上实现,因美国的密码技术封锁法案而搁浅,之后多次遭到国外的技术打压,但坚持自主创新的路线,最终从理论到实践走出自己的发展途径,成为我国新一代等级保护制度(等级保护 2.0)中的核心技术。相关 PPT 截图如图 1 和图 2 所示。

### 3. 设计思路

可信计算 3.0 是我国自主创新的核心技术,沈昌祥院士带领我国信息安全相关从业者,我们的方针是，一切民族、一切国家的长处都要学，政治、经济、科学、技术、文学、艺术的一切真正好的东西都要学，但是，必须有分析有批判地学，不可盲目地学。不能一切照抄，机械搬运。自然科学方面，我们比较落后，特别要努力向外国学习。但是也要有批判地学，不可盲目地学。在技术方面，我看大部分先要照办，因为那些我们现在还没有，还不懂，学习比较有利。但是，已经清楚的那一部分，就不要事事照办了。

《论十大关系》毛泽东

图 1　引用毛泽东的《论十大关系》

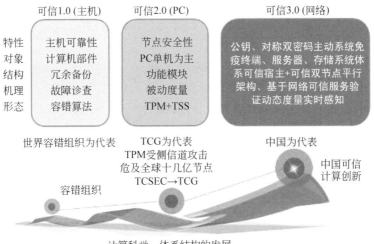

图 2　世界可信计算的演进

以对国外技术的消化吸收为起点，针对国内的技术和需求现状，实现技术落地，并进一步走上理论-实践螺旋式发展上升轨迹，在此过程中，克服国外技术限制和封锁，屏蔽国内各种浮躁思潮的影响，最终形成体系化的先进核心技术，并服务于我国的信息安全事业。这个故事本身就切合课程内容，可以引导学生学习课程相关知识，同时又极具家国情怀，是有助于学生对自主创新理念和意义理解的故事，也是相关思政内容的良好载体。

因此，课程以这一真实故事为主线，按顺序穿插引进吸收、技术创新、国外技术封锁、自主自控、理论和实践的螺旋式发展、产业环境发展、国家标准和制度推广等方面的内容，并适时进行课堂提问，引发学生在这一背景下思考，让学生能结合实践理解自主创新对国家的意义，以及国家作为自主创新坚强后盾的作用，并了解信息安全相关从业者在技术发展大潮中的作用，体会自己的历史责任。

具体穿插内容为：

20 世纪 90 年代初，学习 TCSEC，通过实践了解了操作系统安全是怎么回事——对应引进吸收的重要性。

1996 年，双系统体系架构产品首次完成——对应引进吸收基础上的技术创新。

20 世纪末—21 世纪初，与微软的合作因美国密码相关法律限制而流产，以及华胜天成与 IBM 的技术合作被 CNN 网站曲解——对应国外的技术封锁。

20 世纪末，在一切参照国外的氛围下，提出可信计算走自主发展的道路——对应自主自控。

基于 20 世纪的工程实践，21 世纪转入原始创新，形成主动免疫可信保障理论，并进一步落地为可信计算技术体系——对应实践到理论再到实践的螺旋式发展。

从十几年前集中写可信计算标准体系，到 2014 年中关村可信计算产业联盟成立，再到 2021 年相关标准体系完成——对应可信计算产业环境的发展。

从十多年前标准会上与国外大企业的斗争，到可信计算相关标准体系的艰难建设过程，到国家法律法规和等级保护制度 2.0 相关标准的出台，以及可信计算测评标准的推动——国家标准和制度推广及其对产业界的影响。

最终，以介绍个人在可信 3.0 技术发展的机遇收尾。

在课后作业中，让学生分工检索课程中介绍的技术材料，搜集相关评论，并写出自己的看法。这些既训练学生的自我学习能力，同时也增强了学生对国内这段信息安全发展历史的参与感，学生可进一步体会课程的思政内容。

## 三、案例特色

1）以与课程密切相关的全景化可信 3.0 技术发展史作为思政教育背景

可信 3.0 技术发展史本身就是课程教学内容的重要线索，而其发展历程也从多个侧面体现了技术研发人员的家国情怀。因此，以其为载体，融合多角度的思政教学内容，可以让学生不仅从个人情感上，更从社会发展上体会家国情怀的意义，比简单地灌输口号更具说服力。

2）以口述历史的方式，增强学生的体验感

授课教师是沈昌祥院士的学生，也是上述过程中不少事件的实际参与者，通过实际场景的讲述，可以增强学生的体验感，使学生了解到技术发展的曲折和艰难，也增强了学生对我国科技创新环境、科技人员水平的自信，同时有助于学生了解技术发展过程背后的企业之争、政策之争以及国家之争。

3）与学习内容和未来发展方向密切相关

可信计算作为新兴技术，其发展被很多人看好。一些并不很科学和严谨的概念也借可信计算的名义进行炒作。本案例从可信技术发展历程出发，说明技术基础的重要性，以及自主自控为个人带来的发展机会，让学生把为国贡献与摆脱"内卷"困境，获得更好的个人发展结合起来，增强学生学习知识和服务于国家信息安全事业的积极性。

## 四、教学反思

本案例在学习过程中取得较好的效果,后面将在专业实践课"安全软件综合课程设计"中继续深化该案例,使其覆盖信息安全专业所有的学生。

撰　写　人:胡俊
所属单位:北京工业大学信息学部计算机科学与技术系

# "物联网工程实践课设"课程案例

## ——无线传感网助力冬奥"冰丝带"建设

课　程　名　称：物联网工程实践课设(Internet of Things Engineering Practice Courses)

课　程　性　质：实践环节必修课

所属学科门类：计算机类/0809

学　　　　分：2 学分　　　　　　　　学时：60 学时

课　程　简　介：本课程是物联网工程专业的实践环节必修课,强调软硬件结合的综合技术能力。其目的是使学生对物联网各类技术之间的关系有宏观认识、以物联网体系结构为核心,从感知层,到网络层,到应用层;从物联网的构建,到物联网的管理,到物联网的应用,实现整体的物联网架构与管理,让学生能够综合运用所学知识,进行应用系统设计,强调学生实际技能和综合能力的培养。本课程在先修课程(包括 RFID 技术、无线传感网、M2M技术等课程)后,引导学生在系统级上再认识物联网的架构及关键技术,培养其程序设计与实现、算法设计与分析、物联网系统构建三大专业基本能力,使学生在物联网系统设计和开发应用方面具有较强的创新意识和一定的创新能力。

## 一、章节名称

第一节 无线传感网的应用

## 二、案例介绍

### 1. 育人目标及理念

通过浙江大学团队自主开发的无线传感器在北京冬奥场馆建设中发挥的重要作用,展现中国智慧,激励民族自豪感,提升民族自信,通过高校物联网科技团队服务奥运的榜样,激励学生牢记初心、不懈努力、报效祖国的使命担当。

### 2. 案例内容

2022 年 2 月,冬季奥林匹克运动会在中国北京举行,北京由此成为全球唯一一座"双奥"城市。数量巨大的国产传感器相互连接并分布在各类冬奥会基础建筑设施中,为设施管理人员提供宝贵且有用的信息,保障北京冬奥会全力运作。

国家速滑馆"冰丝带"是本届北京冬奥会唯一新建冰上竞赛场馆,也是本届冬奥会的标志性建筑和主场馆之一,为世界贡献了由中国设计、中国技术、中国材料、中国制造组成的奥运场馆建设"中国方案"。这其中,由数量巨大、功能多样的传感器组成的无线传感网就为"冰丝带"超大跨度索网结构建设施工与运维保障提供了重要的科技力量。

"冰丝带"的屋盖结构是由 49 对承重索和 30 对稳定索编织成长跨 198m、短跨 124m 的马鞍形索网,其结构、建造技术以及受力状态十分复杂。因为一根钢索就有几吨重,而只有通过合理的张拉,才能将近 200 根钢索织成一张网。在施工过程中,这些钢索的受力状态非常关键,稍有不慎就会影响施工质量与安全。浙江大学罗尧治教授团队自主开发了无线传感器,用以监测场馆结构的受力、变形、温度,以判断场馆的安全性。该团队在"冰丝带"的整个建造过程中大约布置了 1000 多个传感器,对速滑馆的应力、位移、加速度、温度、风压、索力六大类参数全程进行监测。在施工过程中,千斤顶下面也有传感器,但是它们随着工程的进展要撤下来,只能监测短时的数据,但浙江大学团队无线传感网的监测是全过程的。

在索网的施工过程中,采取"先地面拼装、再整体提升"的工序,但由于场地空间限制,铺在地面等待张拉的钢索需要微微拱起才能越过"瓶颈"。倘若没有准确的数据支撑,谁也不能轻易下令弯折动辄几吨的钢索。这时,现场监测数据能够实时掌握弯曲对钢索的影响,为现场决策指挥和安全施工提供重要依据。施工方评价说:"浙江大学的无线传感器就像一双双眼睛,紧紧'盯'着工程的建设全过程。"

相关 PPT 截图如图 1 和图 2 所示。

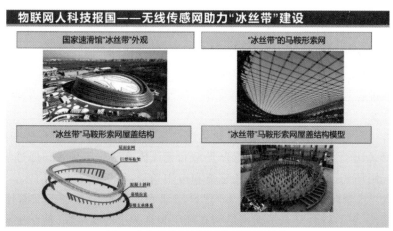

图 1 "冰丝带"马鞍形索网屋盖结构

不仅在建设时发挥作用,如今建成后的"冰丝带"依旧通过"健康医生"的方式测量着"脉搏"与"心跳"。位于紫金港校区的空间结构健康监测平台实时处理着来自"冰丝带"的监测数据。采集数据、传输数据、处理数据,是开展监测分析的全过程。作为多学科融合的云端数据库,浙江大学团队采用的是统一的数据标准、统一的数据系统,这种数据融合便于更好地开展建筑物结构分析。这套监测系统是由浙江大学自主开发设计的,早在 2010 年就开始应用于国家体育馆"鸟巢"的运营监测,已经有 10 多年的工程经验,同时大兴国际机场用的也是这套监测技术,而且监测面积是世界最大。

深度参与这个项目的浙江大学建工学院 2017 级直博生傅文炜说:"在这个伟大的时代,通过自己的科研工作为国家速滑馆建设做出小小的贡献,是人生难得的机遇。"

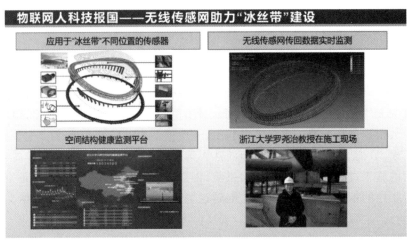

图 2　无线传感网助力"冰丝带"建设

### 3. 设计思路

本课设是一门项目驱动的综合性实践课,教学目标包括使学生具备工程思维、系统观,能从社会、健康、安全、环境等多方面因素对物联网应用系统进行设计和评价,同时使学生具备沟通能力和团队协作能力。因此,教学方法中主要使用案例分析、课堂讨论、方案设计、方案展示、教师评价反馈等方式开展,其中课堂讨论和方案设计与展示均以小组为单位进行。教学设计中通过将思政元素贯穿讨论—设计—展示—评价全过程来融入思政元素,潜移默化地使学生在实践中受到启发、鼓舞和激励。本案例的融入过程包括以下几个步骤。

**课前热身**:首先向学生抛出问题"你知道哪些传感器,无线传感网有哪些应用场景?",以小组讨论形式让学生总结已知的传感器类型和无线传感网应用场景。通过学生熟悉的传感器类型和应用场景过渡到后续新的传感器和应用场景,利于新知识的引入。

**问题引入**:接着向学生介绍"冰丝带"建设中遇到的困难。通过三维图片向学生展示"冰丝带"的建筑结构,解释马鞍形索网结构在施工和维护中的复杂性,使学生对要解决的复杂工程问题有直观理解,帮助学生在头脑中对要解决的问题构建立体模型。

**课堂讨论**:启发学生思考,在前面提出的问题中是否有物联网技术的用武之地,引导学生思考如何运用无线传感网辅助建设。通过小组头脑风暴,让每个小组形成一个自己的方案,并进行小组间的方案分享和讨论。在学生讨论过程中,教师注重反馈,可以通过向学生介绍应用在工业物联网中各种各样的传感器来启发学生。在设计方案的讨论过程中,引导学生从实际情况出发,分析问题中的关键所在,寻找平衡多种因素的折中办法,同时考虑经济成本、后续维护等因素。讨论结束后,每个小组分享自己的设计方案,教师引导学生对其他小组的方案从社会、健康、安全、环境等多方面进行评价,教师对小组方案及时进行评价反馈。

**案例分析**:通过介绍"冰丝带"建设中浙江大学团队设计和搭建的无线传感网是如何巧妙帮助建筑施工和运维保障的中国设计、中国技术和中国制造,展示中国智慧,使学生了解实际施工中的解决方案的同时,激发学生的家国情怀、提升民族自信,并激励学生努力拼搏、不断进取、追求创新,向浙江大学团队学习,致力于将在学校学习到的理论用于实践,练就一身本领报效祖国。

在案例分析的过程中,通过 MATLAB 模拟动画展示浙江大学团队建立的无线传感网实时数据监测模型,使学生对无线传感网实时数据监测有深入的理解,对数据展示的手段有直观印象。通过对"冰丝带"外观和内部功能的介绍视频展示中国建筑设计的宏伟壮观,从而体现实现这样壮观建筑背后的技术含量,激发学生科技报国的雄心壮志和激情。

## 三、案例特色

(1)选择的案例与教学内容紧密相关,达到思政润物细无声的效果。

无线传感网的应用是本课设的主要内容之一,是项目中必须设计的部分,在这里介绍无线传感网在"冰丝带"建设中应用的案例水到渠成,没有牵强感。

(2)选择的案例与时代背景紧密相关,容易引起学生共鸣,实现思政教育的目标。

北京冬奥会的举办使北京成为全球首座"双奥之城",足以载入人类社会文明发展史册,充分展现了中国人民自信自强的时代风貌。2022 年,北京冬奥会是自申办成功以来国家积极宣传和动员的大事,冬奥场馆的建设一直牵动全国人民的心。本案例介绍"冰丝带"建设过程中展现的中国设计、中国技术、中国制造,能够激发学生民族自豪感,提升民族自信,提升学生对国家的认同感,对国家的热爱。本案例中展现的物联网技术在奥运场馆的建设中发挥了重要作用,更会引起物联网工程专业学生的专业自豪感,尤其案例中提到的深度参与项目的浙江大学直博生的亲身体会更是可以引发学生的共鸣,激发学生科技报国的雄心壮志。

(3)通过将案例贯穿"问题讨论—方案设计—案例分析"全过程,实现知识传授、能力培养和价值塑造三位一体,提升思政效果。

将"冰丝带"施工中遇到的困难作为问题引入,引发学生思考和讨论,启发学生创新思维,以小组为单位设计解决方案,接着介绍案例中的解决方案,将学生的方案与案例中的方案进行比较分析,引导学生评价自己的方案中是否考虑了社会、安全、健康等多方面因素,实现对学生的在建筑施工应用场景下无线传感网应用的知识扩展,物联网系统设计能力、沟通能力、团队协作能力的培养,以及牢记初心、科技报国的价值观塑造。

(4)选择的案例兼具美育效果。

案例中的"冰丝带"建筑外观晶莹剔透又具有流线美感,创意来自"冰陀螺"和敦煌壁画上飞天的飘带,实现了中国文化记忆在体育建筑中"写实"到"写意"的完美诠释。在介绍案例背景时展现的"冰丝带"的华美外形,可提升学生对建筑美的鉴赏能力。

## 四、学生反馈

以下是三位学生的反馈。

(1)2018 级陈同学:冰丝带外观太美了,没想到施工的背后隐藏着这么多困难,更没想到无线传感网可以帮助施工建设,感到物联网无处不在啊,为自己所学的专业感到自豪。

(2)2018级郭同学:浙江大学团队好厉害啊,希望自己以后也能学有所用。

(3)2018级彭同学:北京冬奥世界瞩目,非常羡慕能参与这样重大项目的老师和同学,中国技术真是越来越强大了,厉害了我的国!

## 五、教学反思

本案例在北京冬奥会举办前夕讲过,当时有许多学生已经报名了冬奥志愿者,所以引起学生共鸣,他们对案例中浙江大学自主研发的传感器和上千个传感器构成的无线传感网非常有兴趣,课堂讨论热烈,从后续学生的设计中可以看出学生从案例中得到了启发。今后可以对案例进行更细致的分解,让案例与教学环节结合得更自然,让案例展开的逻辑更清晰、流畅。另一方面,持续关注案例中"冰丝带"场馆的后续运营维护工作,紧跟技术前沿,可使案例保持新鲜。

撰　写　人:张佳玥
所属单位:北京工业大学信息学部计算机科学与技术系

# "代数与逻辑"课程案例

## ——老一辈科学家的责任担当和科技报国

课 程 名 称：代数与逻辑(Algebraic Structures and Symbolic Logics)

课 程 性 质：学科基础必修课

所属学科门类：计算机科学与技术/0812

学　　　分：2 学分　　　　　　　　　　　学时：36 学时

课 程 简 介：本课程是理工科高等学校计算机专业必修的、重要的学科基础课程，与"集合与图论"一道是以研究离散结构为对象的数学课程，与计算机科学理论、应用技术有着密切的联系。该课程不仅为后续课程(如"数据结构""编译原理""操作系统""人工智能""计算机网络""数据库"等)做了必要的理论准备，为这些后续的专业课打下了坚实的基础，而且可以逐步引导学生将掌握的从事本专业工作所需的数学(特别是离散数学)、自然科学知识、学科基础和专业知识以及经济学与管理学知识用于解决复杂计算系统的问题，培养学生的建模能力、模型计算能力、抽象思维能力。

本课程在育人目标方面，结合数学发展历史和相关知识点，贯穿爱国主义教育主线，让学生在掌握基本理论的同时，通过老一辈科学家在本领域的艰苦奋斗、杰出贡献等案例的介绍，培养、激发学生的爱国热情，使学生树立远大理想，在榜样的激励下，牢记初心、艰苦奋斗，担当起科技报国的重任。

## 一、章节名称

第七章 代数系统简介 第一节 绪论

## 二、案例介绍

### 1. 育人目标及理念

介绍抽象代数在我国的发展历程，着重介绍在我国抽象代数历史上做出突出贡献的数学家华罗庚和张禾瑞，他们都在极其艰苦的环境下，饱含爱国深情，艰苦奋斗，为国家的科技发展做出了巨大的贡献。通过这个案例激发学生把爱国情怀和个人奋斗目标结合起来，教育学生要有责任担当、科技报国。

### 2. 案例内容

抽象代数(Abstract algebra)又称近世代数(Modern algebra)，它产生于 19 世纪。抽象代数学对现代数学和一些其他科学领域都有重要的影响。抽象代数也是现代计算机理论基础之一。抽象代数包含群(Group)、环(Ring)、域(Field)、格论等许多分支，并与数学其他分支相结合产生了代数几何、代数数论、代数拓扑、拓扑群等新的数学学科。

在 14 世纪之前,中国古代数学在世界上无可争辩地居于领先地位,特别是在代数方面长期以来领先世界。然而,近代以来,中国数学发展落后,数学复兴举步维艰。

中国数学家在抽象代数学方面的研究始于 20 世纪 30 年代,已在许多方面取得了有意义和重要的成果,华罗庚和他的学生万哲先等的工作尤为突出,如图 1~图 3 所示。

图 1　数学家华罗庚和其著作《典型群》

图 2　数学家万哲先　　　　　图 3　华罗庚和他的学生

华罗庚(1910—1985)在当时极端艰苦的条件下自学成才,留学英国后直接接触了当时的数学前沿,创造力一发而不可收。他不仅在解析数论上有突出贡献,而且创建了典型群理论,并于 1938 年在昆明西南联合大学组织"群论讨论班",正式把现代数学的重要组成部分——抽象代数学引进中国。中华人民共和国成立后,华罗庚时刻心系祖国,肩负历史使命,学成回国后为新中国的建设呕心沥血,为新中国培养了一代又一代青年数学家。华罗庚先生是把抽象代数引入新中国的第一人,他把抽象代数的知识转化为生产力,为新中国的发展做出了巨大贡献。华罗庚先生无愧为"中国脊梁",华老在典型群方面的研究领先西方数学界十多年,是国际上有名的"典型群中国学派"。

第一位编写抽象代数教材的是我国数学家和数学教育家张禾瑞。张禾瑞于 1935 年到德国留学,师从著名代数学家阿廷(E.Artin)和维特(E.Witt),研究维特代数。张禾瑞获得博士学位时,德国正在二战战火笼罩中。二战结束后,张禾瑞马上回到祖国,投身到新中国的建设中。他长期从事教学工作,坚持强调基础理论的重要性。当他发现代数在我国的发展非常缓慢落后的情况后,就自己编写教材,开设代数学讨论班。后来,张禾瑞先生对教材进行了多次修改,才使得教材《近世代数基础》问世,为代数学在我国传播与发展奠定了坚实的基础(见图4)。

图4　数学教育家张禾瑞和其编写的教材《近世代数基础》

1988年1月,《近世代数基础》一书获得全国高等学校优秀教材奖,国家教委为张禾瑞颁发了荣誉证书。这本优秀教材中渗透了张禾瑞教授的基本教育思想:取他国之精华,重本国之国情,遵循科学原则,不违量力精神。他提出了抽象概念要具体化、深奥理论要浅显化的教学思想。这本教材为新中国培养了一代代数学人才。

老一辈数学家在艰苦的条件下,心怀祖国,艰苦奋斗,为中国的繁荣发展奠定了坚实的基础。青年学生要以老一辈科学家为榜样,充分认识科技强国的重要性,立志投身科学研究,艰苦奋斗,树立科技报国的伟大理想。

### 3. 设计思路

"代数与逻辑"这门课程分为两个数学分支,分别是数理逻辑和抽象代数。其中抽象代数是研究各种代数系统结构的一门学科,以群、环、域的理论为主要内容。抽象代数中的等价、划分、同构等思想方法已经渗透到自然科学的各个分支,成为一些先进国家从事通信、系统工程、计算机科学领域研究的重要基本工具,具有重大意义。本节课是抽象代数的绪论,通过讲述抽象代数在我国艰难的发展历程、我国老一辈科学家华罗庚等在抽象代数领域艰苦奋斗,取得重大成就,为国家做出了杰出贡献的事例,激发学生的学习热情和艰苦奋斗的精神。第一位编写这部教材的张禾瑞先生也是克服了重重困难,才编写出《近世代数基础》这本优秀教材,为祖国培养了大批人才。两位科学家都是到西方发达国家留学,学成回国。在祖国最艰苦,最需要建设人才的时候毅然回国,这种爱国热情和责任担当是青年学生学习的榜样,这种精神永远激励青年学生奋发前进。

现在,我们的学生非常有幸生活在中华民族伟大复兴的时代,生活在繁荣富强的中国。青年学生在这样的历史条件下更应该以爱国科学家为榜样,树立科技强国的远大理想,时刻牢记初心,迎难而上,努力奋斗,为祖国的发展贡献自己的力量。青年是中国的未来,青年是中国的希望。

在教学内容的选择上,选择了与课堂知识点关系密切的两位科学家的事迹。首先介绍我国古代在代数学上的辉煌成就,如公元前 1 世纪的《周髀算经》和公元 1 世纪的《九章算术》;刘徽的割圆术、祖冲之计算圆周率、杨辉三角,等等。但是近代中国科技落后了,我们也为此付出了惨重的代价。其次介绍抽象代数在我国的发展,分别介绍了现代数学之父华罗庚先生和他的学生万哲先。华罗庚少年时家境贫寒,靠着顽强的毅力和对数学的热爱,他自学成才,从江南小镇来到清华园,继而走出国门,远赴英国剑桥大学深造,最终成为一代数学大师,被誉为"中国现代数学之父"。在中华人民共和国成立不到半年,1950 年 3 月,华罗庚怀着满腔爱国热情,舍弃了美国大学里活跃的科研环境和优越的生活待遇,毅然回国。华罗庚早年的研究领域是解析数论,他做出了广为人知的成就。回国后他和学生万哲先一起从事典型群论的研究,并创建了典型群理论。华罗庚先生是把抽象代数引入中国的第一人。再次介绍第一个编写抽象代数教材的数学教育家张禾瑞先生。张禾瑞先生在 1935 年远赴重洋到德国留学,师从著名数学家阿廷和维特,在抽象代数的单李代数表示论上做出了突出的成果。学成归国后,从零开始遵循中国的国情,而不是照搬国外教材,经过几十年修改编写了优秀教材《近世代数基础》,为国家培养了一批批基础人才。华罗庚和张禾瑞先生的爱国热情,艰苦奋斗的精神和求实严谨的科学研究态度都是这门课要融入的思政元素。

在教学方法和教学手段上,我们围绕传统课堂讲授,通过启发式提问、多媒体视频播放、分组讨论、翻转课堂来活跃课堂教学气氛,增强课堂教学效果。采用课前、课中、课后相结合的方式使得思政元素融入学生的学习中、思想中。课前可以通过日新学堂、学习通和微信群等媒介发布相关思政背景点,学生课前可以通过调研将思政背景和知识点相结合,课中可以采用提问和翻转课堂的形式通过讨论、总结完成思政内容的切入和学习。课后学生要对所学内容进行反思、反馈。

## 三、案例特色

(1)案例选择自然,思政元素融入教学中——抽象代数绪论部分介绍抽象代数的发展史,结合抽象代数在中国的发展情况,通过引入华罗庚和张禾瑞两位数学家的事例,更自然地融入思政元素:爱国情怀、科技报国、责任担当、艰苦奋斗。中华人民共和国成立后,抽象代数在我国发展缓慢落后,在这种几乎一片空白的困境下,老一辈科学家给我们做出了光辉的榜样。同学们应该向他们学习,心系祖国,牢记初心和使命,为祖国的富强贡献自己的力量。

(2)把抽象代数在中国的发展历史和中国近现代史相结合,更有说服力。中国近现代由于科技落后,而被西方列强欺辱。在老一辈科学家的共同努力下,现在的新中国已经走在复兴的大路上。这段历史学生们是熟悉的。用熟悉的历史结合科技发展在中国的重要作用说明老一辈科学家对祖国做出的杰出贡献。青年学生要向这些可敬的科学家学习,树立崇高理想,不惧艰难困苦,抵制名利诱惑,牢记初心,不忘使命,科技报国,用我们的青春和我们的知识让祖国更加强大、昌盛。

## 四、学生反馈

学生学习本节内容后普遍反映从这节课不仅学到了很多知识,而且了解了华罗庚先生在抽象代数上的贡献,以及抽象代数教材诞生的经过。大家都被以华老和张老为代表的老一辈科学家所感染、所感动,纷纷表达要努力学好代数与逻辑这门课,更好地掌握理论知识,用头脑中的知识报效祖国。

## 五、教学反思

将思政元素融入教学内容的课堂讲授让学生感到新颖、有亲和力。同时,学生们被榜样的力量所震撼,纷纷表示要树立远大理想,把个人的奋斗与国家发展、国家命运结合在一起,让青春在中华民族伟大复兴的道路上熠熠发光。这种形式是非常好的探索。以后要注意更多思政元素和思政事例的挖掘,深入领会思政思想,打磨教学方法和技巧,更好地完成三全育人的目标。

撰 写 人：全笑梅
所属单位：北京工业大学信息学部计算机科学与技术系

# "算法设计与分析"课程案例

## ——核酸检测中的最长公共子序列问题

课　程　名　称：算法设计与分析(Algorithms Design and Analysis)

课　程　性　质：专业选修课

所属学科门类：计算机科学与技术/0812

学　　　　分：2学分　　　　　　　　　学时：32学时

课　程　简　介：算法设计与分析是计算机科学的核心问题之一，是计算思维中算法思维最直接和最重要的知识载体。本课程是"计算机科学与技术"和"物联网工程"专业的专业限选课，属于软件技术系列，旨在继程序设计、数据结构与算法等课程后，引导学生学习研究计算机及其相关领域中的一些非数值计算的常用算法，培养其计算思维、程序设计与实现、算法设计与分析这三大专业基本能力，增强学生对抽象、理论、设计三个学科形态/过程的理解，学习基本思维方法和研究方法；引导学生追求从问题出发，通过形式化实现自动计算，深入学习分治与递归求解、自顶向下贪心选择、自底向上动态规划等典型方法；为学生解决计算机科学与工程应用领域中较为复杂的实际问题打下理论与实践基础。

## 一、章节名称

第四章第三节　最长公共子序列问题

## 二、案例介绍

### 1. 育人目标及理念

让学生树立理想信念，增强学生的家国情怀，培养学生的责任担当，并融入职业理想教育和社会责任教育。

### 2. 案例内容

通过全国上下万众一心，共同抗疫，逆行的钟南山、李兰娟，以及广大医务工作者做出的贡献引出问题。该部分培养学生的家国情怀，增强民族自信(见图)。引入问题：每一次突发疫情，核酸检测必不可少，尤其是疫情常态化以后，全民做核酸的频率很高，很多医务工作者累倒在核酸检测第一线，核酸序列是如何匹配的呢？把抗击疫情的素材作为思政元素和问题应用背景引入本节课程的具体内容。

核酸序列匹配其实是算法中的最长公共子序列问题。将给定序列中零个或多个元素(如字符)去掉后所得结果称为子序列，公共子序列是只有两个序列相关的子序列，最长公共子序列指长度最长的那个子序列。用动态规划解决最长公共子序列问题，可以通过四个步

图　万众一心，共同抗疫

骤用动态规划解决最长公共子序列问题。

通过所学动态规划算法一步一步解决最长公共子序列问题，可以非常好地激励学生，让学生建立家国情怀，提升专业自信，增强社会责任感。

### 3. 设计思路

通过疫情期间的核酸检测引入最长公共子序列问题，在引入过程中，介绍抗疫一线的医务工作者无私奉献、忘我工作的精神，激励学生要有家国情怀。通过学习用动态规划解决最长公共子序列问题，让学生明白自己所学可以为社会做贡献，提高社会责任感，同时增加专业自信。

（1）介绍疫情形势。

2022年，新冠疫情仍复杂多变、没有明显拐点，每周报告病例数超过1000万。5月5日，世界卫生组织表示，2020年和2021年，全球与新冠疫情直接或间接相关的全部死亡人数约为1490万。国内由于采取了"科学精准，动态清零"的疫情防控措施，疫情得到有效控制，这是全国人民众志成城，团结一致，奋勇拼搏的结果。

（2）引入抗击疫情期间的核酸检测。

为了配合防疫，疫情期间我们经常需要做核酸检测，核酸检测是什么原理？让学生结合高中生物知识思考，同时板书一段核酸序列，引导学生回忆相关知识。

（3）核酸检测是怎么进行核酸序列匹配的？

核酸是生物的遗传物质，里面的碱基序列就是控制生物形状和遗传的密码，同一物种生物拥有相似的遗传物质，遗传物质的相似度越高，生物关系越近。所以，可以通过计算序列的相似度计算生物关系远近。这其实就是最长公共子序列问题。

（4）本章所学的动态规划算法能否解决这个问题？

能否用动态规划解决最长公共子序列问题？可以一步一步试一下，分析最优子结构，推导递归关系，计算最优值，构造最优解。

（5）用动态规划解决该问题实际可行吗？

安排课后作业，利用动态规划算法实现基因序列相似度比较，要求学生从国家基因库下载测试数据，具体网址为 https://db.cngb.org/search/sequence/。通过对真实数据的处理，加深思政效果，同时要求学生计算该算法的时间复杂度。

## 三、案例特色

（1）选择的案例与教学内容契合度高，高度融入而不牵强。

最长公共子序列问题是算法设计中非常经典的问题，在基因序列比对里有广泛应用。最长公共子序列的长度就反映了基因序列的相似度，核酸检测就可以通过比对基因序列的相似度确定物种关系。

（2）选择的案例符合当前时代背景，时效性强，容易激发学生的认同感，实现案例的思政目标。

疫情对学生的学习、生活产生了巨大的影响，通过疫情期间的核酸检测引入最长公共子序列问题，在引入过程中，介绍抗疫一线的医务工作者无私奉献、忘我工作的精神，激励学生要有家国情怀。通过学习用动态规划解决最长公共子序列问题，让学生明白自己所学可以为社会做贡献，提高社会责任感，同时增加专业自信。

（3）课后作业让学生从国家基因库下载相关基因序列，通过具体计算基因序列的相似度，提升思政效果。

## 四、学生反馈

（1）丁某某，2019-2021-1 学期，180711 班，应对新冠疫情不只是医务工作者的事情，我们也能利用自己的专业知识助力抗疫。

（2）孙某某，2021-2022-1 学期，190711 班，众志成城，共克时艰，作为计算机专业的学生，努力提高自身专业水平，争取为国家奉献自己的力量。

## 五、教学反思

案例实施效果较好，但是还需要讲一些更深入的内容，例如核酸检测基因序列比对具体用的是什么算法，提供一些相关文献资料，供感兴趣的学生课下深入研究。

撰　写　人：张潇
所属单位：北京工业大学信息学部计算机科学与技术系

# 科学精神　创新意识

# "集合与图论"课程案例

## ——迪杰斯特拉算法

课 程 名 称：集合与图论(Set and Graph Theory)

课 程 性 质：学科基础课

所属学科门类：计算机科学与技术/0812

学　　　　分：2 学分　　　　　　　　　学时：45 学时

课 程 简 介：本课程是理工科高等学校计算机专业必修的、重要的学科基础课程，是以研究离散结构为对象的数学课程，与计算机科学理论、应用技术有着密切的联系。该课程不仅为后续课程(如数据结构、编译原理、操作系统、人工智能、计算机网络、数据库等)做了必要的理论准备，也为这些后续的专业课打下了坚实的基础，而且可以逐步引导学生将掌握的从事本专业工作所需的数学(特别是离散数学)、自然科学知识、学科基础和专业知识以及经济学与管理学知识，用于解决复杂计算系统的问题；培养学生的建模能力、模型计算能力、抽象思维能力。

## 一、章节名称

第四章第四节 赋权图的最短通路

## 二、案例介绍

### 1. 育人目标及理念

把所学知识与实际问题结合起来，教育学生学习科学精神，培养创新意识。

### 2. 案例内容

迪杰斯特拉(Dijkstra)算法是由荷兰计算机科学家迪杰斯特拉于 1959 年提出的。它是从一个顶点到其余各顶点的最短路径算法，解决的是有权图中的最短路径问题。迪杰斯特拉算法的主要特点是从起始点开始，采用贪心算法的策略，每次遍历到离起始点距离最近且未访问过的顶点的邻接节点，直到扩展到终点为止。

由简介可知，Dijkstra 算法求的是单源最短路径问题(其 PPT 截图如图 1 所示)。

其实现过程是这样的(见图 2)：

(1) 先把图中的所有点划分成 $S$ 和 $T$ 两个集合。$S$ 表示已经求得最短路径的顶点的集合，$T$ 表示还没有求得最短路径的顶点的集合。(初始时源点与自身的距离为 0)。

(2) 每次从集合 $T$ 中选取一个点，这个点与源点的路径为所有与源点直接相通的点的最小值。通过这个点更新源点和 $T$ 中其他点的最短路径，然后把这个点加入 $S$ 中。

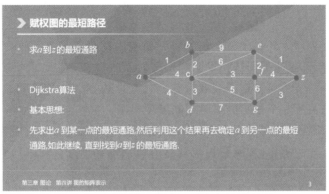

图 1 赋权图的最短路径概念

（3）循环操作（2），直到 $T$ 中为空。（说明所有点到源点的最短距离都已经求得。）

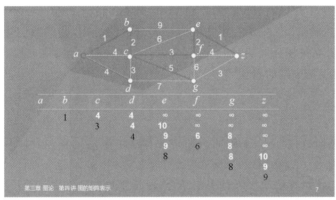

图 2 赋权图的最短路径实例

## 3. 设计思路

"集合与图论"是理工科高等学校计算机专业必修的、重要的学科基础课，是以研究离散结构为对象的数学课程，与计算机科学理论、应用技术有着密切的联系。课程中的综合、分析、归纳、演绎、递推等方法在计算机科学技术中有着广泛的应用，不仅为后续课程，如数据结构、操作系统、编译原理等做了必要的理论准备，而且其课程内容中所提供的一些把科学理论应用于实践的范例可以培养学生逐步增强如何实施"科学理论—技术—生产力"转化的观念和方法，提高学生在知识经济时代中的适应能力，培养学生具有一定解决实际问题的能力和创新能力、抽象思维和概括能力、严谨的数学推理的能力。这门课的特点是对理性思维和抽象思维要求高，学生学习起来难度较大。其中迪杰斯特拉算法又是这门课的重要知识和难点。

迪杰斯特拉算法有广泛和重要的应用，此处引入思政元素：向杰出科学家学习，学习他们的科学思维，结合实际问题创新。迪杰斯特拉是荷兰人，他是几位影响力最大的计算科学的奠基人之一，也是少数同时从工程和理论的角度塑造这个新学科的人。他的根本性贡献覆盖了很多领域,包括编译器、操作系统、分布式系统、程序设计、编程语言、程序验证、软件工程、图论等。

他的很多论文为后人开拓了整个新的研究领域。我们现在熟悉的一些标准概念,如互斥、死锁、信号量等,都是迪杰斯特拉发明和定义的。1994 年,有人对约 1000 名计算机科学家进行了问卷调查,选出 38 篇这个领域最有影响力的论文,其中有 5 篇是迪杰斯特拉写的。他的博士论文就是关于一个他写的实时中断处理程序。

有一天,迪杰斯特拉和未婚妻在阿姆斯特丹购物,他们在一家咖啡店的阳台上喝咖啡休息时,他开始思考一个问题:他觉得可以让计算机演示如何计算荷兰两个城市间的最短路径,这样问题和答案都容易被人理解。于是他在 20 分钟内想出了高效计算最短路径的方法。迪杰斯特拉自己也没有想到这个 20 分钟的发明会成为他最著名的成就之一。

迪杰斯特拉算法的提出本来就具有解决实际问题的意义,其可应用于各种实际场景,如寻找最短路径等问题,以此引出思政元素:科学精神,创新意识。我们的青年,对世界有很大的热情,应当用所学知识,积极思考,结合实际,勇于创新。

我们青年学生非常有幸生活在中华民族伟大复兴的时代,此刻我们要将所学知识结合实际,勇于创新,树立科技强国的远大理想,努力奋斗,为祖国的发展贡献自己的力量。青年是中国的未来,青年是中国的希望。

## 三、案例特色

(1)学习迪杰斯特拉算法,了解迪杰斯特拉算法产生的过程,与科学家角色互换,引导学生学习创新思维。

(2)将迪杰斯特拉算法与实际例子相结合,使学生更好地掌握该算法。

## 四、学生反馈

学生学习本节内容后,普遍反映从这节课不仅学到了很多知识,而且本节课内容具有很广泛的应用前景,纷纷表达要努力学好集合与图论这门课,更好地掌握理论知识,用头脑中的知识服务社会,积极应用所学知识解决实际问题。

## 五、教学反思

这种思政元素融入教学内容的课堂讲授让学生感到所学算法具有实际应用价值。他们纷纷表示要努力学习各种算法,勇于创新,更好地应用所学知识,积极思考生活中的实际问题,勇于创新。

撰　写　人:同磊
所属单位:北京工业大学信息学部计算机科学与技术系

# "物联网工程实践课设"课程案例

## ——华为云助力智慧物流

课 程 名 称：物联网工程实践课(Internet of Things Engineering Practice Courses)

课 程 性 质：实践环节必修课

所属学科门类：计算机类/0809

学　　　　分：2学分　　　　　　　　　　学时：60学时

课 程 简 介：本课程是物联网工程专业的实践环节必修课,强调软硬件结合的综合技术能力。其目的是使学生对物联网各类技术之间的关系有宏观认识、以物联网体系结构为核心,从感知层,到网络层,到应用层;从物联网的构建,到物联网的管理,到物联网的应用,实现整体的物联网架构与管理,让学生能够综合运用所学知识,进行应用系统设计,强调学生实际技能和综合能力的培养。本课程在先修课程(包括RFID技术、无线传感网、M2M技术等课程)后,引导学生在系统级上再认识物联网的架构及关键技术,培养其程序设计与实现、算法设计与分析、物联网系统构建三大专业基本能力,使学生在物联网系统设计和开发应用方面具有较强的创新意识和一定的创新能力。

## 一、章节名称

第二章第二节 IoT云平台

## 二、案例介绍

### 1. 育人目标及理念

让学生勇于接受新鲜事物,用科学的方法分析问题,并提出自己合理的想法,进而在探索检验过程中寻求正确答案,树立创新意识,在复杂的应用场景下,不断探索,寻求创新解决方案。

### 2. 案例内容

在电商行业发展日益成熟的今天,激增的购买力成为收货拥堵的原因之一。但近几年的重要节点比如"双11",全网运行平稳顺畅,基本实现了"全网不瘫痪、重要节点不爆仓"。快递效率的直线提升正是物联网、5G、云计算、AI等技术所带来的。5G带来的是物联网技术质的飞跃,将推动物流行业实现向"物联网＋人工智能"的智慧物流模式转变,实现车、货、仓的互联互通互动。

2019年6月,顺丰DHL与华为智慧园区建立初步合作意向并做出很多前瞻性尝试(如图1所示),包括华为云与顺丰DHL合作构建了高效的园区泊位管理、资产定位等解决方案。通过数据深度挖掘分析、实时数据呈现、管理建议指导、统计报告等形成一体化产品;通过创新 RFID 技术实现了资产追踪、仓库实时 3D 展示(即数字孪生)、车辆调度状态统计展示、危险作业警示。在突破传统的办公性质园区的同时,华为云与顺丰 DHL 的合作为行业呈现出具有价值的物流解决方案。

图 1　华为云助力顺丰 DHL 园区解锁智慧物流

基于华为云 IoT 平台设备管理、连接管理、大数据分析、运营管理、安全和 API 开发的特性,顺丰 DHL 实现了以尽可能小的功耗连接大量分散的设备;为仓储、运输、配送环节提供关键数据与可见性;解决了供应链运输环节和仓储环节交接点的频发问题,有效地支撑了顺丰 DHL 在全国内容范围拓展业务。

此外,依托全栈全场景 AI 解决方案,华为云以模块化构建云服务,为物流企业提供防暴力分拣、分拣路径优化、OCR 单据识别、运输路径优化等智慧物流解决方案,帮助企业在仓储、运输、配送等各环节全面提升效率,实现物流管理的数字化、信息化和智能化。

智能物流运营中心架构图如图 2 所示。图 3 为顺丰 DHL 联合华为云 IoT 打造数字化新仓储的 PPT 截图。

## 3. 设计思路

本课程设计是一门项目驱动的综合性实践课,教学目标包括使学生具备工程思维、系统观,能从社会、健康、安全、环境等多方面因素对物联网应用系统进行设计和评价,同时使学生具备沟通能力和团队协作能力。因此,教学方法中主要使用案例分析、课堂讨论、方案设计、方案展示、教师评价反馈等方式开展,其中课堂讨论和方案设计与展示均以小组为单位进行。教学设计中通过将思政案例贯穿讨论—设计—展示—评价全过程来融入思政元素,同时使用启发式提问、及时反馈等方法潜移默化地使学生在实践中受到启发。本案例的融入过程包括以下几个步骤。

课前热身:首先向学生抛出问题"'双 11'时对物流满意吗",引发学生对当前物流行业存在的问题进行罗列,接着通过提问"这些情况的症结在哪里"启发学生分析物流行业可以

图 2  智能物流运营中心架构图

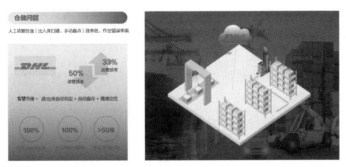

图 3  顺丰 DHL 联合华为云 IoT 打造数字化新仓储

改进的空间。从与学生息息相关的生活角度切入,使学生能够在思考问题和分析问题中更加活跃,利于后续案例的引入。

问题引入:接着引入案例中的背景"上面分析的这些问题是否可以通过物联网技术得到解决",启发学生思考哪些物联网技术可用于改进物流行业,可用于改进物流行业的哪些方面。

课堂讨论:让学生以小组为单位对上面的问题进行讨论,通过头脑风暴,让每个小组共同商讨出一个解决方案,鼓励学生发散思维、积极创新,列出方案中涉及的技术即可,不必列出具体细节。在学生讨论过程中,教师注重反馈,可以通过向学生介绍应用在物流行业中的一些技术来启发学生。在设计方案的讨论过程中,引导学生从实际情况出发,分析问题中的关键所在,寻找平衡多种因素的折中办法,同时考虑经济成本、后续维护等因素。讨论结束后,每个小组分享自己的设计方案,教师引导学生对其他小组的方案从社会、健康、安全、环境等多方面进行评价,教师对小组方案及时进行评价反馈。

案例分析:通过介绍华为云 IoT 平台与顺丰 DHL 合作的智慧物流园区管理解决方案,展示中国设计和中国技术,展示中国智慧,使学生了解实际中的解决方案的同时,意识到自己方案的不足,体会到创新的重要性,同时从案例的解决方案中得到启发。案例的创新在于"5G、云计算、AI、物联网"等技术的加持,使物流行业智能升级。

在载体途径方面,主要通过图片展示智慧物流解决方案的架构,通过视频展示华为云和顺丰 DHL 智慧物流园区的运营情况,使学生对物联网技术在实际中如何作用于智慧物流的情况有直观的了解。

## 三、案例特色

(1)选择的案例与教学内容紧密相关,达到思政润物细无声的效果。

物联网云平台的应用是本课程设计的主要内容之一,是项目中必须使用的部分,在这里介绍华为云的应用案例水到渠成,而且智慧物流是物联网的主要应用场景之一,没有牵强感。

(2)选择的案例与实际生活紧密相关,容易引起学生共鸣,实现思政目标。

通过学生熟悉的"网购"这一生活场景引入案例,与实际生活紧密相关,容易引起学生共鸣,提高学生解决问题的积极性,引导学生关注社会问题,用科学思维分析问题、解决问题,使学生提高创新意识,勇于创新。

(3)选择的案例包含多个物联网工程的核心知识与技术,实现知识传授、能力培养和价值塑造三位一体,提升思政效果。

案例中包含 RFID 技术的创新应用、窄带物联网(NB-IoT)技术、数字孪生、端边云全栈协同等物联网核心知识与前沿技术,在案例分析的过程中让学生从系统的层面将这些之前学过的知识融会贯通,在以小组为单位的讨论和方案设计过程中,实现能力培养,让学生将自己的方案与案例中的方案进行比较分析,无形中实现了对学生的价值塑造。

(4)选择的案例是中国企业里具有创新思维的头部企业,具有榜样意义,深化思政效果。

华为在面对近年来西方国家不断升级的施压时所展现出的镇定和不惧,源于根植于华为的创新意识。华为公司的创新已渗透到华为公司经营管理的各个方面,不仅包括产品创新、技术创新、工艺创新,甚至还包括管理创新、思维创新、营销创新和文化创新等。用华为云的创新案例为学生树立榜样,激励学生树立不断创新、勇于创新的意识,同时激发学生科技报国的责任担当和家国情怀。

## 四、学生反馈

以下是三位学生的反馈。

（1）2017级李同学反馈：通过案例分析了解了华为云IoT平台的强大功能，对华为、对国产平台有了更多的了解，十分敬佩。

（2）2018级张同学反馈：原来物联网对智慧物流有如此大的作用，我们对在物联网行业工作更有信心了。

（3）2018级管同学反馈：体会到在物联网系统的设计中需要考虑多种相关因素，通过案例分析，学习了了如何在设计解决方案时将多种因素考虑在内。

## 五、教学反思

本案例在多个课堂讲过，因为与学生网购行为密切相关，引起学生很大的兴趣，同时引发学生热烈讨论，在方案设计的讨论过程中反响较好，从后续学生的设计中可以看出学生从案例中得到了启发。今后可以对案例进行更细致的分解，让案例与教学环节结合得更自然，让案例展开的逻辑更清晰、顺畅。另一方面，持续关注华为云与其他企业的合作，紧跟行业动向，使案例保持新鲜，同时使案例更加饱满。

撰 写 人：张佳玥
所属单位：北京工业大学信息学部计算机科学与技术系

# "电路分析基础-1"课程案例

## ——戴维南定理和诺顿定理中的科学思维

课　程　名　称：电路分析基础-1(Circuit Analysis Foundation-1)

课　程　性　质：学科基础必修课

所属学科门类：信息类

学　　　　　分：2学分　　　　　　　　　　学时：32学时

课　程　简　介："电路分析基础-1"主要系统论述电路基本理论、直流电路分析和动态电路分析的基本方法共三部分内容。该课程是从事电工、电子信息技术、通信技术、自动控制与计算机软硬件技术工作的技术人员必须具备的基本理论知识，是高校电类等专业必修的学科基础课。学习本课程，对培养学生严肃认真的科学作风和理论联系实际的工程观点，以及对培养学生的科学思维能力、分析计算能力、实验研究能力和科学归纳能力都有重要的作用。先修课程：高等数学、大学物理、工程数学、线性代数。通过本课程的学习，应为学生学习后续课程：电路分析基础-2、模拟电子电路、数字电子电路、信号与系统、高频电子电路等课程，打下必要的理论基础，并为学生参加工作后在创业实践中的"可持续发展"提供必要的知识储备。

## 一、章节名称

第四章 电路定理 第三节 戴维南定理和诺顿定理

## 二、案例介绍

### 1. 育人目标及理念

育人目标是通过温习二端无源网络等效的概念，引导学生自发思考如何对线性有源二端网进行等效，使学生能够自然联想到使用等效电源和等效电阻解决问题，进而引出戴维南定理和诺顿定理。引导学生温故而知新，并且开阔思维，激发学生对科学研究的探索创新。

### 2. 案例内容

电路中的一些名词需要大家进行形象化的理解，因此我们进行了图文并茂的名词解释：端、端口、无源一端口、含源一端口、等效的概念，并引入思考问题，之前我们学习过无源一端口网络的等效，那么，对于二端含源网络（含源一端口）如何等效呢？通过图1可以发现，两者的区别在于是否含源，因此电源是切入点。

引入戴维南定理(见图2)：任何一个含有独立电源、线性电阻和线性受控源的一端口网络，不论其结构如何复杂，就其端口特性，对外电路来说，可以用一个独立电压源 $U_o$ 和电阻

名词解释:

知识回顾

端口(port)　　无源(passive)一端口　　含源(active)一端口

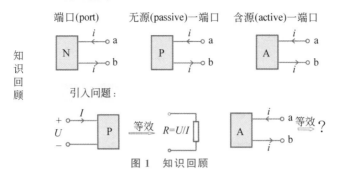

引入问题:

图 1　知识回顾

$R_i$ 的串联组合等效替代;其中电压 $U_o$ 等于端口开路电压,电阻 $R_i$ 等于端口中所有独立电源置零后端口的入端等效电阻。

## 戴维南定理

　　任何一个含有独立电源、线性电阻和线性受控源的一端口网络,不论其结构如何复杂,就其端口特性,对外电路来说,可以用一个独立电压源 $U_o$ 和电阻 $R_i$ 的串联组合等效替代;其中电压 $U_o$ 等于端口开路电压,电阻 $R_i$ 等于端口中所有独立电源置零后端口的入端等效电阻。

图 2　戴维南定理介绍

戴维南定理的证明:使用替代定理和叠加定理进行网络的等效,证明戴维南定理(见图 3)。

证明:

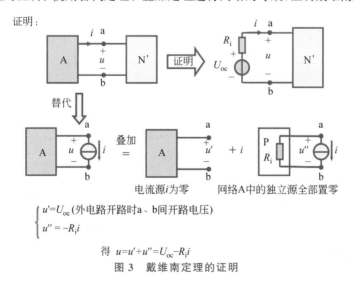

$$\begin{cases} u'=U_{oc}(外电路开路时a、b间开路电压) \\ u''=-R_i i \end{cases}$$

得　$u=u'+u''=U_{oc}-R_i i$

图 3　戴维南定理的证明

如何应用戴维南定理进行实际问题的求解,需要回忆之前的求等效电阻的方法,具体的求解步骤如图 4 所示。

应用戴维南定理的关键为求开路电压 $U_{OC}$ 和等效内阻。

等效电阻的计算方法: (独立源置0、保留受控源)

① 采用电阻串并联的方法。

② 加压求流法或加流求压法。

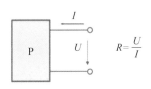

$$R = \frac{U}{I}$$

(1) 除源是指令所有独立源为零值,即电压源短路,电流源开路。受控源必须保留。

(2) 单口网络N中不能含有控制量在外部电路的受控源,但控制量可以是N的端口电压或电流,即在进行网络分解时,一定要把受控源及其控制量放在同一部分。

图 4 具体求解步骤

明确戴维南定理的意义以及计算方式之后,通过提出问题,让学生进一步思考如果将电压源和电阻的串联再进一步等效会是什么效果,学生通过以往学习的独立源的等效可以得出诺顿等效的电路示意图(见图 5)。再通过学习诺顿定理,对该类问题用科学的定理进行描述。

## 诺顿定理

任何一个含独立电源、线性电阻和线性受控源的一端口,对外电路来说,可以用一个电流源和电导的并联来等效替代;其中电流源的电流等于该一端口的短路电流,而电阻等于把该一端口的全部独立电源置零后的输入电导。

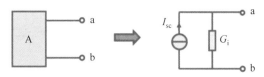

图 5 诺顿定理

## 3. 设计思路

"电路分析基础-1"是从事电工、电子信息技术、通信技术、自动控制与计算机软硬件技术工作的技术人员必须具备的基本理论知识,是高校电类等专业必修的学科基础课。该课程的学习为后续课程的学习打下了必要的理论基础,并为学生参加工作后在创业实践中的"可持续发展"提供了必要的知识储备。

本节课的教学目标是使学生理解二端网络、有源网络、线性网络、线性有源二端网络等概念,理解戴维南、诺顿定理的内涵及本质,掌握线性有源二端网络的开端电压、短路电流、入端等效电阻的计算方法,最终能够应用戴维南定理和诺顿定理分析并简化复杂电路。

戴维南定理和诺顿定理是简化复杂电路的重要方法之一,特别适用于求解复杂电路中某一支路电流或者电压的情况,是电路分析中普遍适用的重要定理和方法。戴维南定理和诺顿定理是二端口含源网络的重要等效方式,课程前期学习过二端口无源网络的等效并求解其入端等效电阻,该部分为戴维南定理和诺顿定理的学习奠定了基础。因此,学生要勤于温故知新,从已学习到的知识出发,进行探索。

通过温习二端口无源网络的等效并求解其入端等效电阻,观察二端口含源网络中相比于二端口无源网络只是多了电流源和电压源,此时激励学生进行开阔思维,大胆猜想二端口含源网络如何实现等效。大部分学生能够猜想在入端等效电阻的基础上再加上一个等效电源即可完成二端口含源网络的等效,这便是戴维南定理和诺顿定理的核心思想。随后,再展开描述戴维南定理和诺顿定理的科学定义,让学生感受到自己的开阔思维竟然和著名的科学家的思维具有一致性,从而增强学生开阔思维的学习意识。

最后,在课堂上细致地讲解如何应用戴维南定理及诺顿定理求解电路中的未知量,提示学生会用到之前的入端等效电阻的求解方法,进一步培养学生时常温习知识的学习习惯,并且意识到温故知新对学生学习及科研的效用。

通过本课程的学习,引导学生温故而知新,培养举一反三的类推思维,增强开阔思维的创新意识,使学生能够树立科学探索的精神。在利用戴维南定理和诺顿定理求解问题时,让学生体会经历真实实践来证实科学猜想的过程,并且能够发现自己的猜想能够与专业领域中的奠基人所提出的理论具有相同的思路,从而激发学生的科研探索精神,为后续的课程学习以及开展学术科研打下科学性思维能力的基础。

## 三、案例特色

(1) 选择的案例与教学内容紧密结合,与思政育人深刻融入。

通过回顾课程前期学习过二端口无源网络的等效并求解其入端等效电阻,向学生展示要勤于温故知新,并积极从已学习到的知识出发进行探索,逐步引导学生进行对于复杂电路的化简方式的思考。

(2) 通过图文并茂形象化展示推理过程,引导学生深入探索。

激励学生进行开阔思维,大胆猜想二端口含源网络如何实现等效。通过学习戴维南、诺顿等效的具体计算方法,学生发现要用到之前的入端等效电阻的求解方法,以此进一步培养学生时常温习知识的学习习惯,并且意识到温故知新、开阔思维对学习及科研的效用。

(3) 鼓励学生创新思考诺顿等效电路,发现科学家的推理思维。

明确戴维南定理的意义以及计算方式之后,通过提出问题的形式,让学生进一步思考如果将电压源和电阻的串联再进一步等效会是什么效果,学生通过以往学习的独立源的等效可以得出诺顿等效的电路示意图。通过这一过程,学生可以发现自己通过科学推理也可以得出前人建立的电路定理。这一过程激发了学生对课程的兴趣和对科学创新的热情。

## 四、学生反馈

（1）课堂上的学生表现。

学生在课堂中积极参与思考，并积极回答问题，参与的热情度很高，整个课堂氛围呈现出自由探索的情景。从与学生的课堂互动中可以看出当代大学生对科学知识的探索热情，以及对获得一定科学上的成就的追求。

（2）课堂后的作业表现。

学生在课后的作业中，对戴维南定理和诺顿定理的实际求解能够分析到位和明确思路步骤，实现了对复杂电路的戴维南和诺顿等效电路的正确求解。

## 五、教学反思

案例中引入思政元素，以温故知新、开阔思维为主题，通过知识回顾的方式引发对新问题的思考。通过与学生互动，留出思考的空间和时间，可以增强学生对理论知识学习的趣味性，并培养学生优秀的学习习惯，激励学生大胆设想，开拓创新。在教学过程中，学生发现电路分析基础的知识点是需要融会贯通的，时常用到之前学习到的内容，可以让学生亲身感悟到学习是一件持续性的工作。通过本课程的学习，引导学生温故而知新，培养举一反三的类推思维，增强开阔思维的创新意识，使学生能够树立科学探索的精神。在利用戴维南定理和诺顿定理求解问题时，让学生体会真实实践来证实科学猜想的过程，激发学生的科研探索精神和实践能力。通过引入课程思政的教学设计，可以建立与学生更好的课堂互动机制，激发学生学习的兴趣，增强学生对重点内容的理解认知，同时为教师教学工作的开展提供了新思路，使得教学过程的科学性与实用性相得益彰。

撰　写　人：袁彤彤　肖创柏
所属单位：北京工业大学信息学部计算机科学与技术系

# "电路分析基础-1"课程案例

## ——由"基尔霍夫定律"谈"工匠精神"

课 程 名 称：电路分析基础-1(Circuit Analysis Foundation-1)
课 程 性 质：学科基础必修课
所属学科门类：计算机类/080904K
学　　　　分：2 学分　　　　　　　　　　学时：32 学时
课 程 简 介："电路分析基础-1"是从事电工、电子信息技术、通信技术、自动控制与计算机软硬件技术工作的技术人员必须具备的基本理论知识，是高校电类等专业必修的学科基础课。该课程理论严密、逻辑性强，有广阔的工程背景。学习本课程，对培养学生严肃认真的科学作风和理论联系实际的工程观点，以及对培养学生的科学思维能力、分析计算能力、实验研究能力和科学归纳能力都有重要的作用。

本课程主要研究电路分析理论的基本概念、基本定律、基本定理与基本方法及其在工程实践中的应用，并通过实验课培养学生的动手、实践能力。

学习本课程，为学习后续课程：电路分析基础-2、模拟电子电路、数字电子电路、信号与系统、高频电子电路等课程，打下了必要的理论基础，并为学生参加工作后在创业实践中的"可持续发展"提供了必要的知识储备。

## 一、章节名称

第一章 电路模型和电路定律 第八节 基尔霍夫定律

## 二、案例介绍

### 1. 育人目标及理念

通过引入基尔霍夫定律的相关科学史介绍，向学生展现青年人具有的科学创新性，引导学生了解科学探索的奥妙与乐趣，培养学生分析问题和解决问题的能力，激发学生对科学研究的探索精神和创造潜能。

### 2. 案例内容

基尔霍夫定律反映了电路中所有支路电压和电流所遵循的基本规律，是分析集总参数电路的基本定律。在学习定律的具体知识之前，首先向学生介绍基尔霍夫定律的相关科学史。基尔霍夫定律是 1845 年由德国物理学家 G.R.基尔霍夫(Gustav Robert Kirchhoff)提出的(见图 1)。

19 世纪 40 年代，由于电气技术发展十分迅速，电路变得愈来愈复杂。某些电路呈现出

**1.8 基尔霍夫定律**

背景知识：19世纪40年代，由于电气技术发展十分迅速，电路变得愈来愈复杂。某些电路呈现出网络形状，并且网络中还存在一些由3条或3条以上支路形成的交点（节点）。这种复杂电路不是串、并联电路的公式所能解决的。

Kirchhoff, 基尔霍夫；
1824–1887, Germany

图 1　基尔霍夫定律的相关背景知识

网络形状，并且网络中还存在一些由 3 条或 3 条以上支路形成的交点（节点）。这种复杂电路不是串、并联电路的公式所能解决的。1845 年，当时年仅 21 岁的基尔霍夫在德国哥尼斯堡大学课堂上，详细介绍其发表的第一篇论文，其中提出适用于这种网络状电路计算的定律，即著名的基尔霍夫定律。该定律能够迅速地求解任何复杂电路，从而成功解决了这个阻碍电气技术发展的难题（见图 2）。

**1.8 基尔霍夫定律**

· **相关科学史介绍**

德国物理学家基尔霍夫21岁时发表了第一篇论文，提出稳恒电路网络中电流、电压、电阻关系的两条电路定律，即著名的基尔霍夫电流定律（KCL）和基尔霍夫电压定律（KVL），解决了电器设计中电路方面的难题，因此基尔霍夫也被称为"电路求解大师"。

Kirchhoff, 基尔霍夫；
1824–1887, Germany

图 2　基尔霍夫定律科学史介绍

工匠精神提倡的是精益求精的精神，同时也蕴含着敬业、专注、创新等内涵。通过基尔霍夫定律相关科学史的介绍，可以非常好地激励学生，让学生了解科学的奥妙与乐趣，培养学生对科学研究的兴趣，激发学生的科研探索精神，并鼓励学生不懈努力，积极创新。

**3. 设计思路**

基尔霍夫定律反映了电路中所有支路电压和电流所遵循的基本规律，是分析集总参数电路的基本定律。基尔霍夫定律与元件特性构成了电路分析的基础。本案例首先介绍基尔霍夫定律的相关科学史，以基尔霍夫在 21 岁时提出著名的基尔霍夫电流和电压定律为例，向学生展现青年人具有的科学创新性；进而讲解电路中的支路、节点、路径、回路、网孔等概念，并在此基础上讲解电路元件的相互连接给支路电流或支路电压带来的约束关系，即基尔霍夫电流定律(KCL)和基尔霍夫电压定律(KVL);最后结合实际例子,使学生掌握应用KCL 和 KVL 求解电路中支路电流和电压的方法与步骤。

在教学内容的选择上,在讲解具体的定律知识点之前,通过介绍相关理论知识的科学史,丰富学生对基尔霍夫定律相关背景知识的了解;进而,由年轻的基尔霍夫发表论文,成功解决当时阻碍电气技术发展的难题,实现对任何复杂电路的迅速求解,向学生展示年轻人具有科学创造的巨大潜能;通过介绍基尔霍夫重要的科学贡献,重现其发现过程以及对待科学研究的严谨认真的态度,引导学生了解科学探索的奥妙与乐趣,以期在课程教学中激发学生对科学研究的兴趣,鼓励学生不断深入思考,培养严谨的科学态度和积极的探索精神,提升学生分析问题和解决问题的能力;最后,由基尔霍夫定律的发现史进一步延伸拓展,向学生展示我国的工匠精神,随着"中国制造2025"的实施,各行各业中匠心独具的领军先锋正带领着企业朝着"智能化"方向转型升级,积极落实国家制造强国战略,进一步激发学生的民族自豪感,增强文化自信,并鼓励学生树立迎难而上,敢于面对挑战的科研态度和探索精神,为祖国发展不懈奋斗,激励学生的科学探索精神和创造潜能。

在教学方法及教学手段上,除传统的课堂讲授外,还通过启发式提问、课堂讨论等方式,加强与学生的互动研讨,提升课堂的思政教学效果。在介绍基尔霍夫定律的相关科学史后,通过提问由学生回答自己了解的其他科学史故事、喜爱的科学家、国内的大国工匠和科研探索创新的案例等,提高学生的学习兴趣,增强民族自豪感,并在案例讨论中鼓励学生积极思考,在加深学生对所学理论知识理解的同时,激发学生的科学研究热情和探索创新精神。此外,将理论教学与实验教学相结合,通过让学生实际动手实验,提升学生分析问题和解决问题的能力,培养严谨的科学研究态度。

## 三、案例特色

(1)选择的案例与教学内容契合度高,高度融入而不牵强。

基尔霍夫定律反映了电路中所有支路电压和电流所遵循的基本规律,是分析集总参数电路的基本定律。基尔霍夫定律与元件特性构成了电路分析的基础,是电路分析基础课程中的核心知识点。在介绍基尔霍夫定律的具体内容前,先介绍相关的背景和科学史非常正常,没有牵强感。通过引入基尔霍夫定律的科学史介绍,向学生展现青年人具有的科学创新性,引导学生了解科学探索的奥妙与乐趣。

(2)选择的案例可以与我国的工匠精神这一思政元素很好地融合,符合当前时代背景,时效性强,容易引发学生的认同感,实现案例的思政目标。

工匠精神的基本内涵包括敬业、精益、专注、创新等方面的内容。在学习和科研中,工匠精神体现在勤于思考、善于学习、崇尚科学、精益求精等方面,随着"中国制造2025"的实施,各行各业中匠心独具的领军先锋正带领企业朝着"智能化"方向转型升级,积极落实国家制造强国战略。通过案例学习,进一步激发学生的民族自豪感,增强文化自信,激发学生对科学研究的兴趣,鼓励学生不断深入思考,培养严谨的科学态度,激励学生的科学探索精神和创造潜能。

（3）选择的案例对应 2 课时实验教学，通过实践加深学生对所学知识的理解，鼓励学生在实践中积极思考，提升学生分析问题和解决问题的能力。

基尔霍夫定律对应 2 课时实验教学，通过让学生实际动手操作，在实践中进一步思考，使学生能够从实际问题中抽象出电路模型，并利用电路定律实现问题求解，让学生在实践中加深对所学理论知识的理解，培养严谨的科学态度和积极的探索精神。

## 四、学生反馈

（1）李**：基尔霍夫在大学期间能够提出著名的基尔霍夫定律，太了不起了，作为一名青年学生，我要以基尔霍夫为榜样，认真学习，努力探索，为科学研究打好基础。

（2）杨**：年轻人具有无限的创造潜能，我们应该相信自己，敢于挑战科研中的难点问题，迎难而上，努力取得更多的创造性成果。

（3）田**：我国的工匠大师严谨认真和探索创新的精神值得我们学习，在学习中我们也要精益求精，不畏困难，积极探索。

## 五、教学反思

在案例中引入思政元素，使学生对相关理论知识的科学史有了进一步了解，增强了理论知识学习的趣味性。基尔霍夫定律反映了电路中所有支路电压和电流所遵循的基本规律，是分析集总参数电路的基本定律。基尔霍夫电流（KCL）与电压（KVL）定律与元件特性共同构成电路分析的基础。本案例首先介绍基尔霍夫定律的相关科学史，向学生展现青年人具有的科学创新性，激发学生的科研探索精神；其次介绍支路、节点、路径、回路、网孔等电路分析中的基本概念，讲解 KCL 和 KVL 方程的基本形式及其推广；最后结合实际应用例题，使学生掌握 KCL、KVL 方程列写，并熟练应用 KCL 和 KVL 求解电路中支路的电流和电压。通过本课程案例的学习，引导学生了解科学探索的奥妙与乐趣，培养学生分析问题、解决问题的能力，使学生能够从实际问题中抽象出电路模型，并利用电路定律实现问题求解，在实践中加深对所学知识的理解，通过在课程知识点讲解的过程中引入工匠精神思政元素，鼓励学生勇于科研探索和求实拼搏，激发学生的创造潜能。从学生的反馈效果看，提高了学生的学习兴趣，调动了学生的学习积极性；从实验课反馈看，鼓励学生积极思考，在实践中验证所学理论知识，培养学生严谨的科学态度和探索精神。今后将对案例继续打磨，融入更多我国工匠精神的丰富案例以及科学工程发展故事，进一步拓展思政教育资源，添加更多的元素，并加强对学生的跟踪反馈，不断提升课程的思政育人效果。

撰　写　人：梁音　肖创柏
所属单位：北京工业大学信息学部计算机科学与技术系

# 价值引领　拼搏不懈

# "人机交互引论"课程案例

## ——面向社会服务的人机交互设计责任与担当

课 程 名 称：人机交互引论（Introduction to Human-Computer Interaction）
课 程 性 质：公共基础课/学科基础课/专业课/实践环节课/通识教育选修课/其他
所属学科门类：计算机类/0809
学　　　分：2 学分　　　　　　　　　　学时：32 学时
课 程 简 介：个人计算机、智能手机、物联网传感器等设备在我们日常生活中越来越普及，如何让这些设备在与人交互时更具人性化是非常重要的。人机交互引论课程注重对实际应用问题的抽象、学习，以及探究处理问题的一般原则和方法，使学生了解和初步掌握"问题抽象、需求分析、交互设计、交互测试"这一典型的工程问题的求解思路，以适应计算机科学技术与社会的快速发展。同时，课程内容涉及人的感知与认知等心理学知识，有助于提升学生的人文社会科学素养。本课程注重基本思维的训练，其目的是培养学生抽象问题、分析问题、以及创造性利用已有知识和技术解决问题的能力，使学生具备调查、分析、选择恰当的人机交互技术加以应用的能力。

## 一、章节名称

第七章 交互界面设计 第一节 交互界面设计概述

## 二、案例介绍

### 1. 育人目标及理念

人机交互界面是用户与软件直接交互的接口，通过在设计中融入人性化、情感化，以及伦理道德等设计要素，提升软件的用户体验，引领学生理解和实践软件的服务价值，实现软件开发人员的社会责任和担当。

### 2. 案例内容

本案例聚焦人机交互设计的分层设计框架，涵盖功能层、架构层、导航层、形式层和细节层。其中，导航层涉及渐进模式、中心辐射模式、金字塔模式和充分链接模式等导航策略。形式层涉及中心舞台模式、对等网格模式、手风琴模式、可收起面板模式等交互设计模式。细节层包括输入提示、自动完成、良好默认值等易用性设计模式。

课程教学中结合软件界面设计中正面和反面的实际案例，讲解人机交互的人性化、情感化，以及伦理道德等方面的设计要素和考虑。教学的重点首先是让学生透彻地理解分层设计框架的核心思想，以及如何有效地支持交互设计，使学生在充分理解各种设计原则和设计模式的基础上,能够灵活正确地应用各种模式进行高质量的人机交互界面设计。同时,更重要的是,在设计过程中,有效地融合多方面设计因素,进行权衡分析和设计。针对时下部分软件交互设计中"盈利至上"的不良风气,在教学中强调软件设计人员应具备的良好价值观,并践行软件设计人员应具备的社会责任与担当。

### 3. 设计思路

人机交互设计需重视软件设计的人性化、情感化等方面的设计要素,根据人的行为习惯、人体的生理结构、人的心理情况、人的思维方式等,在基本功能和性能的基础上,对软件界面和交互方式进行优化。其中,情感化设计体现精神维度,而精神维度是人对交互系统的体验,是基于生理需求之上的尊重需求和自我实现需求,体现了拥有该产品所获得的心理价值。本案例围绕思政育人的教学理念,重点强调在交互设计中软件的经济利益和社会伦理发生矛盾时,应始终明确软件开发人员的社会责任与担当,正确引导用户积极使用软件,避免负面影响。

在教学过程中,主要通过启发式教学,介绍问题的背景以及解决的方案;借助生动具体的交互应用实例,讲解相关问题、交互模式选择与交互设计方法;对相近或相反的概念和术语,进行对比与区分。探索问题求解中的多种思路、不同解决方法的分析与对照;使学生在学习中有更加灵活多样的思维方式,养成理论联系实际的习惯。注重学生对问题以及求解方案的分析、总结,以及归纳能力的培养。

首先,本教学案例将通过典型案例精讲使学生充分理解人机交互设计中所蕴含的社会意义和责任。以某搜索引擎交互为例,搜索引擎是广大用户访问和接触互联网信息的重要渠道,承担着重要的社会责任。在技术能力范围内,应尽可能为用户提供精准有效的搜索结果,正确引导用户发现和访问相关信息。如果缺失社会责任感,以盈利为目的在关键位置插入大量广告,不仅会伤害用户的使用体验,而且无良的广告更有可能导致用户财产损失,甚至对用户造成人身伤害。

其次,本案例教学将充分发挥学生的主观能动性,利用翻转课堂让学生更多地发声。具体地,课程中将首先结合人机交互设计的正面和负面案例,详细阐述软件开发人员的社会责任和相应的开发理念。之后,通过课堂分组讨论,让学生结合自己在实际生活中所使用的软件,分析其人性化、情感化和道德伦理方面的设计,总结形成具体的案例,并基于这些案例进行报告,再进一步和其他小组的同学进行讨论。基于学生自身的经历和熟悉的领域所总结和凝练出的案例能够拉近学生与案例之间的距离,使学生更好地体会和理解案例的教学意义。同时,通过不断积累,由学生所凝练出的实际案例能够迭代地添加到教学案例库中,不断地丰富教学内容,提升教学效果。

## 三、案例特色

（1）面向实际软件系统交互案例。

本教学案例中所收集、总结、使用的案例均源自日常生活中的实际软件应用,使学生能够切实地理解案例的内容,体会案例所蕴含的社会责任,实现对学生价值观的有效引领。特别地,近年来交互设计中人性化、情感化和伦理道德方面设计要素的缺失,引发了一系列引起社会广泛讨论的焦点问题。这些暴露出的问题已经在社会中酝酿发酵,广大学生群体已经充分了解和认识到相关问题的重要性。在此基础上结合课程的教学思政目标进行思政教学设计,能够使思政元素"自然"融入课堂教学,不会显得生硬。

（2）迭代式的案例积累。

本教学案例中充分发挥学生的主观能动性,鼓励学生基于自己在生活中实际使用的软件场景,结合课堂教学内容,凝炼和总结社会责任与担当的案例,并利用翻转课堂进行报告和讨论。一方面,学生积累的案例能够更贴近学生的实际生活体验,有更好的教学效果;另一方面,能够持续迭代地积累案例,助力于后续的教学工作。本教学案例已经基于课程实践,形成一定的前期积累,之后将不断完善和扩充案例内容,旨在最大化地提升教学效果。

## 四、学生反馈

学生普遍反映,通过真实的软件交互设计案例教学,能够更加深入和透彻地理解软件设计中的社会责任,能够真正体会自己作为软件开发人员的责任。

## 五、教学反思

本案例教学过程中,由于是结合实际的案例,并且具有真实的社会意义,因此思政元素的融入很自然,能对学生产生积极的影响。本教学方法中,教学案例的实时性非常重要,今后需要与时俱进,不断学习、收集、总结新的案例,只有这样,才能最大化地提升教学效果。

撰　写　人：李童
所属单位：北京工业大学信息学部计算机科学与技术系

# "数字图像处理"课程案例

## ——人工智能伦理

课　程　名　称：数字图像处理(Digital Image Processing)

课　程　性　质：专业课

所属学科门类：计算机类/0809

学　　　　　分：2学分　　　　　　　　学时：32学时

课　程　简　介：视觉是人类最重要的感知手段,图像则是视觉信息的载体。数字图像处理研究如何用计算机进行改善图像质量、理解图像内容、压缩传输图像等处理。课程主要内容包括图像变换、图像增强、图像分割、图像识别与理解、图像压缩等。数字图像处理在消费电子、人机接口、机器人、工业生产、军事、遥感、医学等领域中有着重要应用。"数字图像处理"是一门实用的学科,同时又具备一定的理论基础。

本课程属于专业选修课,旨在继高等数学、线性代数、C语言、数据结构等课程后,引导学生学习用计算机处理复杂信息,设计算法来实现想要的图像处理效果,挑选合适的数字图像处理算法以及实现一个图像处理系统,从而培养其计算思维、算法设计与分析、计算机系统等专业基本能力,以及利用数学工具、数学模型表示图像及其处理过程的能力。"数字图像处理"课程是学习计算机视觉、模式识别等课程的先修课,其中的图像识别与理解也是人工智能的重要组成部分。

## 一、章节名称

第六章第六节 人工智能伦理

## 二、案例介绍

### 1. 育人目标及理念

通过讲授图像识别与人工智能中的伦理问题,培养具有良好社会责任感和职业素养以及具备正确价值观与人文关怀的计算机专业人才。

### 2. 案例内容

本思政案例讲授图像识别与人工智能中的伦理问题,主要包括图像识别与人工智能中可能存在哪些伦理问题,社会对人工智能伦理问题的关注,国家颁布的人工智能伦理规范,以及我们应该如何面对人工智能伦理问题。在讲授完深度学习中的深层神经网络、卷积神经网络、神经网络的训练,以及它们在图像识别中的应用的基础上,首先回顾图像识别的主要任务和主要应用,如人脸识别、智能机器人、无人驾驶、遥感与无人机、医学图像分析等。

然后,详细分析在这些应用中,图像识别与人工智能可能会带来哪些伦理问题,如人脸识别可能暴露隐私,无人驾驶汽车可能被黑客劫持,人与人工智能的角色等。我们进一步重点分析了图像识别与人工智能在军事应用中的伦理问题,例如无人机攻击、杀人机器人等。

随着人工智能的迅速发展,社会有识之士对人工智能伦理问题高度关注。我们介绍了国内外名人、科学家、相关企业等对人工智能伦理问题的态度。在此背景下,中国政府于2021年制定颁布了《新一代人工智能伦理规范》。我们详细介绍了《新一代人工智能伦理规范》提出的增进人类福祉、促进公平公正、保护隐私安全、确保可控可信、强化责任担当、提升伦理素养6项基本伦理要求。最后,结合计算机类专业的培养方案中对本专业相关的人文素养、社会责任、职业道德等要求,本案例介绍了在学习和工作中我们应该如何面对图像识别与人工智能中的伦理问题。

相关 PPT 截图如图 1 和图 2 所示。

图 1　杀人机器人

### 3．新一代人工智能伦理规范

**第三条** 人工智能各类活动应遵循以下基本伦理规范。 (一)增进人类福祉。坚持以人为本,遵循人类共同价值观,尊重人权和人类根本利益诉求,遵守国家或地区伦理道德。坚持公共利益优先,促进人机和谐友好,改善民生,增强获得感幸福感,推动经济、社会及生态可持续发展,共建人类命运共同体。 (二)促进公平公正。坚持普惠性和包容性,切实保护各相关主体合法权益,推动全社会公平共享人工智能带来的益处,促进社会公平正义和机会均等。在提供人工智能产品和服务时,应充分尊重和帮助弱势群体、特殊群体,并根据需要提供相应替代方案。 (三)保护隐私安全。充分尊重个人信息知情、同意等权利,依照合法、正当、必要和诚信原则处理个人信息,保障个人隐私与数据安全,不得损害个人合法数据权益,不得以窃取、篡改、泄露等方式非法收集利用个人信息,不得侵害个人隐私权。 (四)确保可控可信。保障人类拥有充分自主决策权,有权选择是否接受人工智能提供的服务,有权随时退出与人工智能的交互,有权随时中止人工智能系统的运行,确保人工智能始终处于人类控制之下。 (五)强化责任担当。坚持人类是最终责任主体,明确利益相关者的责任,全面增强责任意识,在人工智能全生命周期各环节自省自律,建立人工智能问责机制,不回避责任审查,不逃避应负责任。 (六)提升伦理素养。积极学习和普及人工智能伦理知识,客观认识伦理问题,不低估不夸大伦理风险。主动开展或参与人工智能伦理问题讨论,深入推动人工智能伦理治理实践,提升应对能力。

图 2　《新一代人工智能伦理规范》的主要内容

### 3．设计思路

本思政案例在深度学习与图像识别内容的基础上,通过图像识别与人工智能中的伦理问题,有机地融入价值引领、社会责任、职业素养、人文关怀等思政元素和育人目标。教学方法主要是多媒体课件播放、多媒体素材播放、课堂讨论。案例内容由撰写人在对相关材料进行组织整理的基础上,独立撰写而成。

深度学习与图像识别是人工智能的主流研究方向。图像识别的主要任务包括物体识别、目标检测、场景语义分割、视频分析与动作识别等,主要应用有人脸识别、智能机器人、无人驾驶、遥感与无人机、医学图像分析等。这些技术和应用中很容易出现一些伦理问题,如人脸识别可能暴露隐私、刷脸验证支付等应用存在被盗用的安全隐患。无人驾驶汽车如果被黑客劫持,有可能变成一个杀人武器。目前的无人驾驶汽车主要采用深度学习技术,但是深度学习的深层神经网络仍存在鲁棒性问题,在精心设计的噪声干扰下可能导致错误的识别结果。另外,如果无人驾驶汽车一旦出现事故,究竟该归因于开发产品的企业、产品拥有者,还是人工智能技术本身? 推荐系统的广泛使用可能会使人上瘾。信息和知识的冗余使人陷入选择困境,并让人难以深度思考。人工智能技术的广泛应用会不会带来严重的失业问题? 更严重的是,如果图像识别与人工智能技术被用于军事方面,比如用在无人机上,可以实时高空识别目标,实现实时攻击,给人们的生命带来严重威胁。面对杀人机器人时,应不应该让机器做出结束人类生命的决定?

随着人工智能的迅速发展,这些人工智能中的伦理问题越来越接近现实。因此,很多社会有识之士对人工智能伦理问题高度关注。我们介绍了国内外名人、科学家、相关企业等对人工智能伦理问题的态度,包括李彦宏、马斯克、DeepMind 创始人、霍金、谷歌公司、微软公司等的看法。在此基础上,重点介绍中国政府于 2021 年制定颁布的《新一代人工智能伦理规范》。《新一代人工智能伦理规范》提出增进人类福祉、促进公平公正、保护隐私安全、确保可控可信、强化责任担当、提升伦理素养 6 项基本伦理要求,同时提出人工智能管理、研发、供应、使用等特定活动的 18 项具体伦理要求。我们详细分析这 6 项基本伦理要求,它们对上面提出的各种人工智能伦理问题给出了框架性的解答。比如,《新一代人工智能伦理规范》中第五条规定:"强化责任担当。坚持人类是最终责任主体,明确利益相关者的责任,全面增强责任意识,在人工智能全生命周期各环节自省自律,建立人工智能问责机制,不回避责任审查,不逃避应负责任。"这条规定明确说明了不应该让机器做出结束人类生命的决定,自动驾驶出现事故的责任在于人等。

最后,结合计算机类专业的培养方案中对本专业相关的价值引领、人文素养、社会责任、职业道德等要求,本案例强调了我们应该对《新一代人工智能伦理规范》的内容有所了解,并且在遇到相关问题时,应充分理解和评价其对社会的可能影响,遵循《新一代人工智能伦理规范》,以增进人类福祉、促进公平公正、保护隐私安全、确保可控可信、强化责任担当来要求自己。

通过关注人工智能中的伦理问题,考虑其对国家和社会的可能影响,实现价值引领、社会责任、职业素养的育人目标;考虑其对人的可能影响,实现人文关怀的育人目标。

## 三、案例特色

1) 与课程内容有机衔接

深度学习与图像识别是人工智能的主流研究方向,也是本课程的一个主要内容。在讲授完深度学习及其在图像识别中各种应用的基础上,关注图像识别与人工智能中的伦理问题,包括人脸识别、智能机器人、无人驾驶、无人机等技术和应用中出现的一些伦理问题,与课程内容实现了有机衔接。

2)人文关怀

在介绍图像识别与人工智能中的各种伦理问题时,强调推荐系统的广泛使用可能会使人上瘾;信息和知识的冗余使人陷入选择困境,并让人难以深度思考。启发思考人工智能技术的广泛应用可能会带来严重的失业,以及面对杀人机器人时,应不应该让机器做出结束人类生命的决定等问题。

3)强调价值引领、社会责任与职业素养

通过生动的例子,比如无人驾驶汽车如果被黑客劫持,有可能变成一个杀人武器;无人驾驶汽车出现事故后,开发产品的企业、产品拥有者、人工智能技术本身等各方应承担的责任,强调《新一代人工智能伦理规范》中的内容。

## 四、学生反馈

(1) 2021-2022-1 学期,190711 杨同学:生动有趣。比如,应不应该让机器做出结束人类生命的决定?无人驾驶汽车中采用的深度学习技术的鲁棒性问题,在精心设计的噪声干扰下可能导致错误的识别结果,很出乎意料。

(2) 2021-2022-1 学期,190741 王同学:这些伦理问题很深刻,确实需要有所了解、思考。有些问题现实存在,比如推荐系统的广泛使用使人上瘾,信息和知识的冗余使人陷入选择困境,并让人难以深度思考。

(3) 2021-2022-1 学期,190743 许同学:《新一代人工智能伦理规范》中的内容比较笼统,在以后工作中遇到相关伦理问题时,还需要针对具体问题进行细致分析,判断怎么做才能符合增进人类福祉、促进公平公正、保护隐私安全、确保可控可信、强化责任担当等要求。比如,如果无人驾驶汽车一旦出现事故,究竟该归因于开发产品的企业、产品拥有者,还是人工智能技术本身?企业、技术开发者、算法研究人员是否都有责任?希望在这些方面能多一些讨论。

## 五、教学反思

学生对图像识别与人工智能中的各种伦理问题都很感兴趣,尤其对无人驾驶汽车、杀人机器人、人与机器的融合等问题。有些学生对这些问题发表了一些看法,或者课后与我进行了讨论交流。这说明,本思政案例的内容组织与讲授合理,价值引领、社会责任、人文关怀等育人目标有良好成效。

针对有些同学提出的,《新一代人工智能伦理规范》中的内容比较笼统,在以后工作中遇到相关伦理问题时,还需要针对具体问题进行具体分析,我们计划在以后的教学实践中,设计更多的涉及人工智能伦理的场景,并让学生进行开放式讨论,以进一步激发学生的学习兴趣,增进学生对《新一代人工智能伦理规范》的理解。

撰　写　人:刘波
所属单位:北京工业大学信息学部计算机科学与技术系

# "信息内容安全"课程案例
## ——秉承科研精神,勇担时代信息安全责任

课　程　名　称：信息内容安全(Information Content Security)
课　程　性　质：专业选修课
所属学科门类：计算机类/0809
学　　　　　分：2 学分　　　　　　　　学时：32 学时
课　程　简　介：信息内容安全是信息安全的分支之一,其目的为通过技术手段识别并阻断不良信息传播(如垃圾消息、色情内容、犯罪内容、恐怖主义内容等)、敏感内容泄露、版权侵犯和信息内容伪造等。通过本课程的学习,学生可掌握信息内容安全的相关概念、理论基础和技术,课程涉及网络媒体信息获取、网络媒体内容特征表达与识别、数字水印与版权保护、信息过滤与舆情监控等信息内容安全相关话题;学生也可了解信息内容安全方面的最新研究成果。与此同时,帮助学生正确认识信息内容安全的重要性,使学生树立正确的价值观,提升学生的社会责任感。本门课程的学习将为学生今后从事信息内容安全方向及相关方向的研究和产品研发奠定基础。先修课程为高等数学。

## 一、章节名称

第五章第三节 信息内容安全分析的深度学习方法

## 二、案例介绍

### 1. 育人目标及理念

工业 4.0 时代,即人工智能时代,深度学习是人工智能时代的核心技术之一。深度学习技术的兴起离不开 2019 年获得图灵奖的三位英雄(Hinton、LeCun 和 Bengio)甘坐冷板凳沉浮三十载的坚定执着的科研精神。通过这三名图灵奖得主的故事,介绍深度学习的兴起,引导学生不求急功近利,崇尚坚定执着的科研精神。与此同时,在工业 4.0 时代,我们国家走在国际前列,处于第一梯队。这样的时代环境让我们倍感自豪的同时,也充满了信息内容安全发展的机遇和挑战,借此鼓励学生秉承坚定执着的科研精神,勇担智能时代信息安全责任,助力国家创新驱动发展战略。

### 2. 案例内容

深度学习,尤其是深度神经网络学习算法的蓬勃发展和大数据的加持,以及 GPU 算力的支持,带来人工智能的再次复兴,也为信息内容安全分析提供了新的技术手段。深度学习算法能有现在的水平,源于 2019 年获得图灵奖的三位英雄:深度学习三剑客 Hinton、

LeCun 和 Bengio，甘坐冷板凳沉浮 30 载的不懈努力。

从 20 世纪 80 年代开始，三位科研人员不约而同对人工神经网络，尤其是神经网络学习算法，非常感兴趣。其中，Hinton 年龄较大，在另外两位还在读大学或读研究生的时候，Hinton 已经博士毕业，到斯坦福大学读博士后了。1986 年，Hinton 在 *Nature* 上发表论文，提出著名的反向传播算法成功训练神经网络，在那之前没有人知道如何有效地训练带有隐藏层的人工神经网络。反向传播算法引起神经网络第二次复兴的浪潮。相关 PPT 截图如图 1 所示。

图 1  2019 年获得图灵奖的三位英雄

历经数年后，研究人员发现反向传播算法虽然可用，但收敛速度慢，容易陷入局部最小值（最终结果和网络的初始化参数密切相关），而且难以用于训练层数多、参数多的网络（即深度学习模型）。于是，神经网络的研究再次陷入低潮，诸多研究人员因此放弃而转向其他研究方向。相关 PPT 截图如图 2 所示。

 **深度学习模型与传统神经网络的区别**

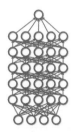

 传统神经网络结构

深度学习网络结构
层数多！参数多！

图 2  深度学习模型与传统神经网络的区别

但是，Hinton 并没有气馁，始终坚持苦思冥想寻求破解之道。在发明反向传播算法 20 年后，2006 年，Hinton（那时已在加拿大多伦多大学任职）发表了论文 *A fast learning algorithm for deep belief nets*（深度信念网络的一种快速学习算法），提出一种训练深度网络的方法,对每一层网络先进行预训练,然后再微调,网络的学习速度大幅提高。2012 年秋天,Hinton 和学生发表了一篇长达 9 页的论文 *ImageNet classification with deep convolutional neural networks*。这篇论文提到的 AlexNet 引入了全新的深层结构和 dropout 方法,在 ImageNet 图像识别大赛中,获得第一名。那一年,深度学习耀眼夺目,2012 年也成为 AI 技术发展的历史性转折时刻。

深度学习的核心要素包括:深度模型即 AI 算法、用于训练深度模型的大量数据,以及能够支持基于大量数据训练的显卡。当前,中国已将人工智能上升为国家战略,密集的政策出台带来无限的机遇和挑战,并取得了显著的进展,尤其是在 AI 算法和数据方面。根据 2022 斯坦福 AI 指数报告,2021 年,中国在人工智能期刊、顶会和知识库出版物的数量上继续领先世界。这三种出版物类型的总和比美国高出 63.2%。2021 年 8 月 27 日,中国互联网络信息中心(CNNIC)在京发布第 48 次《中国互联网络发展状况统计报告》。该报告显示,截至 2021 年 6 月,我国网民规模达 10.11 亿,较 2020 年 12 月增长 2175 万,互联网普及率达 71.6%。十亿用户接入互联网,形成了全球最为庞大、生机勃勃的数字社会,时时刻刻都在产生数据资源。尽管取得了骄人的成就,我们仍面临极大的挑战,例如,面对如此大规模的互联网数字社会,如何维护其安全性尚需进一步研究;当下深度学习所用硬件多为国外厂商生产,等等。我们以成长在这样的时代环境而自豪,也应当勇担时代责任,助力国家创新驱动发展战略。

### 3. 设计思路

首先,通过 2019 年图灵奖三名得主 Hinton,LeCun 和 Bengio 不畏惧坐冷板凳,30 年如一日坚持科研,最终引领当下深度学习热潮的故事,让学生了解深度学习曲折的发展历程的同时,引导学生崇尚不求急功近利,崇尚坚定执着、踏实向前的精神。之后,引出深度学习模型能够运行的必要条件,并逐一讲解。进而,引出我国在工业 4.0 时代的优势条件:国家给予的政策的支持,科研和工业界朝气蓬勃,互联网普及度高和用户量大带来的无穷尽的数据,等等,让学生了解国内相关领域的良好的发展前景,鼓励学生勇担时代责任,助力国家创新驱动发展战略。

教学方法:本节课主要采用了故事引入、对比式、互动启发式、引申式教学方法。首先,采用故事引入介绍深度学习的兴起,引导学生崇尚无畏艰难险阻,不急功近利,踏实向前的精神。其次,采用对比式教学方法,引导学生通过对比传统机器学习,了解深度学习的特点。再次,采用互动启发式教学方法,引导学生总结深度学习的核心要素,并逐一讲解。最后,通过必要条件引出我国在工业 4.0 时代的优势条件和差距,鼓励学生勇担时代责任,为国家的创新驱动的稳定发展贡献力量。

教学手段:本节课主要采用现代多媒体教学和板书教学相结合的教学手段。采用现代多媒体教学技术,搭配板书进行教学。通过现代教学技术将图例、视频等内容更直观地展示给学生,便于理解。通过多媒体教学,能够节省过度板书导致的时间耗费问题。对于其中一些核心技术流程、课堂内容脉络,通过板书给出,便于学生以合适节奏跟随教师进行详细理解和回顾。

载体途径：主要采用多媒体信息技术制作和展示教学内容,通过板书讲解核心技术流程和内容脉络,通过课堂讨论带动学生主动思考。所选用教材有主教材和辅助教材,实现基础内容、新技术,以及不同类型内容的关联性讲解。

## 三、案例特色

1）坚定执着的科研精神

自 SVM 等兴盛后,有大约 20 多年的时间,神经网络被关注很少。但是,一个痴心的老先生 Hinton 坚持了下来,并最终和 Bengio、LeCun 等一起引领起深度学习的热潮。因此,可以说深度学习的兴起离不开科研人员坚定执着的科研精神。在介绍深度学习兴起时,将以 2019 年图灵奖三名得主 Hinton、Bengio、LeCun 不畏困难、坚持科研的故事,引导学生不追求急功近利,学习科研前辈踏踏实实、勇于创新的科研精神。

2）坚定制度自信、环境自信,勇担智能时代网络安全责任

在工业 4.0 时代,我们国家走在国际前列,处于第一梯队。国家取得这样的成就,与国家道路优势、制度优势等息息相关。这样的环境充满了网络内容安全发展的机遇和挑战,通过课程思政,引导学生秉承坚定执着的科研精神,勇担智能时代网络安全责任,助力国家创新驱动发展战略。

## 四、学生反馈

（1）陈某某：通过本节课,在机器学习分类的基础上,我们了解到深度学习的特点。现在深度学习在信息内容安全任务上显著领先于传统机器学习方法,在其他领域中的应用也非常广。目前,国内环境对个人和行业发展都非常有利,我们愿意将来从事这方面的研究或开发工作。

（2）李某某：通过本节课,我们接触到一些知识,并且很感兴趣,希望能更深入地学习,增强学习的深度和广度,也希望将来能读研究生,接触一些实际课题,深入学习更多的知识,掌握更多的技术,能解决一些实际的安全问题。

## 五、教学反思

（1）深度学习内容较多,如何在有限的课堂时间内,让学生尽可能打开视角,并结合作业进行更广泛的学习,还需进一步优化。

（2）单纯从理论上介绍,难以帮助学生上手。如何在有限的课堂时间内,让学生知道如何上手,还需进一步考虑。

撰 写 人：马伟
所属单位：北京工业大学信息学部计算机科学与技术系

# "面向对象程序设计"课程案例

## ——Ada 语言的诞生及你所不知道的 Ada

课　程　名　称：面向对象程序设计(Object Oriented Programming)

课　程　性　质：专业课

所属学科门类：计算机类/0809

学　　　　分：2.5 学分　　　　　　　　　　学时：40 学时

课　程　简　介：面向对象程序设计是计算机专业的一门重要专业课程，理论与实践结合度高。目前，面向对象方法已成为软件项目开发中使用最广泛的基本方法，也是软件从业人员必备的一种基本素质和能力。课程强化学生对面向对象基本原理和程序设计方法的掌握，培养学生面向对象的编程思维及问题分析和描述能力。培养学生从对象、类的视角，基于可复用、可扩展、易维护的设计原则，对复杂工程问题进行专业表述和抽象建模。同时，课程要求学生掌握 Java 语言的基本语法、具备运用 Java 语言开发面向对象软件系统的能力。先修课程为高级语言程序设计，后继课程为后续课程(数据结构、软件工程、C++程序设计、网络编程)做必要的准备。

## 一、章节名称

第三章第一节 Java 面向对象程序设计语言

## 二、案例介绍

### 1. 育人目标及理念

通过对 Ada 面向对象程序设计语言的产生、特点、地位和作用的介绍，引出 Ada"19 世纪伟大的女性，程序设计第一人，世界上第一位软件工程师，程序员心中独一无二的女神"形象。同时将 Ada 和谷爱凌——北京冬奥会自由式滑雪女子大跳台金牌得主，两位伟大的女性做对比，通过她们身上所体现的努力拼搏，积极进取，勇于探索的共同特质，为学生树立榜样，从而激发学生科技报国的家国情怀，以及创新的拼搏精神。

### 2. 案例内容

谷爱凌(Gu Ailing Eileen)，2022 年冬奥期间家喻户晓。她是中国女子自由式滑雪运动员，2003 年 9 月 3 日出生于美国加利福尼亚州圣弗朗西斯科，昵称"青蛙公主"(见图 1)。谷爱凌凭借其多年坚持不懈的艰苦训练，顽强拼搏精神，2022 年北京冬奥会期间，一举夺得两枚金牌和一枚银牌，成为人人称颂的传奇女性。更为津津乐道的是她虽然在美国出生，在美国生活、训练，但在冬奥会上却代表中国队出战，并多次在公开场合表达对中国文化的认同，对中华文明的热爱,对中华传统习俗的喜爱,其家国情怀一并被大家所赞颂。

Ada,同样是一位伟大的女性,其对计算机的发展做出了巨大贡献,但了解她的人却寥寥无几,甚至计算机专业的学生和老师,虽常常在编写程序,使用软件,但多数人却不知道她是谁。

Ada 究竟是谁呢? 她是"程序设计的发明人""第一个给计算机写程序的人""世界上第一位软件工程师"(见图 2)。其全名是 Ada Lovelace,也是 19 世纪著名诗人拜伦的女儿。她不仅是"穿孔机程序的创始人",同时建立了循环和子程序的概念。她为计算程序拟定"算法",并写作了第一份"程序设计流程图",被视为"第一个给计算机写程序的人"。她同时也是一位数学家,被尊为"计算机程序创始人",更是程序员心中独一无二的女神。虽然她是 19 世纪著名诗人拜伦的女儿,但令她名扬世界不是因为她的父亲,而是因为她对计算机事业做出的巨大的、开创性的贡献。

图 1 谷爱凌

图 2 Ada

1979 年,美国国防部历时 8 年,耗资 5 亿美元研制成功的一种商用标准程序设计语言诞生,它把所需软件的全部功能混合在一种计算机语言中,希望它能成为军方数千种计算机的标准。为了纪念阿达·奥古斯塔对计算机所做的贡献,将这种语言正式命名为 Ada 语言,以纪念这位"世界上第一位软件工程师"——Ada。

Ada 语言的出现,标志着软件工程成功进入国家和国际的规模。一定意义上,Ada 语言还打破了"冯·诺依曼思维模式"(von Neumann Mind-set)的桎梏。它被誉为第四代计算机语言的成功代表。它的设计理念直到现在都被认为是最先进的。它具有强类型、并行处理、异常处理、类属定义、数据抽象、信息隐藏等多种其他语言所不具备的特性。同时,Ada 语言的使用可大大改善软件系统的清晰性、可靠性、有效性、可维护性。之后的 Ada95 语言更是一种基于对象的高级程序设计语言,不仅具有数据抽象、信息隐藏、高可靠性、可理解性等优点,而且充分体现了软件工程思想。

### 3. 设计思路

**教学目标:**

引入 Ada 这个人物,让学生寻找人物背后的故事,了解人物的生平事迹及其贡献。通过了解其贡献,深入理解面向对象的产生原因,理解其概念、原理。以探索解决大规模软件开发方法,解决软件危机来激发学生的学习兴趣。通过伟大人物的激励,对榜样人物的崇拜敬仰,激发学生的爱国情怀,责任担当,发扬工匠精神,努力拼搏。

教学方法:

1)通过提问,如选择题,列举一些面向对象语言,其中可将 Ada 作为一个选择项,介绍面向对象语言的发展,引出 Ada 这种具有面向对象特性的语言。

2)通过提问,比如"学计算机的,知不知道'第一个给计算机写程序的人'是谁"?

3)小组讨论,或分组讨论"Ada 是谁,你所不知道的 Ada"。

让学生通过查找资料,得出结论,Ada 不仅是诗人拜伦的女儿,更是世界上第一位软件工程师,穿孔机程序的创始人,被视为"第一个给计算机写程序的人",是程序员心中独一无二的女神。

4)讨论,Ada 语言的重要地位,一种重要的面向对象语言。

Ada 语言是一种基于对象的高级程序设计语言,不仅具有数据抽象、信息隐藏、高可靠性、可理解性等优点,而且不论从语言自身的开发,还是用其开发应用软件,都充分体现了软件工程思想。Ada 语言的出现,也标志着软件工程成功进入国家和国际的规模。它被誉为第四代计算机语言的成功代表。所以,Ada 语言自问世以来,在大型嵌入式系统和军事领域,迅速得到广泛应用,美国和部分发达国家已将 Ada 语言作为军用语言,明确规定所有军用软件必须用 Ada 语言开发,用其他语言开发的已有软件也要求用 Ada 语言重新开发,至少必须和 Ada 语言有方便的接口。

Ada 最初设计时主要关注 3 个最重要的问题:程序的鲁棒性、可维护性、程序设计向现实世界的真实模拟。——这几点我们很熟悉,就是课上刚刚讲过的面向对象的特性。

Ada 语言的重要特征:模块化设计,编译检查,平行处理,异常处理及泛型编程,在 1995 年时加入了对面向对象设计的支持,包括动态分配等。

5)讨论,Ada 语言和 C 语言的比较。进一步理解面向对象和面向过程的区别。

## 三、案例特色

借助 Ada 和谷爱凌这两位传奇女性的事迹,明确价值引领和导向,树立学生为祖国建设和发展,为民族振兴而拼搏努力的信念,即首先要明确,培养的人才是为谁而服务的,然后才是努力拼搏,积极探索,攻克技术难题和技术瓶颈。两位伟大女性形象的榜样塑造,虽然不在同一个领域,但她们身上体现的坚持不懈,开拓进取精神值得学生学习。她们身处不同领域,但同样不怕困难、知难而上,这种精神用于科学研究探索,培养学生勇于迎接挑战、突破国外对我国高科技领域的"卡脖子"工程。而谷爱凌代表中国出战冬奥,为祖国赢得荣誉,是对中华文化和中国民族的认同,应充分发挥人物身上所体现的价值引领作用。借助人物来加强学生的价值引领作用,只有加强中华民族的文化认同,才能有责任,有担当,为中华民族的伟大复兴奋斗。

(1)价值引领,拼搏进取:谷爱凌在奥运会上为国增光,虽出生于美国,却主动申请加入中国国籍,不仅为中国队在奥运赛场上争取奖牌,还是中华文化的传播者。她在比赛训练中敢打敢拼,体现了拼搏精神,在训练中不怕困难,积极进取,是大家学习的榜样。

(2)树立榜样,发扬科学探索精神:Ada作为一位女性,是程序设计第一人,得到美国军方、计算机业界的敬仰。和谷爱凌一样,她们都是传奇的女性,人物本身就具有榜样力量,一个是在体育界拼搏创新,一个是在科研探索第一线。案例通过Ada语言的产生,探究其来源,激发学生的创新意识,探索精神,通过树立榜样,人物激励价值引领效应,培养学生热爱中华民族,为中华民族伟大复兴而孜孜不倦,潜心科研创新。

(3)责任担当、民族自信、文化自信、拼搏敬业:谷爱凌为完成高难度动作,日复一日年复一年从小进行训练,甚至摔晕失忆,是热爱也是坚持。她将自己的国籍从美国改为中国,是对中华文化的认同。一代代计算机人,为解决软件危机,计算机界历经几十年,诞生了一代又一代的程序设计语言和程序设计方法。同学们要具有这种拼搏敬业精神和工匠精神,勇于承担起这一代人的责任,为我国软件产业腾飞,冲破技术壁垒贡献自己的力量。

## 四、学生反馈

通过提问、讨论、查找资料、汇报等形式,同学们对Ada这个人物、Ada这个面向对象语言的出现都产生了浓厚的兴趣,同时也对面向对象程序设计方法增加了兴趣,理解了课程开设的目的和意义。讨论中,同学们分工合作,查找资料,挖掘人物身上的闪光点,培养了同学们的团队协作精神和责任担当意识,每名同学都各司其职,为汇报积极做贡献,不仅收获了知识,增加了专业自信,而且树立了正确的价值观,提升了职业素养、科研素养。

(1)李**:程序居然是由一位女性发明的。这名女性还是拜伦的女儿,厉害厉害!

(2)张**:美国斥巨资打造的军方语言居然用Ada这个女性命名,这个女性太伟大了,这个语言是支持面向对象的,那我得好好学学面向对象,看它到底有什么优点。

(3)王**:她们都是了不起的女性,在各自领域都做到了最好,我也是女性,我也要加油!

## 五、教学反思

课程开篇,在介绍Java语言诞生的时候,引入Ada这个人物及面向对象Ada语言,增加了趣味。人物形象的塑造,加强了课程的达成目标。

从学生的反馈及上课效果看,同学们对Ada这名优雅而知性的女性充满了好奇,课堂讨论积极,发言和提问踊跃。可以看出,这个环节的设计,激发了同学们积极了解Ada语言、了解面向对象语言的兴趣,为课程后面知识的学习打下了基础,也加深了同学们对面向对象课程的目标和课程重要性的理解。

撰　写　人:杨惠荣
所属单位:北京工业大学信息学部计算机科学与技术系

# "数据安全与隐私保护"课程案例
## ——大数据发展伴生新安全挑战

课　程　名　称：数据安全与隐私保护（Data Security and Privacy Protection）

课　程　性　质：专业选修课

所属学科门类：计算机科学与技术/0812

学　　　　分：2 学分　　　　　　　　学时：32 学时

课　程　简　介：随着云计算、大数据等信息技术的飞速发展，各类数据驱动应用在金融、交通、能源和电信等重要行业、重大基础设施中发挥着重要作用，大量数据资源的融合分析、开放共享与应用开发给用户带来前所未有的数据安全以及隐私泄露威胁。大数据时代的数据安全和隐私保护问题已成为当前国家、社会和公民共同关注的热点问题。数据安全与隐私保护是信息学部为信息安全专业本科生开设的选修课。本课程从大数据的基本概念和随之带来的新型安全挑战，大数据安全与隐私保护技术框架设计、数据安全存储、数据安全处理、隐私保护各项关键技术以及法律保障等方面讲述如何解决大数据时代的数据安全与隐私保护问题。本课程的先修课程为"密码学"和"网络空间安全导论"。

## 一、章节名称

第一章第三节 大数据安全与隐私保护需求

## 二、案例介绍

### 1. 育人目标及理念

通过学习大数据技术，引入数据安全和隐私泄露风险与技术挑战，引导学生充分认识到科学技术是一把双刃剑，新技术发展必然带来新安全挑战，激发学生的社会责任感和专业使命感，使他们明确信息安全技术创新永远在路上，需要自身不懈努力；同时，融入工程伦理价值观教育，帮助学生自觉恪守信息安全道德伦理。

### 2. 案例内容

基于第一章第一节前言和第一章第二节大数据概述的铺垫，通过结合丰富的安全事件案例，介绍大数据技术引入的数据安全和隐私泄露风险，引导学生充分认识到科学技术是一把双刃剑，大数据在带来巨大价值的同时，也伴生大量新的安全技术挑战，由此激发学生认识到信息安全工作者的社会责任感和专业使命感，也使他们明确信息安全技术创新永远在路上，需要不懈拼搏努力。

相关 PPT 截图如图 1 和图 2 所示。

图 1 思政点引入 1

图 2 思政点引入 2

### 3. 设计思路

（1）教学内容。

介绍大数据安全需求和大数据隐私保护需求，引导学生充分认识到科学技术是一把双刃剑，新技术带来新安全挑战，技术创新永远在路上，掌握科学技术的人自身应该具有正确的专业伦理。

（2）教学设计。

本案例采用先往前回顾进行铺垫，再结合案例讲解具体知识点，然后提炼融入"思政"元素的知识点得出结论，最后通过雨课堂随堂布置思考题了解学生反馈的教学思路。具体步骤如下。

第一，进行第一章第一节前言和第一章第二节大数据概述的铺垫。

目前，大数据和云计算正引领一场新的 IT 技术与产业变革，这给互联网发展带来新的机遇和挑战。数据量呈现的爆炸式增长态势必将改变人们的生活和企业的运营，数据已成为与自然资源、人力资源一样重要的战略资源,隐含巨大的价值,数据为王的大数据时代已经到来!大数据具有规模大、速度快、种类多和价值大的4V特征。大数据来源越来越多样化,其中相当大的比例和人直接相关,有些是人们主动发布,有些是无意采集,有些是网络活动痕迹,有些是原生数字信号,这些原始数据是人们在现实世界活动的真实记录,如何把它们组织起来释放巨大潜力,真实实现它们的价值,这才是大数据技术的意义,故大数据技术涵盖了数据采集、存储、分析、使用等各方面,包括预测、分析、用户行为分析及其他先进数据分析方法在内的,从大量数据中提取有价值信息的处理方法。目前,大数据应用已无处不在,已广泛应用于金融、汽车、零售、餐饮、电信、能源、政务、医疗、体育、娱乐等社会各行各业。

第二,提出大数据在带来巨大价值的同时,也引入大量的安全风险与技术挑战。

在此给出大量真实案例为学生增加感性认识,说明大数据由于价值密度高,因此容易成为众多黑客的目标,吸引大量攻击者铤而走险。具体包括:雅虎证实在2013—2014年被黑客攻破用户账户保护算法,导致数亿级的用户账户信息泄露;2014年,我国"2000万条酒店开房数据泄露";2017年,某著名互联网公司内部员工盗取并贩卖交通、物流、医疗、社交和银行等个人信息50亿条,并在网络黑市贩卖;管理咨询公司埃森哲调研结果显示:208家企业中有69%的企业在过去一年"遭受公司内部人员窃取数据或试图盗窃"。

第三,强调大数据场景下,不仅要满足经典的数据安全需求(保密性、完整性和可用性),还必须应对大数据特性所带来的各项新技术挑战,包括要确保大数据支撑平台——云计算平台的安全(见图3);要实现大数据的安全共享(见图4)和要实现大数据的真实性验证与可信溯源(见图5)。

图3 云计算安全

第四,提出除数据安全需求,大数据还普遍存在隐私保护需求,大量事实证明,未妥善处理隐私保护问题会对用户造成极大侵害,例如,仅在数据发布时做简单的去标识化处理,攻击者仍可通过链接不同数据源的信息,逆向分析出匿名用户的真实身份,导致用户身份隐私泄露;攻击者还可通过多数据源交叉比对,不同类型数据的关联分析等手段对个人信息进行

图 4 大数据的安全共享

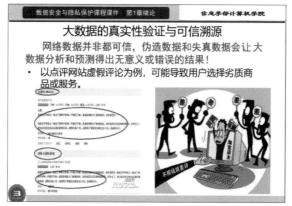

图 5 大数据的真实性验证与可信溯源

更为精准的推测;还有,随着深度学习等人工智能技术的发展,攻击者或特权内部人员基于大数据对人们状态和行为的预测等。

相关两个实例的 PPT 截图如图 6 和图 7 所示。

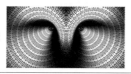

图 6 实例 1

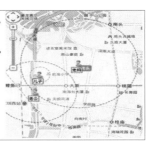

◆ 攻击者可通过多数据源交叉比对、不同类型数据的关联分析等手段对个人信息进行更为精准的推测。

◆ 150万用户15个月手机通信位置记录中，即使将用户的位置模糊扩大到基站范围，仍有95%的用户可通过4个位置点唯一地被区别出来。

图 7 实例 2

第五，说明数据安全和隐私保护需求的区别和联系。

隐私保护聚焦匿名性，数据安全包括数据机密性、完整性、可用性、不可否认性、平台安全和数据真实性等。匿名性与数据机密性看上去类似，但后者更严格，匿名性仅防止攻击者将已公布的信息与现实中的用户联系起来，数据本身不具有敏感性，可在充分匿名后用于数据共享分析；而数据机密性要求对于非授权用户是完全不可访问的。

最后，提炼知识体系所蕴含的思政教育元素"科学技术是一把双刃剑，大数据发展伴生新安全挑战，技术创新永远在路上"。

根据上述大数据技术引入的安全挑战，在课程教学中引导学生充分认识到科学技术是一把双刃剑，大数据技术的发展必然伴生大量新的安全风险与技术挑战，引导学生充分体会作为未来信息安全工作者的社会责任感和专业使命感，也帮助他们明确信息安全技术创新永远在路上，需要不懈的拼搏和努力。

（3）教学方法：案例讲解。

（4）教学手段：多媒体教学、板书。

（5）考核方式：笔试＋雨课堂思考题。

（6）载体途径：腾讯会议、雨课堂、日新、微信群等多平台的综合应用、课堂讨论。

## 三、案例特色

（1）与教学内容契合度高。

在学习大数据安全和隐私保护需求过程中，穿插融入大量数据安全和隐私泄露安全事件，引导学生认识科学技术是一把双刃剑，大数据技术在带来巨大价值的同时，也伴生大量的安全风险与技术挑战。激发学生的社会责任感和专业使命感，激励他们好好学习专业知识，坚定将来从事信息安全职业的理想信念。同时，通过案例帮助学生自然认识到信息安全技术创新永远在路上，需要不懈的拼搏和努力。

（2）思政元素自然融入而不牵强。

在介绍大数据隐私保护需求时，通过强调"利用科学究竟是开启天堂之门，还是凿通地狱之路"关键在于掌握科学技术的人是否具有正确的专业伦理，自然融入工程伦理价值观教育，帮助学生充分理解和深刻领会"我们的问题不能由科学来解决，而只能由人自己来解决"

的马克思主义哲学含义,帮助学生自觉产生使用大数据技术时要严格遵守法律法规底线、国家利益底线、公民合法权益底线、社会公共秩序底线等道德伦理底线的自觉性,帮助确立利用科学技术诚实劳动,为社会做贡献的个人价值观。

（3）通过雨课堂布置课后思考题,促进学生进一步思考,加深体会,提升思政效果,便于做好思政教育改进。

## 四、学生反馈

从通过雨课堂随堂布置的思考题中获得学生的一些反馈,如图 8 和图 9 所示。

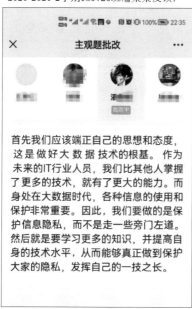

图 8　反馈 1

图 9　反馈 2

## 五、教学反思

该案例深挖了课程教学中信息安全专业知识体系本身所蕴含的思政教育元素,学生通过雨课堂思考题反馈了认识,实践效果较好。

撰　写　人:林莉
所属单位:北京工业大学信息学部计算机科学与技术系

# "信息安全法律基础 I"课程案例

## ——隐私权及其边界问题

课 程 名 称：信息安全法律基础 I(Fundamentals of Information Security Laws)

课 程 性 质：专业选修课

所属学科门类：计算机类/080904K

学　　　　分：2 学分　　　　　　　　　　　　学时：32 学时

课 程 简 介："三分技术、七分管理"，因此信息安全法律是信息安全的重要组成部分。

在知识传授与能力培养目标方面，旨在通过对信息安全相关法律条款和经典案例的介绍，使学生理解并掌握信息安全的相关法律法规，具备使用信息安全相关法律解决信息安全相关法律问题的能力。

在育人目标方面，本课程通过精选贴近生活的典型案例，对信息安全相关法律法规进行解读和案例分析，使学生理解纯粹的信息安全技术不能绝对保障信息安全，法律是保障信息安全的重要方式。这样有利于让学生充分认识到信息安全技术使用不当可能造成严重危害和后果，从价值观层面进一步树立了学生的信息安全法律意识，培养了学生的理想信念、正确价值观，使其成为有责任担当、职业素养、良好行为规范的人。

## 一、章节名称

第三章第一节 隐私权

## 二、案例介绍

### 1. 育人目标及理念

首先通过介绍一些日常生活中泄露个人信息的例子，引出隐私保护的重要性，让学生树立正确的人生观、世界观和价值观。进而引出各国在保护隐私权方面的相关法律，扩大学生的国际视野，使其具有国家忧患意识，满怀爱国热情。以培养学生社会主义核心价值观及社会主义职业道德规范为主，在此基础上树立学生履行时代赋予使命的责任担当，端正三观，诚实守信。

### 2. 案例内容

19 世纪 90 年代，美国学者首次在他们的著作《隐私权》中提出隐私权的概念，之后，世界各国对隐私权作为一项基本人权加以规定。我国已经广泛认可隐私权，并且我国的侵权责任法同样将隐私权作为公民的一项民事权益明确加以保护。

　　隐私权的义务主体是权利人以外的其他所有自然人、法人和非法人组织。这些义务主体有对自然人的隐私不可侵犯义务，即不得以刺探、侵扰、泄露、公开等方式侵害他人的隐私权。若违反这些不可侵犯义务，构成对隐私权的侵害，则应当承担民事责任。

　　隐私权人在法律和道德的范围内有权公开自己的隐私。同时，行使个人的隐私权时，需注意隐私权的保护不是绝对的。当国家安全等利益与个人的隐私权发生冲突时，在必要的范围内隐私权应依法予以适当让步。自然人对其个人信息、私人活动和私有领域进行控制和利用，也须以不违背公共利益为前提。当个人隐私与公共利益相冲突，如公众人物的隐私与社会公众的知情权冲突时，就需要对个人的隐私权的行使和享有做出适当限制，如"戴安娜王妃之死"（见图1）。1997年8月31日凌晨，搭乘一辆奔驰轿车的黛安娜与埃及亿万富翁之子多迪·法耶兹，在法国巴黎阿尔玛桥隧道为躲避狗仔飞车追逐，导致车辆失控越过行车线、撞向灯柱和石墙后爆炸，多迪和司机保罗当场死亡，黛安娜几小时后也被宣布死亡。

图1　黛安娜王妃汽车失事事件

### 3. 设计思路

　　教学过程中，以课堂讲授为主，配合课堂讨论，合理使用多媒体课件、板书、视频等教学手段。针对重点、难点进行精讲详讲，以点带面，帮助学生深入掌握信息安全相关法律法规；通过启发式教学，加强师生交互，提高教学效果，揭示知识发生过程。

　　教学实施过程如下。

　　首先，讲授各国在保护隐私方面的相关法律。

　　通过介绍一些可能泄露个人信息的日常行为，引出隐私保护的重要性，以及各国在保护隐私方面的相关法律。通过提问启发学生思考，并根据学生实际回答情况进行适度引导，得出隐私权保护的意义（思政结合点），从而让学生思考现实生活中有哪些侵害隐私权的例子。

　　这里的思政点为：和发达国家隐私权保护相关法律相比，我国出台隐私权相关法律较晚，说明学生更需要增强隐私权保护的意识。融入方式为结合现实案例讲解隐私权保护的意义。

　　其次，讲授隐私权的定义和权能。

　　隐私权的定义：隐私权是指自然人享有的对其个人的、与公共利益无关的私人信息、私人活动、私人空间进行支配或控制的权利。通过几个小例子解释隐私权的权能是支配和控制的权利（思政结合点）。这里让学生思考：当公民隐私权和国家公权力相冲突时，怎么解决？

这里的思政点为：让学生认识到隐私权是需要保护的，不能随意窥探别人的隐私，树立正确的人生观、世界观、社会责任感。融入方式为PPT、具体案例讲解相结合。

再次，讲授侵害隐私权的民事责任构成和民事责任方式。

介绍侵害隐私权的民事责任构成和民事责任方式（思政结合点）。这里要让学生明白侵害别人的隐私权需要承担什么样的民事责任方式，培养自己的道德意识和底线思维，做一个遵纪守法的人。融入方式为PPT、具体案例讲解相结合。

最后，讲授隐私权的边界。

内容是讲解隐私权的行使有边界，如在和言论自由权、权利人同意、公共利益或公众兴趣、公众人物、国家安全等发生冲突时，隐私权要受到限制（思政结合点）。让学生思考：英国戴安娜王妃汽车失事事件。要让学生理解当公民的隐私权和国家公权力相对抗的时候，公民的隐私权会受到限制。融入方式为PPT、具体案例讲解相结合。

## 三、案例特色

1) 专业内容与思政典型案例的精心打造——优化内容供给

将课程教学目标的教育性、知识性、技能性相互交融，激发学生将个人理想、价值观和社会责任感进行有机结合，在教学过程中体现学科的科学素养与人文素养。在"隐私权保护"知识模块中融入"诚信、和谐、价值观"的思政教育内容，引入"公民私权利和国家公权力之间关系"的课堂讨论，使学生建立国家利益高于一切的爱国主义信念和社会责任感。

2) 课堂组织形式和教学模式的探索与丰富——确保教学效果

改变传统的灌输式教学模式，引入雨课堂互动教学模式，以及启发式、嵌入式等新型教学手段，大量增加网络互动、视频教学、分组讨论、翻转课堂等新型教学方法。采用网络互动、分组讨论的教学模式，引导学生思考两个启发性问题："隐私需要保护吗？""当公民的隐私权和国家公权力相对抗的时候，哪个更需要保护？"通过让学生观看"医院给患者看病"的案例视频，直观地讲解了国家利益高于个人利益对于保证国家医学发展的重要意义，帮助学生树立家国情怀、建立社会责任。

## 四、学生反馈

通过启发式教学，加强师生交互，提高学生学习信息安全法律基础课程的兴趣。学生反馈如图2所示。

## 五、教学反思

本节课依托隐私权侵权案例、教学视频等教学素材，采用启发式、嵌入式等教学手段，结合亲身经历和身边的事，激发学生的学习兴趣，引导理解隐私权相关法律条文的内涵，教学效果较好。

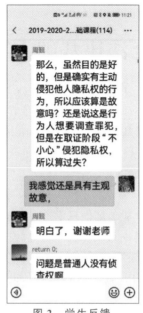

图2 学生反馈

课程案例生动具体,学生在学习过程中感同身受,思政效果较好。在后续教学过程中可以引入更多的视频教学和网络互动,提高学生的课堂参与度,启发学生自主思考。

撰　写　人:杨宇光
所属单位:北京工业大学信息学部计算机科学与技术系

# "信息安全法律基础Ⅰ"课程案例
## ——从中美计算机犯罪对比，看中国的科技强国之路

课 程 名 称：信息安全法律基础Ⅰ（Fundamentals of Information Security Laws）

课 程 性 质：专业选修课

所属学科门类：计算机类/080904K

学　　　　分：2 学分　　　　　　　　　　　　学时：32 学时

课 程 简 介：信息安全法律基础是信息学部计算机科学与技术系为全校本科生开设的专业选修课程。本课程的任务是通过对信息安全相关法律条款和经典案例的介绍，向学生传授信息安全相关法律知识，使学生较系统地掌握信息安全的相关法律法规，具备能正确处理相关信息安全法律问题的能力。教学内容重点：犯罪的概念、类型、计算机犯罪、网络安全法、密码法、域名权、隐私权、名誉权、网络虚拟财产权、电子证据、著作权法、计算机软件保护条例、信息网络传播权保护条例、电子合同、数据电文、电子签名法、电子商务法。教学内容的难点：犯罪的概念、犯罪的类型、计算机犯罪的类型、网络安全法、密码法、电子证据、计算机软件保护条例、信息网络传播权保护条例、电子商务法。

## 一、章节名称

第二章第一节 计算机犯罪的产生

## 二、案例介绍

### 1. 育人目标及理念

通过介绍计算机犯罪产生的原因和特点，坚定学生对党的领导、社会主义制度的认同，拥护国家科技发展战略，增强国际视野，培养国家忧患和国家安全意识。以培养学生社会主义核心价值观及社会主义职业道德规范为主，在此基础上树立学生履行时代赋予的使命责任担当，端正三观，诚实守信。

### 2. 案例内容

世界上第一例有案可查的涉及计算机犯罪的案例于1958年发生于美国的硅谷，但是直到1966年才被发现。中国第一例涉及计算机的犯罪（利用计算机贪污）发生于1986年，而被破获的第一例纯粹的计算机犯罪（该案为制造计算机病毒案）则发生在1996年11月。从首例计算机犯罪被发现至今，涉及计算机的犯罪无论从犯罪类型还是发案率看都在逐年大幅上升，方法和类型成倍增加，逐渐开始由以计算机为犯罪工具的犯罪向以计算机信息系统为犯罪对象的犯罪发展，并呈愈演愈烈之势，而后者无论是在犯罪的社会危害性还是犯罪后

果的严重性等方面都远远大于前者。

在美国的巴尔的摩,当安装勒索软件后,一名黑客开始了一场黑客狂潮,勒索软件要求使用比特币作为让他们再次使用计算机的回报。这是非常危险和可怕的情况。想想看,城市的工作人员,比如救护人员、警察、911电话线,所有这些都瘫痪了。调度员不得不开始使用手动模式,就像在智能技术出现之前,人们的行为一样。对于这些黑客而言,如果他们发现账户里多出价值数十万美元的比特币,就可能决定让整座城市恢复正常。同样的事情也发生在亚特兰大,但是,当局拒绝付款。毕竟黑客干扰了市政服务,破坏了许多数据,造成数千万美元的损失。当局如果屈服于网络犯罪分子,那会影响其公信力,并助长这种歪风的气焰。相关PPT截图如图1所示。

图1　美国巴尔的摩,整个城市被黑客入侵

勒索病毒是源自美国国家安全局的一种计算机病毒(见图2)。近百国中招,其中英国医疗系统陷入瘫痪,大量病人无法就医。中国的高校校内网也被感染。受害机器的磁盘文件会被加密,只有支付赎金才能解密恢复。勒索金额为5个比特币。

图2　勒索病毒事件

2007年1月初,"熊猫烧香"病毒开始肆虐网络,它主要通过下载的档案传染,受到感染的机器文件因为被误携带间接对其他计算机程序、系统造成破坏。在短短两个多月的时间,该病毒不断入侵个人计算机,给上百万个人用户、网吧及企业局域网用户带来无法估量的损失,被《2006 年度中国大陆地区计算机病毒疫情和互联网安全报告》评为"毒王"(见图 3)。不过,熊猫烧香作者只为炫技,并没有像比特病毒一样为了要钱。2007 年 9 月 24 日,"熊猫烧香"案一审宣判,主犯李俊被判刑 4 年。

图 3  "熊猫烧香病毒"事件

### 3. 设计思路

教学过程中,以课堂讲授为主,配合课堂讨论,合理使用多媒体课件、板书、视频等教学手段。针对重点、难点进行精讲详讲,以点带面,帮助学生深入掌握信息安全相关法律法规;通过启发式教学、课堂讨论等多种形式加强师生交互,提高教学效果,揭示知识发生过程。

教学实施过程如下。

第一,讲授犯罪的概念。

内容为:①结合疫情防控期间发生并引起广泛关注的典型案例讲授,如利用疫情诈骗、恶意传播病毒、拒绝配合隔离等(思政结合点);②引出犯罪的概念;③通过具体的实例讲解"罪"与"非罪"的区别。

让学生思考:为什么现在有这么多犯罪的罪名?它们之间的区别在哪儿?引导学生关心国家大事,了解我国针对疫情做出的战略部署、相关工作。融入方式为结合时事热点。

第二,讲授犯罪的构成。

内容为:①通过列举不同的犯罪罪名,指出不同罪名之间的区别与联系;②引出犯罪构成的概念:主体、主观方面、客体、客观方面;③在此强调我们国家的法系和英美法系的区别(思政结合点)。

让学生思考:大陆法系和英美法系,哪种更好?或者指出各自的优点和不足。以英国和美国为代表的英美法系和我们国家所属的大陆法系的区别,引导学生建立家国情怀,不能崇洋媚外。融入方式为具体案例结合互动讨论。

第三,讲授计算机犯罪的发展历史及现状。

内容为通过国内外计算机犯罪的一些数据,介绍计算机犯罪的发展历史及现状,指出我们国家的计算机发展水平和国外发达国家相比还存在差距(思政结合点)。

让学生思考:为什么我们国家的计算机犯罪发展历史较短?指出相对于发达国家来

说,我们国家的计算机发展水平还存在差距,希望我们作为计算机专业、信息安全专业的学生,努力学好本专业知识,培养创新思维,建立社会责任感、使命感,为我国的计算机发展做出贡献。融入方式为PPT、具体案例讲解相结合。

第四,讲授计算机犯罪产生的原因和特点。

内容为通过具体案例与学生互动讨论计算机犯罪产生的主客观原因和特点(思政结合点)。

让学生思考:作为计算机工程师,有什么是我们不能做的,应该怎样为社会和国家服务。①告诫学生勿因小利失民族大义,一定不能利用自己掌握的计算机专业知识实施计算机犯罪,引导学生建立底线思维和法律意识;②科研要服务于社会和国家。通过计算机犯罪案例和视频等生动素材,讲述计算机犯罪产生的原因和特点。

第五,做课堂总结。

回忆本节课的内容,包括犯罪、犯罪构成等基本法律概念,计算机犯罪产生的原因和特点。之后布置作业,让学生查找计算机犯罪的案例。

## 三、案例特色

1) 专业内容与思政典型案例的精心打造——优化内容供给

讲授"犯罪"的概念时,结合疫情防控期间发生并引起广泛关注的典型案例,如利用疫情诈骗、恶意传播病毒、拒绝配合隔离等,理解"罪"与"非罪"的区别。在引导学生关注现实问题的同时,不仅提升了学生分析实际问题的能力,以专业性思维思考当今的热点问题,还使得学生从自身情况出发,学会甄别、预防犯罪行为,培养学生在疫情阻击战中,树立正确的人生观、价值观、使命感、社会责任感,增强学生的时代担当感。基于犯罪原因理论体系,从社会原因、自然原因、心理原因、生物原因等多个角度引导学生进行分析、总结和梳理,提出现实有效的犯罪对策,实现在课程教学中理论联系实际。

2) 课堂组织形式和教学模式的探索与丰富——确保教学效果

改变传统的灌输式教学模式,引入雨课堂互动教学模式,以及启发式、嵌入式等新型教学手段,大量增加网络互动、视频教学、分组讨论、翻转课堂等新型教学方法。采用网络互动、分组讨论的教学模式,引导学生思考两个启发性问题:"什么样的行为才是犯罪?""什么是计算机犯罪产生的原因?"。通过让学生观看"跨国界计算机犯罪"的案例视频,直观地讲解计算机犯罪给国家和社会带来极大的危害和经济损失,帮助学生树立国家安全的保护意识,以及建立社会责任感,鼓励学生积极参与"线上"和"线下"教学的互动。

## 四、学生反馈

通过启发式教学,加强师生交互,提高学生的学习兴趣。学生反馈如图4所示。

图 4　学生反馈

## 五、教学反思

本节课依托计算机犯罪案例、教学视频等教学素材,采用启发式、嵌入式等教学手段,结合亲身经历和身边的事,激发学生的学习兴趣,引导理解计算机犯罪相关法律条文的内涵,教学效果较好。

由于课程案例生动具体,因此学生在学习过程中感同身受,思政效果较好。在后续教学过程中可以引入更多的视频教学和网络互动,提高学生的课堂参与度,启发学生自主思考。

撰　写　人:杨宇光
所属单位:北京工业大学信息学部计算机科学与技术系

# "算法设计与分析"课程案例

## ——分治策略：你的生活同样可以借鉴

**课 程 名 称**：算法设计与分析(Algorithms Design and Analysis)

**课 程 性 质**：专业选修课

**所属学科门类**：计算机科学与技术/0812

**学　　　　分**：2学分　　　　　　　　　　**学时**：32学时

**课 程 简 介**：算法设计与分析是计算机科学的核心问题之一，是计算思维中算法思维最直接和最重要的知识载体。本课程是"计算机科学与技术"和"物联网工程"专业的专业限选课，属于软件技术系列，旨在继程序设计、数据结构与算法等课程后，引导学生学习研究计算机及其相关领域中的一些非数值计算的常用算法，培养其计算思维、程序设计与实现、算法设计与分析这三大专业基本能力，增强学生对抽象、理论、设计三个学科形态/过程的理解，学习基本思维方法和研究方法；引导学生追求从问题出发，通过形式化实现自动计算，深入学习分治与递归求解、自顶向下贪心选择、自底向上动态规划等典型方法；为学生解决计算机科学与工程应用领域中较为复杂的实际问题打下理论与实践基础。

## 一、章节名称

第二章第一节 分治策略基本思想

## 二、案例介绍

### 1. 育人目标及理念

提高学生的抗挫折能力，增强学生应对学习生活中困难的勇气。

### 2. 案例内容

首先引入算法中的一些问题，说明有些问题规模小的时候比较容易解决，规模大了不好解决，例如排序问题、查找问题。其PPT截图如图1所示。

引导学生思考可否将问题进行分解，提出分治策略。分治策略的基本思想(见图2)：将规模较大的问题分解为若干规模较小的子问题，可以将子问题的解合并为原问题的解；问题分解出的各个子问题是相互独立的，即子问题之间不包含公共的子问题。

介绍经典分治算法案例并引导学生思考生活中有哪些问题可以这样解决，把分治策略引入实际生活中，鼓励大家面对生活、学习中的困难，不要畏惧，把大困难分解成小困难，一步一步解决。

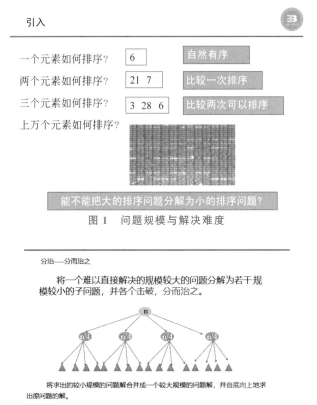

图 1　问题规模与解决难度

图 2　分治策略的基本思想

### 3. 设计思路

（1）提出问题，引出分治策略。

提出算法中的一些问题，例如排序和查找，这些问题规模小的时候比较容易解决，规模大了不好解决，例如，2 个元素的排序比较一次就能排好，8 个元素的排序就不是比较一次能得到结果了。引导学生思考，能否把 8 个元素的排序分解成若干 2 个元素的排序问题？如果分成 4 组 2 个元素的排序问题，怎么把结果合并起来？这个分解合并其实就是分治。

（2）介绍分治策略。

将一个难以直接解决的规模较大的问题分解为若干规模较小的子问题，并各个击破，分而治之。将求出的较小规模的问题的解合并成一个较大规模的问题的解，并自底向上地求出原问题的解。

分治策略的基本思想是将一个规模为 $n$ 的问题分解为 $a$ 个规模较小的子问题，这些子问题互相独立且与原问题相同。递归地解这些子问题，然后将各个子问题的解合并得到原问题的解。

（3）讲解分治算法经典案例——归并排序。

归并排序算法就利用了分治的思想，具体分为以下三个步骤。

分解：将原始序列划分为两个子序列。

解决：分别对每个子序列归并排序。

合并：最后将排好序的子序列合并为一个有序序列。

（4）把分治思想引申到解决生活中的复杂问题。

在算法中我们遇到复杂的大规模的问题，如果难以直接解决，就将它们分解为若干容易解决的小问题，一个一个解决，最终就可以解决大问题了。生活中我们也可以利用这种智慧，如果在生活中遇到复杂的问题，可以尝试用分治思想去解决。请思考自己生活中遇到的哪些问题可以用分治思想去解决。

## 三、案例特色

算法思想与生活智慧相通相融。

算法中有很多问题难以解决，生活中也一样，没有谁一直顺风顺水，大家都会遇到困难。没有复杂问题的算法是不真实的，没有困难的人生是不存在的。遇到复杂算法问题或者生活中的问题，可以想想能不能用分治算法解决，把大问题分解为小问题，从小问题下手逐步解决。通过生活问题与算法问题的类比，加深学生对分治策略的理解，同时提高学生的抗挫折能力。

## 四、学生反馈

郝某某，2019—2021-1 学期，180710 班学生，该章节所学的算法思想还能指导解决生活中遇到的困难，学以致用，受益匪浅。

邓某某，2021—2022-1 学期，190710 班学生，分治策略在生活中到处存在，但是不经老师点拨还真没有发现，算法源于生活，并高于生活。

## 五、教学反思

从学生反映看，把课堂内容融入思政元素，既提高了学生对知识的理解，又传授了生活智慧。今后要继续打磨案例，使思政元素的融入更自然，更贴切。

撰　写　人：张潇
所属单位：北京工业大学信息学部计算机科学与技术系

# 团队协作　携手共赢

# "分布式系统导论"课程案例

## ——基于跟踪的垃圾搜集：团结协作

课　程　名　称：分布式系统导论(Distributed System Introduction)(双语)

课　程　性　质：专业选修课

所属学科门类：计算机科学与技术/0812

学　　　　　分：2 学分　　　　　　　　学时：32 学时

课　程　简　介：当今很多系统和应用都因为各种原因而分布在地域很广的范围内，应用的设计和实现会面临很多挑战。本课程涉及了分布式系统的设计和实现，对操作系统和计算机网络知识进行拓展、深化，满足学生这方面的兴趣爱好，从而发展学生的个性与特长。主要内容涉及分布式系统的基础知识、进程间通信、命名服务、同步问题、分布式事务管理，以及复制与一致性问题。通过本门课程的学习，学生能够了解什么是分布式系统；深入了解在分布式系统中如何管理分布式资源；根据所学知识分析解释相关现象；面对分布式资源的管理问题，给出合适的解决方案。本课程的先修课程为操作系统原理，针对计算机专业的本科生，是一门双语课程。

## 一、章节名称

第四章第四节 分布式系统垃圾搜集

## 二、案例介绍

### 1. 育人目标及理念

通过从基础算法到算法的改进方案中提出的分而治之的策略，让学生体会到团结协作的好处，提示学生可以把这个算法的精髓利用到工作、生活中，高效快速地达到目标。

### 2. 案例内容

由于资源有限，不被使用的实体应予以删除以节约资源，这称为垃圾搜集。方法是：在系统所有实体中，先定义一个小的实体集合，叫作根集合。根集合中的实体不会被删除。只要从根集合出发，通过远程引用可达的实体，就应被留下来；而所有无法从根集合可达的实体，就应被删除。这就是基于跟踪的垃圾搜集算法的基础。

此算法在大型分布式系统中实现开销巨大：首先，算法须保证整个系统每个机器都配合搜集，并行程度低；其次，所有机器在跟踪阶段结束后要穷举机器中的实体，删除未被标记的；最后，若算法执行过程中通信出现问题，算法无法实现删除未引用实体的目标，而通信问题正是大型分布式系统必然会遇到的问题。

为解决这些问题,此算法可优化为"组内跟踪"法,即把所有进程组织成一个树状结构的组的结构,首先搜集最小组中的垃圾,删除完成后再扩大到更大的组中。这样做的好处是:首先,所有组的垃圾可以同时被搜集,并发性大大提升;其次,即使分布式系统中出现通信问题,也会有部分垃圾被清理。

此算法的分治策略可应用于现实生活,比如大型楼宇的打扫,大型机构的精简。通过对算法思想的讲解,让学生体会到团结协作的好处,可以把这个算法的精髓利用到学习、工作、生活中,高效快速地达到目标。

**3. 设计思路**

(1) 进入问题。

分布式系统中存在大量没有被引用的实体,浪费了大量资源。为保证有限资源的有效利用,需把这些实体删掉,这称为垃圾搜集。

在此要讨论的就是删除无引用实体的方法。

(2) 引入基于跟踪的垃圾搜集方法。

要彻底解决垃圾搜集问题,可以使用基于跟踪的垃圾搜集方法。

此方法先在系统中定义一个小的实体集合,叫作根集合(root set),确保根集合中的实体是系统中最重要的,其引用需求一定要被满足(这里要提示,因为前面提到过如果有相互引用的实体,但并不对外提供服务,那么也要删除,因此根集合中实体的选择对此算法的最终执行结果有非常大的影响)。在根集合定义好之后,只要从根集合出发,通过远程引用可达的实体,就应被留下来;而所有无法从根集合可达的实体,就应被删除。这就是基于跟踪的垃圾搜集算法的基础。为实现此思想,通过标记的方式,把可达的实体标记出来,标记结束之后,未被标记的实体就应被删除。其 PPT 截图如图 1 所示。

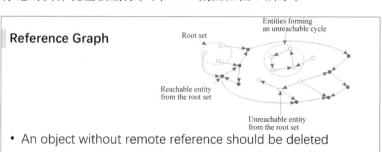

图 1　从引用图讲解什么样的实体需要留下,什么样的实体被删除

在此需要问学生如下问题:这个任务是否为一个大规模的任务?是否需要系统中全员参与?未标记实体删除过程,是容易实现,还是不容易实现?不成功的通信对此算法有多大

影响?

通过思考,学生会承认这是一个大规模任务,需要全员参与;且删除过程是在标记过程结束之后,再通过穷举找到未被标记的实体。此工作无法提前做,因为可能未被标记的实体后期会被标记,所以必须等待标记完成才能开始删除实体。若标记过程中出现通信失败(比如断网)导致算法失败,则无法进入删除阶段,大量工作失去意义。其PPT截图如图2所示。

**Indentify Unreachable Object**

- Tracing-based garbage collection
  - If an object can not be reached from root set, this object should be deleted
  - Need to trace all entities in the distributed system
  - Scalability is poor because we should trace all objects in a distributed system

图 2　以此引出基于跟踪的垃圾搜集算法,并让学生思考当系统变大时此算法的问题

(3) 引入"组内跟踪"法。

为解决上述问题,此算法可优化为"组内跟踪"法。

"组内跟踪"法首先需要建组:把所有进程划分为一个大组,再把这个大组划分为若干小组,小组内再继续划分……于是组与组之间就组成了一个层次型结构(即树状结构)。由于之前多次讲解树状结构在分布式系统中的应用,因此此处可再次强调其优势。

垃圾搜集的过程变成:首先搜集最小组中的垃圾,删除完成后再扩大到更大的组中。这样做的好处是:首先,所有组的垃圾可以同时被搜集,并发性大大提升;其次,若分布式系统中出现通信问题,算法会被迫中断,但仍会有部分垃圾被清理。相关PPT截图如图3和图4所示。

**Tracing in a Group**

- In order to solve scalability problem
  - All processes in a distributed system are organized into a hierarchy of groups
  - A group is a process set
- Basic idea
  - At first, collect all garbage in a group
  - Then collect all garbage in a bigger group

图 3　引入在组内跟踪的方案

(4) 引导学生思考两种方法的区别,让学生体会团结协作的好处,可以将此算法的精髓应用到日常生活中,高效快速地达到目标。

通过分析两种方案,让学生思考,对于分布式系统的可扩展性特性的要求,到底前一种方法合适,还是后一种方法合适?为体现算法的好处,让学生思考现实生活中的实例,比如大型楼宇的打扫,大型机构的精简,如果采用这两种策略,到底哪种策略性能更好一些?在讲解过程中,提示学生可以从此算法中体会团结协作的好处,可以把这个算法的精髓利用到学习、工作、生活中,高效快速地达到目标。

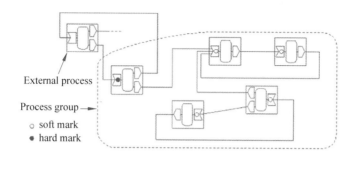

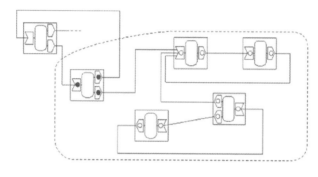

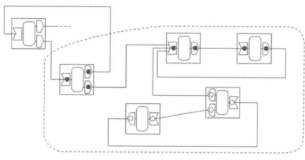

图 4 对整个算法的演示

## 三、案例特色

（1）此案例依赖的课程内容是教学大纲要求的内容，不牵强。

首先，从实际的分布式系统问题入手，是课程确实要解决的问题，是教学大纲要求的。

分布式系统中会存在大量没有被引用的实体，浪费了大量资源。为保证有限资源的有效利用，需把这些实体删掉。这是一个实际需求。

其次，一开始解释这个问题时，就以现实生活的例子作为辅助手段，将问题的规模、处理的棘手性说清楚，从而为后面引入思政内容埋下伏笔。

基于跟踪的垃圾搜集方法是一个非常自然的正向思维可以理解的方法，而且很明显此方法可以非常彻底地解决问题。然而，通过课堂上问问题启发学生思考，学生会自然看到此方法的问题所在,对新的解决方案有期待。

新算法使用了分而治之、循序渐进的方案,此方案首先把大问题分成一个个小问题,之后再统筹管理,是一个从局部到全体的过程,问题的规模慢慢变小。而且各个分部可以并发执行,效率高,甚至在算法中途失败的情况下,也可以做部分的垃圾搜集工作。

(2)可以非常自然地引出思政内容,有很好的现实意义。

在讲解算法时就已经用现实生活中的问题做了伏笔,因此,在算法讲解完成后,引导学生思考解决现实问题时部分之间团结合作是非常自然的,学生的接受程度高。当代学生能力强,但是自我意识也强,通过此思政案例强调合作共赢的思想,有非常好的现实意义。

## 四、学生反馈

在课后的习题课上,学生表示:老师讲课时用生活中的例子类比,讲解了垃圾搜集算法。上课的例子很有趣,让我印象深刻,体会到配合的重要性,每个人,每个组织都为一个目标努力,一定能达到最好的效果。

## 五、教学反思

本案例已经在几个课堂上讲过,从学生的反映看,学生还是很喜欢这个案例。后续可以再搜集几个与此算法类似的话题度高的现实问题,以提升案例的吸引力。

撰　写　人:金雪云
所属单位:北京工业大学信息学部计算机科学与技术系

# "可信计算基础"课程案例

## ——通用可信软件基为何选择"开源"

课 程 名 称：可信计算基础(Introduction of Trusted Computing)

课 程 性 质：专业课

所属学科门类：计算机类/0809

学　　　分：2 学分　　　　　　　学时：32 学时

课 程 简 介：本课程为信息安全领域的综合性课程。可信计算是为安全体系提供支撑的重要技术，其研究系统中可信计算环境的构建方法，以及如何通过可信计算来支撑系统安全，其内容涉及信息系统和信息安全的多个层面，是一个安全理论、密码学技术和工程实现高度结合的学科。课程除教授可信计算的基础知识和技能外，还以可信为线索，引导学生从整体上了解信息系统和信息安全的关系，了解安全的可信属性，重新梳理各种安全机制在系统中的作用，了解通过可信计算保障安全机制的体系化集成的方法。强化学生体系化、综合解决安全问题的思维方式，以及相互配合、协作开发的意识。

先修课程为计算机体系架构、密码学与操作系统，无后继课程。

## 一、章节名称

第四章第三节 可信访问控制原理

## 二、案例介绍

### 1. 育人目标及理念

通过讲解实验室开放的通用可信软件基选择"开源"方式的原因，从信息产业社会化大生产模式的角度，让学生了解开源的作用与意义，良性开源与恶性开源的区别，理解开源的目的并非慈善，而是降低协作成本，推广新型使用模式，是符合生产力发展规律的选择。而参与基于开源的社区化建设，有助于高校学生开阔眼界，接触前沿知识，增强责任感，培养自身的工程实践能力，养成终身学习的良好习惯。

### 2. 案例内容

可信计算实验室开发可信软件基原型时，采取了一种三重版权模式：通用架构与示范应用完全开源，高性能核心代码与涉及接口 API 的代码采用双许可证商业开源模式，基于框架和接口的派生代码则不加限制。

这一模式的背后是实验室期望通过开放开源推动可信 3.0 产业化发展的设想。案例从开源的由来、目标和作用出发，介绍 IT 产业中开源的意义和对产业生态发展的作用（见

图1),结合可信软件基三重版权模式的设计,介绍开源对产业生态正反两方面可能造成的影响,并讲解开发者在开源开放工作中应承担的责任(见图2)。

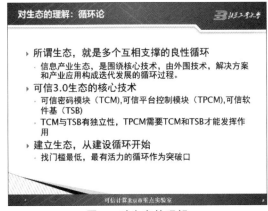

图 1　对生态的理解

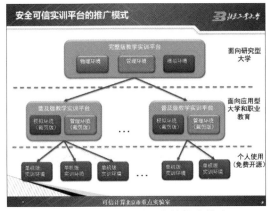

图 2　安全可信实训平台的推广模式

### 3. 设计思路

　　开源已经成为现在流行的概念,似乎沾上"开源"就意味着"大公无私""奉献"等道德方面的优势。但这实际上是一种误解。开源是针对软件产业发展过程中,封闭开发导致的代码协作和改进成本高、推广和维护困难等原因提出的,类似于专利,通过公开代码,放弃部分代码收益来换取推广、维护和改进成本,这一思路是符合信息产业社会化大生产规律的,开源也不排斥盈利。而违背这一思路的开源,对信息产业发展则是有害的。

　　系统安全机制需要与操作系统等产品结合时,也会面临大量的代码协作、推广和维护问题,开源是解决这一问题的恰当方法。但设计怎样的开源方式,能更好地解决这一问题?这种开源方式推动的是怎样一种开源产业生态?这一生态下,企业和个人能够得到怎样的机会?为维持和发展这种生态,大家又应该遵循怎样的开源开发道德规范?这些问题既可以促进学生更深入地了解可信 3.0 体系架构及其中的开发协作关系,又能让学生从实践角度体验软件开发中的职业道德因素,还有助于学生理解生产力、生产关系等社会主义经济学理论,鼓励学生思考社会主义和社会化大生产的关系。

所以,本案例首先提出一个与课程内容直接相关的问题:可信 3.0 应当通过一个什么样的产业生态来推广? 围绕这一问题,按照如下步骤,逐渐引出案例的主要内容。

(1) 列举可信计算产业生态在技术上面临的困难,特别是关于安全机制移植与安全策略制定方面的困难,提出开源是解决这些困难的途径。

(2) 回顾开源运动提出的历史背景,探究开源运动的原始动机,设问"为什么开源开发者中有很多无政府主义者和社会主义者"?

(3) 介绍"开源之父"RMS 及其对自由软件的观点,说明开源未必都是好的,顺便介绍开源界代表人物 Ross Anderson 在 *TCPA FAQ* 中对可信 2.0 的尖锐批评。

(4) 通过可信计算开源开发过程的一些实例,说明开源的作用与负面影响,让学生体会良好开源生态的重要性。

(5) 从社会主义经济学中生产力和生产关系互相影响的基本原理出发,解释开源在社会化大生产中的作用,区分良性开源与恶性开源行为,列出开源方面的一些误区。

(6) 说明实验室可信 3.0 开源社区设置的目标,对可信 3.0 开源生态的构思,以及三种开源方式相互配合支撑开源生态的设计方案。

(7) 开源生态给企业和个人带来的机会,以及学生在这一开源生态下对自我发展的帮助和可以做的贡献。

在课后作业中,让学生阅读 *TCPA FAQ*,分析可信 2.0 与可信 3.0 技术上的区别,考虑 FAQ 中提出问题的合理性,以及可信 2.0 和可信 3.0 回答这些问题的区别。

## 三、案例特色

(1) 与课程知识内容深度结合的思政课程内容。

生态文明不仅有自然生态,也有技术生态,本案例从可信 3.0 推广产业生态面临的问题出发,自然引出开源这一开发者自发改进软件开发生态的尝试,并通过围绕开源开发多种实例的介绍,说明开源对生态的推进意义,同时也通过开源的反例说明不当开源造成的危害,让学生从科学技术的角度,而不是从道德的角度理解开源,增强学生对技术生态文明的理解,让学生体会到责任感。

(2) 与社会热点话题相关,提高学生的兴趣,引导学生正确理解社会现象。

"开源"是 IT 产业流行的概念,社会上也少不了各种对其的炒作。本案例通过开源背后的经济规律说明了开源的合理性,从生态文明的角度阐述了开源开发者的正确做法和社会对待开源开发的正确态度,增强了学生对社会现象的辨识能力。

(3) 案例与实验室推进的开源社区计划密切相关,增强了学生的参与感、自豪感和自信心。

本案例围绕可信计算实验室推进的可信 3.0 开源社区计划,以及相关的系列可信计算 3.0

开源软件展开,相关软件学生在学习过程中已具体使用,一些具体实例也是实验室开源开发遇到的问题和提出的方案,学生可以实际体验其技术上的优势,增强对北京工业大学和实验室在可信计算领域技术方面的认可。而开源的很多方向是学生在课程内容中接触到,可以学习理解,也可以参与其中的,这有助于增强学生对自己学习意义的认可,以及对自己未来发展的信心。

## 四、教学反思

可信计算基础课程选课学生较少,拟在专业实践课"安全软件综合课程设计"中讲述该思政案例,以让该思政案例可面向信息安全专业所有学生。

撰 写 人:胡俊
所属单位:北京工业大学信息学部计算机科学与技术系

# "数据结构与算法"课程案例
## ——统一术语及标准是团队合作的基础

课　程　名　称：数据结构与算法(Data Structures and Algorithms)
课　程　性　质：计算机类学科基础必修课
所属学科门类：计算机科学与技术/0812
学　　　　　分：3.5 学分　　　　　　　　　学时：56 学时
课　程　简　介：数据结构与算法是面对非数值性处理问题形成的一门学科,其主要目的是培养学生的计算思维、系统分析与设计、算法设计与分析、程序设计与实现专业基本能力。主要内容涉及基本数据结构、排序、索引、检索、高级数据结构等,从逻辑结构的角度系统介绍线性表、字符串、二叉树、树和图等各种基本数据结构;从算法的角度系统介绍各类排序、检索和索引算法;从应用的角度介绍更复杂的数据结构与算法分析技术。通过本课程的学习,学生应该掌握数据结构与算法的基本概念、合理组织数据的基本方法、高效处理数据的基本算法,并具备面对实际问题选择恰当数据结构与相应算法的能力。

## 一、章节名称

第一章概论 第一节 数据结构的基本类型

## 二、案例介绍

### 1. 育人目标及理念

通过案例内容,展现科学规律、民族智慧,传播先进文化,让学生树立正确的科学理念,理解团队合作所需必要条件,提升其家国情怀与民族自信心,激励民族自豪感,激发学生科技报国的家国情怀和使命担当。

### 2. 案例内容

**秦始皇三大功绩之一:统一文字、货币、度量衡**

战国时期,各国的文字、货币和度量衡,各不相同,影响各地经济文化交流,如图 1 和图 2 所示。旧时,战国七雄的经济制度和文字的形状有很大差别。东汉学者许慎曰:"(战国)分为七国,田畴异亩,车途异轨,律令异法,衣冠异制,言语异声,文字异形。"(《说文解字·序》)。秦始皇统一后,把小篆作为全国规范的文字,以后又在民间流行笔画更为简单的隶书。秦始皇还规定,在全国统一使用圆形方孔的秦国铜线;同时,统一了度、量、衡。货币和度、量、衡的统一,结束了春秋战国以来货币形制各异、轻重不等、大小不一的混乱局面,克服了货币换算上的困难,消除了商品交换的货币障碍,在经济生活中真正实现了"堕坏城郭"

和"夷去险阻",减少了交易成本,推动了商品交换的发展,使粮食等重要的商品物资可以在全国范围内自由流动,加强了全国各地的经济联系,促进了经济社会发展和人民生活的稳定。文字和货币的统一,对巩固国家的政治统一,稳定社会秩序,改善人民生活,方便国家税收,促进民间贸易,形成较大的共同市场,促进经济、文化的发展等都起了巨大的作用,对后世也有非常深远的影响。

图 1　战国文字的差异

图 2　战国货币的差异

### 3. 设计思路

（1）介绍基础概念和术语。

先介绍基本数据结构的类型,在逻辑结构上,有线性结构、树结构、图结构;在存储结构上,线性结构有顺序表、链表、栈、队列,树结构有顺序存储结构和链式存储结构,图结构有相邻矩阵和邻接表等。此外,还有一些特殊的数据结构和复合结构等众多各有特色的数据结构。每种数据结构在结构组织上和操作算法上都有不同的术语,特别是在结构的组织上,按照集合论的观点,每种逻辑结构都由数据结点集合 $K$ 和针对结点的二元关系集合 $R$ 组成,即 $(K,R)$ 构成数据结构的逻辑结构。但为了明确所讲述内容,针对不同的逻辑结构,其数据结点集合 $K$ 中元素的称呼(术语)不同,如线性结构中的结点称为"元素",树结构中的结点称为"结点",而在图结构中则称为"顶点"。

（2）由同一目标不同术语引导学生思考原因。

使用不同的具有明确和形象意义的术语,对于理解和交流所学内容是十分有帮助的。术语抓住了事物的本质及其与其他事物的区别,能反映人们对事物定名是否正确和准确。当人们讨论时说到"元素"时,可以明确所涉及的操作和结构都应在线性结构范畴内,当人们讨论"顶点"时,可以肯定是与图结构有关的内容。这样,不同的术语让人们讨论的内容能够明确,减少称谓模糊,避免带来理解的概念上的不一致,进而提高交流的效率,减少交流时带来的误解,提升沟通与合作的效率。人类创造的任何非凡的系统,都是合作的结果。从来没有哪个复杂系统,是由一个人所创造的。没有沟通,就不可能开展合作。而为了进行沟通,就需要统一的想法。一旦有了同样的想法、同样的愿景、同样的目标和同样的规划,就可以建立团队的合作。

（3）通过引入秦始皇三大功绩之一的"统一文字、货币、度量衡",让学生树立正确的科学理念。

统一的术语和明确的概念和标准是不同成员在团队合作中沟通的必要条件,没有一致的概念、术语和标准,无法实现有效和顺畅的沟通。

在软件行业,很多经典的失败案例均是由于目标的混淆导致失败,如:1999年9月23日,美国人正在翘首期盼"火星气候轨道器"进入预定轨道的好消息时,"火星气候轨道器"突然与地面控制中心失去联系。这是美国火星探测史上的一个航天悲剧,它给美国的火星探测计划带来的打击是可想而知的。然而,事故调查结果却大大出乎人们的预料,原来这个航天悲剧居然是由计量单位换算错误造成的。美国航空航天局喷气推进实验室等部门的调查确认,造成飞行高度太低的原因竟然是公制和英制的转换问题! 美国航空航天局喷气推进实验室使用的是公制单位,而美国的工业系统使用的是英制单位。

秦始皇的伟大成就也不在于修筑了万里长城,而是统一了中国的度量衡。源远流长的标准化为人类文明的发展提供了重要的技术保障。通过正面案例和反面案例的讲述,突出术语、概念、标准的统一,团队合作的重要性,提升学生的家国情怀与民族自信心,让学生保持科学理念。通过案例内容展现科学规律、民族智慧,传播先进文化,激励民族自豪感,激发学生科技报国的家国情怀和使命担当。

## 三、案例特色

（1）学生刚学习本课程时,便明确各数据结构的术语。

通过讲述不同数据结构所定义的术语和概念,让学生抓住所学对象结构的本质及其与其他结构的区别,强化学生对所学内容的记忆。在相同的术语集合下,同学之间,同学与老师之间能够明确沟通内容,减少误会,提升沟通效率,提升团队合作效率。

（2）选择的案例符合时代背景,能引发学生认同感,实现课程思政教育。

学生小时候在历史课上必然学习到秦始皇的功绩,但当时可能理解不深刻。随着年龄的增加,特别是进入大学后,所学、所见、所闻均有大幅增加,但对之前的历史内容并没有直接的感受,本案例结合历史内容对本科所学专业课内容进行引导,一方面,加强学生对历史文化的认同感;另一方面,加强学生对所学内容的理解和记忆,并在一定程度上辅助学生建立科学理念。

## 四、学生反馈

（1）张同学：原来在团队合作中有过体会，当说一件事情，没有特定的词汇描述时，总是容易出现这样那样的误会，致使沟通成本增加，影响后继的进展。

（2）李同学：以前光是记住了秦始皇的三大功绩，但是没有想过会有这么大的影响。

（3）周同学：团队合作确实需要统一的概念术语，如使用 UML（统一建模语言）这样的工具，就非常方便双方的沟通。

（4）董同学：能够让对方理解你的想法是不容易的事情，必须统一口径。

## 五、教学反思

一方面，通过案例让学生理解术语统一的必要性；另一方面，能够加强学生对自己国家文明的认同。可以继续打磨案例，增加更多的正反案例，让学生更共情于课程内容。通过不断补充，增加新的元素，使得教学更有效果。

撰　写　人：苏航
所属单位：北京工业大学信息学部计算机科学与技术系

# 国家安全　网络强国

# "计算机网络"课程案例

## ——没有网络安全，就没有国家安全

课　程　名　称：计算机网络(Computer Network)

课　程　性　质：学科基础课

所属学科门类：计算机类/0809

学　　　　　分：2 学分　　　　　　　　学时：40 学时

课　程　简　介：没有网络安全，就没有国家安全，计算机网络是信息安全的基础，"计算机网络"课程是信息安全专业的基础必修课。

在知识传授与能力培养目标方面，旨在使学生理解并掌握计算机网络的基本原理与主要技术，具有计算机网络的基本实践能力，具备使用计算机网络相关理论和工具维护网络安全以及解决复杂信息安全问题的能力。

在育人目标方面，结合课程相关知识点，贯穿爱国主义素质教育，让学生在掌握网络基本理论和技术的同时，通过对我国从网络大国到网络强国的发展历程的学习，激发学生的爱国热情，培养家国情怀和责任担当，鼓励学生为建设网络强国和维护我国的网络安全做出贡献。

## 一、章节名称

第一章第三节 维护网络安全的重要性

## 二、案例介绍

### 1. 育人目标及理念

通过对习近平总书记关于网络安全的重要性讲话精神，以及乌克兰电力网络被入侵、美国能源供应网络瘫痪、某单位保密数据被窃取、俄罗斯断网运行等实际案例的分析，培养学生对国家安全和网络安全重要性的认识，激励学生的家国情怀和责任担当。

### 2. 案例内容

2014 年 2 月 27 日，习近平总书记在中央网络安全和信息化领导小组第一次会议上发表讲话，指出"没有网络安全就没有国家安全，没有信息化就没有现代化"。

乌克兰电力网络被入侵：2015 年 12 月 23 日，乌克兰首都基辅至少三个电力区域被攻击，占据全国一半地区。黑客先操作恶意软件将电力公司的主控计算机与变电站断连，随后又在系统中植入病毒，让计算机全体瘫痪。

美国能源供应网络瘫痪：2021 年 5 月 9 日，美国宣布进入国家紧急状态，网络黑客

2021年5月7日通过加密手段锁住科洛尼尔管道运输公司计算机系统并盗取机密文件,该公司被迫关闭整个能源供应网络,极大影响了美国东海岸燃油等能源供应。

某单位保密数据被窃取:由于某单位人员安全意识淡薄,邮箱密码为简单密码,境外间谍机关通过猜测获得邮箱密码并非法控制该邮箱,导致邮箱存储的2000份文件被窃取,其中包含一些非常重要的涉密文件。相关PPT截图如图1所示。

图 1 某单位保密数据被窃取

俄罗斯断网运行:俄乌冲突持续,美国不断对俄罗斯实施制裁,传出美国要切断与俄罗斯连接的网络,俄罗斯率先动手,自行切断与全球互联网的连接。其实,早在2019年,俄罗斯的莫斯科和圣彼得堡经部署镜像根服务器,提前成功完成断网测试。相关PPT截图如图2所示。

图 2 俄罗斯断网

### 3. 设计思路

网络作为陆、海、空、天之外的"第五类疆域",被世界各国作为一个单独的军事领域。我国正在从网络大国发展成为网络强国,习近平总书记指出"没有网络安全就没有国家安全,没有信息化就没有现代化"。为了帮助学生理解这一重要思想的重要性,通过观看几个网络空间发生的重大安全事件,培养学生维护国家安全和网络安全的意识,激发学生科技报国的家国情怀和使命担当。

在教学内容的选择上,首先从网络空间的重要性,强调网络空间作为一个单独的军事领域被当作继陆、海、空、天之后的第五域有着非同寻常的作用,播放习近平总书记在中央网络安全和信息化领导小组第一次会议上发表的讲话,引出"没有网络安全就没有国家安全,没有信息化就没有现代化"的政治观点,随后播放 "美国进入紧急状态? 重要能源系统被黑客攻击瘫痪""黑客袭击乌克兰电网造成大停电""保密意识淡薄,发生泄密绝非偶然""俄罗斯成功进行断网演习"短视频,最后通过"没有网络安全就没有国家安全"短视频让学生理解为什么网络安全关系到国家安全,进一步思考如何维护网络安全。

在教学方法及教学手段上,除传统的课堂讲授外,还通过启发式提问、课堂讨论及视频播放等方式,增强课堂教学效果。首先,看短视频了解网络安全的重要性和国际网络安全事件带来的影响,然后,讨论"为什么网络安全关系到国家安全""该如何维护网络安全",请学生发表自己的感想,激发学生科技报国的使命担当。接着,通过学习《中华人民共和国国家安全法》:国家建设网络与信息安全保障体系,提升网络与信息安全保护能力,加强网络和信息技术的创新研究和开发应用,实现网络和信息核心技术、关键基础设施和重要领域信息系统及数据的安全可控;加强网络管理,防范、制止和依法惩治网络攻击、网络入侵、网络窃密、散布违法有害信息等网络违法犯罪行为,维护国家网络空间主权、安全和发展利益。引导学生深刻认识到加强网络安全建设是国家安全建设的重要部分,要在思想上把网络安全同国家安全划一个等号,树立正确的网络安全观。最后,帮助学生认识到维护网络安全必须有过硬的技术,引导学生思考作为信息安全专业的学生,应该从哪些方向努力,进一步激发学生的学习兴趣和责任担当。

## 三、案例特色

1) 国家安全,网络强国

党的十八大以来,以习近平同志为核心的党中央对维护网络安全、培养网络人才、创新网络技术等方面做出一系列重要部署。中国的网络强国战略是"网络安全"与"信息化"两翼齐飞战略。"没有网络安全就没有国家安全,没有信息化就没有现代化",要从国际国内大势出发,总体布局,统筹各方,创新发展,努力把我国建设成为网络强国。本案例从学习网络强国战略、树立网络安全观念、维护网络安全秩序三个方面对学生进行思政教育,打造价值塑造、知识传授、能力培养三位一体的协同育人体系,通过搭建可操作的实现路径,确保课程思政的"思政"育人目标得以实现。

2) 责任意识和使命担当

通过几个具体的案例,让学生认识到一个小小的疏忽也可能给国家的网络安全带来隐患,对"没有网络安全就没有国家安全"保持高度的政治意识,培养学生对国家的高度责任感和使命感,培育和践行社会主义核心价值观,自觉弘扬强国策略。

## 四、学生反馈

(1) 李＊:为了维护网络空间安全,进而保障国家安全,国家这几年密集出台了许多网络安全政策,大力推进网络/信息安全产业发展,将网络安全上升到国家安全的高度。

（2）张＊：网络安全太重要了，我们要学好网络知识，维护国家网络安全。

（3）王＊：通过这些案例，我感受到网络安全的重要性，立志要好好学习网络和网络安全知识，将来维护国家的网络安全。

（4）田＊：一些泄密事件的发生是由于安全意识淡薄造成的。第一，不能设置简单的密码；第二，不能违规传输保密文件。

（5）桑＊：乌克兰停电事件说明小小的疏忽也会给网络安全带来风险。从事信息安全的人员，一定要树立安全意识，具有高度的责任感。

（6）胡＊：网络安全牵一发而动全身，深刻影响政治、经济、文化、社会、军事等各领域安全。

（7）马＊：作为公民，我们要遵守《中华人民共和国网络安全法》，做到依法上网、文明上网、理性上网，积极宣传网络安全，用实际行动维护网络安全，严厉打击网络黑客、电信网络诈骗、侵犯公民个人隐私等违法犯罪行为。

## 五、教学反思

思政案例紧扣立德树人根本宗旨，坚持以学生为中心，将价值塑造、知识传授和能力培养三者融为一体。通过网络安全事件案例和网络安全法律，培养学生的网络强国和维护网络安全意识。注重学生健全人格的养成，提高思想道德修养和精神文化素养。我们要深刻认识到加强网络安全建设是国家安全建设的重要部分，要在思想上把网络安全同国家安全划一个等号，树立正确的网络安全观，推动网络文明建设，发展积极健康的网络文化，切实维护网络意识形态安全和政治安全，培养对党和国家、社会主义事业忠诚可靠的网络安全建设者和捍卫者。

很多学生给出对网络安全的思考等思政感悟，意识到自己肩上的责任与担当，会更加自觉地为国家安全、社会发展和民族复兴而奋斗，课程教学达到知识传授、能力培养与价值引领的有机统一。

专业课教师可以从国家、社会、个人等层面挖掘课程思政元素；课程思政帮助学生树立正确的政治理想，是培养对党和国家、社会主义事业忠诚可靠的建设者和接班人的重要保障。思政教学不仅限于课堂，课前、课后都可以利用信息化教学手段适时展开，思政教育的形式既可以是价值塑造，又可以体现科研精神或价值塑造等，通过完善协同育人体系，搭建可操作的实现路径，确保课程思政的"思政"育人目标得以实现。

撰 写 人：段立娟
所属单位：北京工业大学信息学部计算机科学与技术系

# "计算机网络"课程案例

## ——学好网络知识,建设网络强国

课　程　名　称:计算机网络 Computer Network
课　程　性　质:学科基础课
所属学科门类:计算机类/0809
学　　　　分:2 学分　　　　　　　　　学时:40 学时
课　程　简　介:没有网络安全,就没有国家安全,计算机网络是信息安全的基础,计算机网络课程是信息安全专业的基础必修课。

在知识传授与能力培养目标方面,旨在使学生理解并掌握计算机网络基本原理与主要技术,掌握计算机网络的基本实践能力,具备使用计算机网络相关理论和工具维护网络安全以及解决复杂信息安全问题的能力。

在育人目标方面,结合课程相关知识点,贯穿爱国主义素质教育,让学生在掌握网络基本理论和技术的同时,通过对我国从网络大国到网络强国的发展历程的学习,激发学生的爱国热情,培养学生的家国情怀和责任担当,鼓励学生为建设网络强国和维护我国的网络安全做出贡献。

## 一、章节名称

第一章第二节 我国计算机网络发展

## 二、案例介绍

### 1. 育人目标及理念

通过对我国网络发展历程的回顾,到网络强国战略的提出,再到中美 5G 之争,培养学生对国家安全和网络安全的重要性的认识,通过对我国从网络大国迈向网络强国的发展历程学习,激励学生的爱国热情和民族自豪感,通过中美 5G 之争激发学生科技报国的家国情怀和责任担当。

### 2. 案例内容

2022 年 2 月,中国互联网络信息中心(CNNIC)在北京发布第 49 次《中国互联网络发展状况统计报告》。报告显示,2017 年我国的网民规模为 7.7 亿,截至 2021 年 12 月,我国网民规模达 10.32 亿,较 2017 年 12 月增长 2.6 亿,增长率约为 33.7%;互联网普及率达 73.0%。我国网络发展情况如图 1 所示。

2018 年 4 月 20 日至 21 日,全国网络安全和信息化工作会议在北京召开。习近平出席

图1 我国网络发展状况

会议并发表重要讲话。他强调,没有网络安全就没有国家安全,就没有经济社会稳定运行,广大人民群众利益也难以得到保障。我们要深入体会,网络强国战略思想是习近平新时代中国特色社会主义思想的重要组成部分,是做好网络信息安全工作的根本遵循。

在5G时代,中国抓住机遇,走在世界前沿。成立于1987年的华为已经成为世界一流通信供应商,旗下终端业务凭借超强的性能享誉世界,在5G领域,华为投入大量精力进行研发。华为的崛起让美国通信行业越发不安,不断出台政策进行打压,企图遏制华为,使全球芯片代工公司无法再为华为研发硅芯片产品。相关PPT截图如图2所示。

图2 华为5G覆盖珠峰

### 3. 设计思路

我国互联网发展起步于20世纪80年代后期,发展历程大致可分为四个阶段:初期探索阶段、基础网络建设阶段、内容活跃网络普及阶段和当今的网络繁荣阶段。随着互联网的普及以及技术的进步,各种不同形式的网络应用不断涌现,互联网应用的领域不断拓宽。互联网的应用由早期的信息浏览、电子邮件发展到网络娱乐、信息获取、交流沟通、商务交易、政务服务等多元化应用。我国正在从网络大国迈向网络强国,尤其是 5G 技术在国际上处于领先,但是美国企图遏制我国 5G 技术的继续发展,这部分内容的教学目标是培养学生的爱国主义和民族自信,激发学生科技报国的家国情怀和使命担当。

在教学内容的选择上,首先从网络的发展趋势上,通过相关的发展趋势的有关数据使学生深刻体会我国网络的发展速度之快,了解到网络在我国的经济建设、文化建设和社会发展中发挥着越来越重要的作用。通过自身在疫情期间的感受,体验到网络教育发挥着重要的作用,以及我国社会经济建设的稳步增长,激发学生的爱国热情。接着,通过我国的网络强国策略的讲解,培养学生的民族自信。重点学习习近平总书记在全国网络安全和信息化工作会议上关于"没有网络安全就没有国家安全,没有信息化就没有现代化;"的讲话精神,培养学生的社会责任感。最后,通过 5G 发展全球领先和中美 5G 之争的事实,使学生认识到自主创新的重要性。我国的 5G 网络建设在世界上处于领先地位,5G 覆盖范围越来越广,但是 5G 已经成为全球竞争的新焦点,我们要充分认识到核心技术是国之重器,是我们最大的命门,核心技术受制于人是我们最大的隐患。5G 之争这个事情给我们带来的教训和启示是非常深刻的,中国人的命运一定要掌握在自己手里,绝对不容许任何势力对我们"卡脖子",国人当自强,激发学生的科技报国的家国情怀。

在教学方法及教学手段上,除传统的课堂讲授外,还通过启发式提问、课堂讨论及视频播放等方式,增强课堂教学效果。在网络的发展上,首先对学生进行提问,学生回答网络有哪些作用、生活中哪些地方用到网络,然后老师给出网络发展状况的具体数字,增加学生对网络大国的理解,提高学生的学习兴趣,增强爱国热情和民族自豪感。其次通过播放"努力把我国建设成为网络强国""习近平网络强国十大金句""财经观察家:5G 之争,谁将引领全球"等,再通过讨论"为什么说没有网络安全就没有国家安全""5G 之争给我们带来的启示是什么",请学生发表自己的感想,激发学生的科技报国的使命担当。

## 三、案例特色

1) 爱国热情和民族自豪感

计算机网络最早起源于美国,我国的计算机网络从 20 世纪 80 年代后期开始发展,迅速超越美国,网民数量和网络规模都达到世界第一,尤其是疫情期间我国的网络在线教育、电子商务大幅增长,保证了社会的稳步发展,从而激发学生的爱国热情和民族自豪感。

2) 国家安全,网络强国

在 2018 年的全国网络安全和信息化工作会议上,习近平总书记系统阐释了网络强国战略思想的丰富内涵,科学回答了事关网信事业长远发展的一系列重大理论和实践问题,为中国把握信息革命历史机遇,加强网络安全和信息化工作,加快推进网络强国建设明确了前进方向,提供了根本遵循,通过"没有网络安全就没有国家安全,没有信息化就没有现代化"讲话精神的学习,让学生体会到国家安全和网络强国的重要性,培养学生对国家的高度责任感和使命感,培育和践行社会主义核心价值观,自觉弘扬强国策略。

3）家国情怀和使命担当

5G之争不断升级，在美国打压下，华为的麒麟芯片暂时已经无法继续生产，原因是为华为麒麟芯片代工的台积电生产线有来自美国的技术，必须获得美方的授权才能为华为生产芯片。不仅仅是制造这一端，芯片设计工具EDA的生产商也都是美国公司，如果没有这种工具，是设计不出芯片的。中国也有设计工具公司，但还无法完全替代美国的EDA，尤其一些高端芯片设计依然需要美国的EDA工具。从这个事件上我们要充分认识到，核心技术是国之重器，中国人的命运一定要掌握在自己手里，绝对不容许任何势力"卡脖子"，激发学生的科技报国的家国情怀。

## 四、学生反馈

（1）王＊：我们国家的网络发展非常迅速，我国的电子商务进农村实现了对贫困县全覆盖，远程医疗实现了国家级贫困县县级医院全覆盖。全国中小学互联网接入率达99.7％。在疫情期间，网络教育发挥了重要作用，保证了教学工作的顺利进行，促进了教育资源的共享。现在光纤到户了，疫情期间在线视频学习非常流畅，我感到了网络强国带来的好处。

（2）张＊＊：我国网民规模达10.32亿，较2017年12月增长了2.6亿，发展速度太不可思议了。

（3）李＊＊：党的十八大以来，以习近平同志为核心的党中央对培养网络人才、创新网络技术等方面做出一系列重要部署。通过学习网络强国战略，我感受到网络安全的重要性，我要好好学习网络和网络安全知识，将来维护好国家的网络安全。

（4）田＊：我国5G的覆盖越来越广，我对面向工业控制、无人驾驶汽车、无人驾驶飞机的5G技术应用充满期待，相信中国科技会越来越强大。

（5）魏＊＊：5G之争给中国带来很大的损失，在美国打压下，华为的麒麟芯片暂时已经无法继续生产，核心技术受制于人就会被"卡脖子"，我们要不怕艰难，克服重重困难，突破芯片技术难关，才不会被"卡脖子"。

## 五、教学反思

思政案例紧扣立德树人根本宗旨，坚持以学生为中心，将价值塑造、知识传授和能力培养三者融为一体。通过网络强国策略，培养学生的爱国主义情怀、民族自豪感。注重学生健全人格的养成，提高思想道德修养和精神文化素养。

从学生的反馈效果看，中国网络发展状况、网络强国策略、5G之争等知识的引入，不但传授了我国网络发展状况的知识，而且在悄无声息之中引入了思想政治教育内容，提高了学生的学习兴趣，调动了学生的学习积极性，为后面内容的学习打下了坚实的基础。

很多学生给出对网络强国策略的理解、对5G之争事件的反思、对国家未来网络安全的思考等思政感悟，意识到自己肩上的责任与担当，会更加自觉地为国家安全、社会发展和民族复兴而奋斗，课程教学达到了知识传授、能力培养与价值引领的有机统一。

专业课教师可以从国家、社会、个人等层面挖掘课程思政元素；课程思政帮助学生树立正确的政治理想，是培养对党和国家、社会主义事业忠诚可靠的建设者和接班人的重要保障。思政教学不仅限于课堂，课前、课后都可以利用信息化教学手段适时展开，思政教育的形式既可以是价值塑造，又可以体现科研精神或价值塑造等，通过完善协同育人体系，通过搭建可操作的实现路径，确保课程思政的"思政"育人目标得以实现。

撰　写　人：段立娟
所属单位：北京工业大学信息学部计算机科学与技术系

# "计算机网络"课程案例
## ——域名根服务器困境与"雪人计划"

课　程　名　称：计算机网络(Computer Networks)
课　程　性　质：学科基础必修课
所属学科门类：计算机科学与技术/0812
学　　　　分：2.5 学分　　　　　　　　学时：40 学时
课　程　简　介：在信息社会中,计算机网络与互联网已成为最重要的信息基础设施,也是人们生活和工作中必不可少的组成部分,特别是随着"互联网＋"的出现,互联网开始渗透到各个传统行业,因此,了解和掌握计算机网络与互联网相关的知识与技能是十分必要的,也是学习其他信息技术的必备基础。课程按照计算机网络的体系结构组织内容,比较全面地介绍了计算机网络各层次的工作过程、基本原理与核心协议。由于计算机网络不仅技术复杂,而且发展迅速,因此本课程注重对计算机网络基本原理和概念的阐述,在此基础上着力反映计算机网络的新技术和新发展,兼顾课程的深度和广度。

## 一、章节名称

第七章第一节 DNS-域名系统

## 二、案例介绍

### 1. 育人目标及理念

总体国家安全观,是习近平新时代中国特色社会主义思想的重要组成部分,国家安全和社会稳定是改革发展的前提,与每个人都息息相关。通过案例的讲解和讨论,培养学生增强国家安全意识,把科技自立自强作为国家发展的战略支撑,加快建设科技强国,引导学生将个人奋斗目标同国家现代化建设的发展规划相结合。

### 2. 案例内容

根域名服务器是国际互联网最重要的战略基础设施,是互联网通信的"中枢"。然而,过去,中国本土没有一台根服务器,这使得中国的网络安全一直受制于人(见图1)。

因此,拥有自己的根服务器对于国家网络安全至关重要。"雪人计划(Yeti DNS Project)"是基于全新技术架构的全球下一代互联网(IPv6)根服务器测试和运营实验项目,旨在打破现有的根服务器困局,为下一代互联网提供更多的根服务器解决方案。2016 年,中国联合国外机构发起的"雪人计划"已完成 25 台 IPv6 根服务器的全球架设。其中 1 台主根和 3 台辅根部署在中国,事实上形成了 13 台原有 IPv4 根加 25 台 IPv6 根的新格局。中

图 1　DNS 根域名服务器

国借助 IPv6 技术升级的机会,倡导"雪人计划",并从扩大根服务器数量入手,改变了美国在全球互联网治理中一家独大的现状——不仅让中国拥有了根服务器,巩固了自身的网络主权和信息安全,还创建了一个公平合理、互利共赢的互联网治理新体系,让德国、法国、俄罗斯、印度等国共同参与到全球互联网治理中来。相关 PPT 截图如图 2 所示。

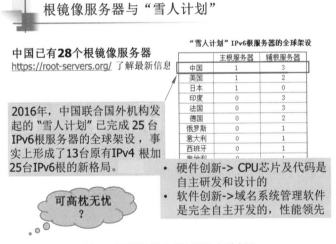

图 2　根镜像服务器与"雪人计划"

### 3. 设计思路

课程的教学目标:使学生掌握计算机网络的基本工作原理、基本理论和基本方法,了解网络新技术和新发展,使学生对计算机网络从整体上有一个较清晰的了解,提高分析和解决复杂问题的能力,为进一步深入学习相关网络课程及开发基于网络的分布式应用打下良好的基础。

课程的育人目标：遵循新时代高等教育和人才成长规律，贯彻落实党的德智体美劳全面发展方针，培养学生具有高度社会责任感和良好的职业道德及人文科学素养，培养学生将个人奋斗目标同国家现代化建设的发展规划相结合；具备较强的创新实践能力，良好的团队协作沟通能力、国际视野和自主学习能力，可持续发展能力强的高素质创新人才。

（1）介绍应用层的典型网络应用及相关基础知识。

通过应用层的各种网络应用，提出 Internet 命名问题，使学生理解为什么要使用域名系统；

（2）引入 DNS 的名字空间、域名资源记录和域名服务器的基础知识。

通过域名集中式管理的问题，引入分布式域名系统，使学生理解为什么 DNS 一直是 Internet 的关键组成部分；通过域名空间引入区域的概念，使学生进一步理解分布式域名系统的管理和应用模式；通过域名系统的使用方法，引入本地域名解析服务器、根域名服务器和根镜像域名服务器的概念和作用。

（3）通过文献资料展示根域名服务器和根镜像域名服务器的部署，引导学生思考其中的困境和对策。

自中美贸易战爆发后，人们对核心技术的关注度普遍提高了。在 IPv4 体系内，全球共 13 台根服务器，唯一主根部署在美国，其余 12 台辅根有 9 台在美国，2 台在欧洲，1 台在日本，中国本土没有一台根服务器。美国在"根服务器"方面有如此大的影响力和垄断力，人们开始担心如果美国利用"根服务器"针对中国，会对我国互联网应用和安全带来什么隐患？美国也并不是没有针对某些国家"关闭"过"根服务器"。美国曾经停止过伊拉克（.iq）一级域名的解析，致使伊拉克的网民不能访问（.iq）后缀的所有网址。美国也曾经停止向利比亚提供（.LY）一级域名的解析服务，这让利比亚在全球互联网中消失了 3 天。

为了应对这种不利的局面，中国一直在做着种种准备，应对可能发生的意外。主要通过以下两个途径：第一，引进根镜像服务器，从 2003 年到现在中国一共有 28 个根镜像服务器；第二，建造属于自己的"根服务器"。中国下一代互联网工程中心领衔发起，联合 WIDE 机构（现国际互联网 M 根运营者）、互联网域名工程中心（ZDNS）等，于 2013 年联合日本和美国相关运营机构和专业人士发起"雪人计划"，提出以 IPv6 为基础，建立面向新兴应用、自主可控的一整套根服务器解决方案和技术体系。在与现有 IPv4 根服务器体系架构充分兼容基础上，"雪人计划"在美国、日本、印度、俄罗斯、德国、法国等全球 16 个国家完成 25 台 IPv6 根服务器架设，形成 13 台原有根加 25 台 IPv6 根的新格局。中国部署了其中的一台主根服务器和三台辅根服务器，打破了中国过去没有根服务器的困境。

## 三、案例特色

1）紧扣时事热点，彰显时代气息

在不少学生的认识中，中美 1979 年建交以来，两国关系一直是比较"风调雨顺、和谐共处"的，甚至还度过"蜜月期"。虽说中美经贸摩擦一直存在，但是这些摩擦貌似与学生的留学出国等个人生活距离较远。自从以中兴、华为事件为标志的中美贸易战爆发后，人们对国家政治斗争有了切实感受,对核心技术的关注度普遍提高。域名解析和域名服务系统是互联网的关键核心技术之一,因此,它的重要性和我国面临的困境和挑战问题容易引起学生的共鸣和理解。

2)思政元素和专业知识相长相促

域名系统知识点在计算机网络课程体系中属于应用层,按教学计划讲授 1 个学时。与其他知识点相比,讲授时间短,知识点缺乏吸引力,容易给学生造成简单、不重要的错觉。因此,若不能找到提起兴趣的抓手,很难使学生整体上把控域名空间的管理体系,不利于学生深刻理解域名解析过程中的供应链式的环环相扣和配合,从而难于认识到在这个复杂域名系统中,任何一个环节出现安全问题,都可能导致域名解析服务中断("断服"),或是网络瘫痪("断网")。

案例结合中美贸易战带来的封锁问题,请学生设想如果美国的域名根服务器或域名解析对中国封锁,将会给我国的互联网应用和安全带来怎样的影响? 这个问题即社会关注热点,又有相当的刺激性,容易引起学生的关注和兴趣。学生若想分析其影响及应对策略,必须全面理解域名系统和工作流程。为此,学生必须搜集资料,加深学习,辨析各方观点,促使学生课后做延伸性学习或研究。另一方面,辨析和讨论的过程,也会引导学生逐渐从国家的高度,从国计民生的角度思考和探究。在此过程中,科技自主创新不再停留在说教中,而是与国家发展、个人命运都息息相关。因此,域名根服务器困境与"雪人计划"的案例有利于实现"思政"与专业相长相促,达到事半功倍的育人效果。

## 四、学生反馈

域名根服务器困境与"雪人计划"的案例抛出后,在学生中引起热烈的讨论。学生在专业知识的学习之外,深刻意识到科技自立自强对国家发展的战略支撑,真实感受到科技创新、科技强国的重要性。通过案例的讲解和讨论,学生的国家安全意识和科技强国的责任感得到了加强,体会到国家发展和个人命运间的息息相关;另外,学生的国际视野也得到了锻炼,学会了从国际合作、竞争、博弈的多角度看待问题。最后,由于案例的讨论引起学生极大的兴趣,因此学生主动调研资料,展开辩论,学习和思辨的能力得到了提高。

## 五、教学反思

案例的抛出和讨论,容易引起学生的兴趣和关注,思考如何将个人奋斗目标同国家现代化建设的发展规划相结合,也锻炼了学生的国际视野和自主学习能力。但是,课堂时间有限,今后应该加强对案例的打磨,探讨有限时间内知识点和案例的提炼和互相引导,培养学生从爱国热情出发,落实到刻苦钻研、科技强国的终身奋斗目标上。另外,从根域名服务器困境的应对策略开始,引导学生从 DNS 协议出发,进一步关注到背后的域名系统架构和对解析体系的硬件软件技术的重视上。

撰 写 人:竹翠 任兴田
所属单位:北京工业大学信息学部计算机科学与技术系

# "信息内容安全"课程案例

## ——提升专业素养，维护国家安全

课 程 名 称：信息内容安全(Information Content Security)

课 程 性 质：专业选修课

所属学科门类：计算机类/0809

学　　　　分：2学分　　　　　　　　　　学时：32学时

课 程 简 介：信息内容安全是信息安全的分支之一，其目的为通过技术手段识别并阻断不良信息传播(如垃圾消息、色情内容、犯罪内容、恐怖主义内容等)、敏感内容泄露、版权侵犯和信息内容伪造等。通过本课程的学习，学生可掌握信息内容安全的相关概念、理论基础和技术，涉及网络媒体信息获取、网络媒体内容特征表达与识别、数字水印与版权保护、信息过滤与舆情监控等信息内容安全相关话题；学生可了解信息内容安全方面的最新研究成果。与此同时，帮助学生正确认识信息内容安全的重要性，使学生树立正确的价值观，提升学生的社会责任感。本门课程的学习将为学生今后从事信息内容安全方向及相关方向的研究和产品研发奠定基础。先修课程为高等数学。

## 一、章节名称

第一章第一节 信息内容安全概念与应用

## 二、案例介绍

### 1. 育人目标及理念

引导学生审视网络信息内容安全对维护国家安全和社会稳定发展的重要性；提升学生对自身所学专业知识和技术的实用价值的认识，将网络空间安全观、家国情怀、社会责任等思政要素润物细无声地融入课堂教学，将社会主义核心价值观贯穿于知识传授和能力培养中，促进学生全面成长。

### 2. 案例内容

信息内容安全概念如图1所示。

"信息安全"是指以不同形式存在和流动于计算机、磁盘、光盘和网络等载体上的各种信息不受威胁和侵害。信息内容安全包括多个分支，每个分支的研究侧重点和视角不同。

信息内容安全是信息安全的一个子方向，它研究如何对各种载体上存在的信息进行自动获取(互联网)、内容分析与判定，从而识别并阻断不良信息传播(如垃圾消息、色情内容、犯罪内容、恐怖主义内容等)、敏感内容泄露、版权侵犯和信息内容伪造等，维护网络空间安

信息内容安全概念

信息内容安全是信息安全的一个子方向，它研究如何对各种载体上存在的**信息**进行**自动获取（互联网）**、**内容分析与判定**，从而满足信息八社会安全需求的**技术。**

信息形态：文本、音频、图像/视频等

图 1　信息内容安全概念

全和社会秩序稳定。

信息内容应用案例(阐述所应对问题的危害性、相应的解决方案和核心技术)：

(1) 舆情监测，即对网络非法、谣言等类型负面信息引起的事件发展和话题演变过程的实时发现和跟踪，以及时处理避免更大的灾难，涉及的核心技术包括信息获取、信息匹配、信息分类、特征提取。相关 PPT 截图如图 2 所示。

图 2　信息内容安全应用案例——舆情监控

(2) 信息过滤，即对网络用户浏览、发布或传送的非法、不文明等违法违规信息，甚至垃圾信息，进行发现和过滤，涉及的核心技术有信息匹配、信息分类、特征提取。

(3) 基于生物特征的身份认证，即基于个人独特的生理或行为特征，例如人脸、步态、指纹等，进行自动身份认证的技术，涉及的核心技术有信息匹配、信息分类、特征提取。

(4) 篡改检测，通过技术手段确定信息内容是否被篡改，涉及的核心技术有特征提取、信息分类。

(5) 版权追踪/声明，版权声明即在数字作品中嵌入水印以声明版权。版权追踪为在发布给不同单位或个人的数字作品中嵌入不同的水印，通过提取水印追踪非法泄露和使用等责任，涉及的核心技术为信息隐藏。

其中所涉及核心技术的基本原理如下。

（1）信息获取：编写程序，从网络上或局部范围网络上将要分析的数据爬取下来。

（2）信息匹配：比对两条信息或信息的特征表达，确认二者是否一致。

（3）信息分类：将信息或信息特征归类。归类算法通常为实现训练好的机器学习模型。

（4）特征提取：从信息本身中获得能够表征该信息特点，以区分其与其他特征或其他类型特征。所提取的特征须可计算，且高效计算。

（5）信息隐藏：将隐秘传送的信息隐藏在常规载体中，对隐藏有信息的对象的正常处理，不应破坏隐藏的信息。数字水印是信息隐藏的一类应用，是将版权标识信息或授权信息隐藏在数字作品中，以声明版权或用于版权追踪。

小结：梳理内容安全概念、应用领域，强调所学课程的应用价值，提升学生的社会责任感，鼓励学生担负起新时代青年人的强国使命。

### 3. 设计思路

本案例为课程第一堂课内容。首先，通过比对式讲解，比对信息安全其他方向与信息内容安全方向，让学生理解信息内容安全属于信息安全的范畴，以及信息内容安全的侧重点。在此基础上，启发学生总结信息内容安全的概念，并对其中的核心词展开介绍，让学生全面了解信息内容安全的研究对象和目标。之后，通过各类实际案例，为学生讲解信息内容安全能解决什么具体问题，问题的危害性，从而凸显信息内容安全在助力网络安全和国家稳定发展方面的重要作用，进一步加深学生对信息内容安全概念和意义的理解。在分析案例的基础上，梳理并总结案例所涉的核心技术。最后，通过问答式小结本次课内容，加深学生对信息内容安全概念、应用价值的记忆。在此案例中，全程贯穿"没有网络安全就没有国家安全和社会稳定发展"的理念，提升学生的社会责任感，鼓励学生担负起新时代青年人的强国使命。

教学方法：本堂课主要采用对比式、案例剖析式、互动启发式教学方法。首先，采用对比式和启发式教学方法，引导学生了解信息内容安全在信息安全领域的位置，以及和信息安全其他方向在研究内容和所解决安全问题和意义上的差异与互补性，进而总结归纳出信息内容安全的概念。在此过程中，让学生掌握信息内容安全概念的同时，通过概念让学生初步了解信息内容安全知识和技术的应用价值。之后，通过实例剖析教学方法，讲解信息内容安全的应用价值。在此过程中，展示信息内容安全能解决的具体问题，通过问题所带来的恶劣影响，贯穿价值观引导，引起学生共情；通过实例剖析讲解信息内容安全如何解决问题，了解其中涉及的技术和现状，让学生加深对所学技术意义的认识，强化"为什么学"使命感培养，提升学生的责任感和爱国情怀。然后，采用启发式教学，引导学生总结信息内容安全所涉及的核心技术，为后续章节做铺垫。最后，以互动式教学方法，有问有答小结信息内容安全概念、应用价值和核心技术。

教学手段：本堂课主要采用现代多媒体教学和板书教学相结合的教学手段，采用现代多媒体教学技术，搭配板书进行教学。通过现代教学技术将图例、视频等内容更直观地展示给学生，便于学生理解。通过多媒体教学，能够节省过度板书导致的时间耗费问题。对于其中一些核心技术流程、课堂内容脉络,通过板书给出,便于学生以合适节奏跟随教师进行详细理解和回顾。

载体途径:主要采用多媒体信息技术制作和展示教学内容,通过板书讲解核心技术流程和内容脉络,通过课堂讨论带动学生主动思考。所选用教材有主教材和辅助教材,实现基础内容、新技术,以及不同类型内容的关联性讲解。

## 三、案例特色

1)价值观引导

针对舆情监控、信息过滤、身份认证、篡改检测、信息隐藏和版权声明等信息内容安全的应用,首先给出实际问题,通过实际安全问题的危害性引导学生认识积极向上的网络环境对于国家安全、社会稳定发展的重要性。

2)责任担当

针对舆情监控、信息过滤、身份认证、篡改检测、信息隐藏和版权声明等信息内容安全的应用中的实际问题,给出信息内容安全解决方案,并通过实际案例展示解决效果,让学生认识到所学知识的实际价值,激发学生的社会责任意识,增强学生的使命感和爱国情怀。

## 四、学生反馈

(1)李某某:通过本次课学习了信息内容安全的概念,了解到课程内容的实际应用价值,尤其是信息内容安全技术对维护绿色网络空间,对网络空间安全,以及对国家安全、稳定发展都有很重要的作用。

(2)张某某:学习了信息内容安全的概念和应用的一些案例,知道学的东西有啥用,能解决什么实际问题。我对其中所涉及的技术比较好奇,将会继续认真听课,学习专业知识和技术,争取利用所学知识和技术为维护国家安全、维护绿色网络安全尽一份力量。

## 五、教学反思

(1)该课程和人工智能技术关系很紧密,新技术层出不穷。而该课程于大二下学期或大三上学期授课,这个阶段的学生专业基础还比较差,传统技术中包含的基础知识必须得讲。传统技术和新技术两者如何兼顾是一个难点。

(2)该课程属于纯技术类型,在该课程中如何无声融入思政元素,做到不空谈、不刻意,还需持续优化。

撰 写 人:马伟
所属单位:北京工业大学信息学部计算机科学与技术系

# “安全协议”课程案例
## ——网络安全为人民，网络安全靠人民

课　程　名　称：安全协议（Security Protocols）
课　程　性　质：专业基础课
所属学科门类：计算机科学与技术/0812
学　　　　分：2 学分　　　　　　　　　学时：32 学时
课　程　简　介：本课程对数据链路层安全协议、网络层安全协议、传输层安全协议、会话层安全协议和应用层安全协议等方面进行比较深入的分析，介绍各层协议的安全缺陷、易受到的攻击，以及在相应层协议中所增强的安全机制。在网络安全协议应用方面，重点阐述3 种常见的 VPN 网络应用模式，并比较详细地介绍 VPN 网络的工作原理和配置。教学内容的重点是数据链路层安全协议、网络层安全协议、传输层安全协议、应用层安全协议等内容。教学内容的难点是安全协议的应用场景、VPN 构建技术等内容。本课程的先修课程为“计算机网络”和“计算机网络实验”，后续课程为“安全协议课程设计”和“无线网络安全”。

## 一、章节名称

第七章第二节 HTTPS 安全协议

## 二、案例介绍

### 1. 育人目标及理念

我国网络空间安全面对着紧迫的形势，中共中央总书记、中央网络安全和信息化领导小组组长习近平指出“没有网络安全就没有国家安全”，网络空间已经成为继海、陆、空、天之后的第五空间，网络空间安全成为新形势下维护国家安全的重要领域之一，网络空间安全关系国家安全的命脉。通过课程中思政元素的引入，让学生深刻理解所肩负的使命，在坚持“四个自信”的思想上灌输“专业自信”理念，努力学好专业知识，将所学的网络空间知识应用服务于北京，做好长期防护网络安全的思想准备，润物无声地传达价值追求和理想信念。

### 2. 案例内容

HTTP 协议虽然使用极为广泛，但是存在不小的安全缺陷，主要是其数据的明文传送和消息完整性检测的缺乏。由于 HTTP 协议的明文数据传输，攻击者最常用的攻击手法就是网络嗅探，试图从传输过程中分析出敏感的数据，例如管理员对 Web 程序后台的登录过程等，从而获取网站管理权限，进而渗透到整个服务器的权限。即使无法获取到后台登录信息，攻击者也可以从网络中获取普通用户的隐秘信息，包括手机号码、身份证号码、信用卡号

等重要资料,导致严重的安全事故。

本课堂中提出的四型问题法体现出了发现问题、分析问题、解决问题以及持续改进的基本科学研究逻辑。①发现问题:从提出 HTTP 协议的安全漏洞开始起,引导学生从实际工作出发,从实践中发现问题,发现 HTTP 协议产生漏洞的根源;②分析问题:导致 HTTP 有安全漏洞的因素有很多,往往千头万绪,需要寻找影响漏洞产生的主要因素,以及它们之间的关系;③解决问题:以 HTTP 运行的模式为基础,寻求一种有效的解决方案,最为关键的是能够高效地解决问题,即向下兼容的问题;④持续改进:持续改进就是对已经部分性、阶段性解决了的问题"回头看",对 HTTPS 中仍然存在的问题持续性改进;⑤由此引入课程思政环节,引导学生继续设计更安全的协议,保卫国家网络空间安全。

### 3. 设计思路

本教学课程分为四个环节,即案例导入、问题分析、解决方案、总结。本思政元素是在第三、四环节结束后,对案例进行分析,引出"没有网络安全就没有国家安全",保卫国家网络空间安全就要有"国家兴亡,匹夫有责"的爱国情怀。教学设计思路如下。

1) 第一阶段:案例导入

最初,人们为了网络通信安全,开始使用安全协议进行加密通信,HTTP 协议的重要支撑技术 SSL(Secure Socket Layer)就是一种安全关键技术。随着开源软件的流行,开源软件 OpenSSL 供大家方便地对 HTTP 通信进行 SSL 加密,后来这款软件便在互联网中广泛应用。我们在浏览器地址栏常见的 HTTPS 前缀的网址以及那把小锁图标,通常就是指该网站经过 SSL 证书加密。

2) 第二阶段:问题分析

OpenSSL 有一个叫 Heartbeat(心跳检测)的拓展,问题就出在这个拓展上,这也是漏洞被命名为"心脏出血"的直接原因。所谓心跳检测,就是建立一个 Client Hello 问询来检测对方服务器是不是正常在线,服务器发回 Server hello,表明正常建立了 SSL 通信。就像打电话时会问对方"喂,听得到吗?"一样。每次问询都会附加一个问询的字符长度 pad length,bug 来了,如果这个 pad length 大于实际的长度,服务器仍是会回来相同规模的字符信息,于是形成了内存里信息的越界访问。

每发起一个心跳,服务器就能泄露一点点数据(理论上最多泄露 64KB),这些数据里可能包括用户的登录账号、密码、电子邮件,甚至是加密密钥等信息,也可能并不包含这些信息,但攻击者可以不断利用"心跳"获取更多的信息。就这样,服务器一点一点泄露越来越多的信息,就像心脏在慢慢出血,心脏出血漏洞的名字由此而来。

3) 第三阶段:解决方案

安全团队对该漏洞进行分析发现,该漏洞不仅涉及 HTTPS 开头的网址,还包含间接使用了 OpenSSL 代码的产品和服务,比如 VPN、邮件系统、FTP 工具等产品和服务,甚至可能涉及其他一些安全设施的源代码。OpenSSL"心脏出血"漏洞的严重性远比想象的严重,而且影响是深远的。受影响的服务器数量可能多达上百万个,包括诸多知名互联网企业。还有就是手机上的大量应用也需要账号登录,其登录服务也有很多是 OpenSSL 搭建的,用户通过手机进行网购又是非常普遍的行为,所以这几乎是整个互联网的浩劫。解决方案就是要对协议的编码实现进行形式化分析,并理论证明其安全性。

4)第四阶段:总结

面对这么严重的网络安全事件,踏踏实实地处理好眼下的事情才是最重要的,习近平总书记强调,最关键、最核心的技术要立足自主创新、自立自强,市场换不来核心技术,有钱也买不来核心技术,必须靠自己研发、自己发展。所以,要保障我们国家网络空间安全,同学们一方面要加快提升专业能力,壮大科研实力;另一方面,要善于分析问题,充分应用自主创新技术,坚持不懈地长期与网络攻击者做斗争,保障国家主权安全。

## 三、案例特色

本思政元素中重点强调爱国主义情怀,并从三个层面对学生的爱国主义情怀进行培养。

(1)国家层面:从国家角度出发,培育大学生爱国情怀有助于激励国民不忘初心,促进民族团结,将保卫国家网络空间安全与"国家兴亡,匹夫有责"的爱国情怀紧密联系起来。

(2)社会层面:从社会角度看,培育大学生爱国情怀,有助于增强个人的社会责任感,对促进社会思想道德建设,提高社会整体文明程度,构建风清气朗的网络空间,构建和谐社会也大有裨益。

(3)个人层面:爱国情怀不仅是喊口号,而且要内化于心,外化于行。从个人角度看,培育大学生爱国情怀,能引导大学生坚持正确的政治方向,提升政治觉悟,树立正确的世界观、人生观和价值观,必须具有坚韧不拔、百折不挠的精神,甚至需要一种为事业献身的精神去构建安全的网络空间。

## 四、学生反馈

本课程从2018年开始将思政元素纳入教学课程中,并对课程论文的指导原则、内容、形式和评分等进行了系统设计。课程论文对学生的批判精神、科学思维、社会责任感的形成产生了积极的效果。

(1)孙**:本课程让我深刻了解到互联网对我国的重要性,我们应该肩负责任,砥砺前行。

(2)韩**:通过此次课程的学习,我认识到计算机技术并不只是个人互联网的使用,也不仅仅是公司、学校对互联网技术的应用,也是一个国家强大的重要体现,网络安全更是一个关系国家安全和主权、社会的稳定、民族文化的继承和发扬的重要问题。除此之外,我还学到了许多计算机行业先辈们的光辉成就,以及他们在面对当时种种困难时所做出的创新与奉献,这更增加了我对他们的敬佩之情。

## 五、教学反思

在课程实验环节和课程论文中，部分同学提出了相关的安全协议解决方案，显示了学生对社会、国家安全问题的关心，但每位学生关注的重点不同，讨论也不够全面、深入。课程思政的建设还要努力克服理解粗浅、流于说教、不重视系统设计、不重视效果评价的问题。

撰　写　人：赖英旭
所属单位：北京工业大学信息学部计算机科学与技术系

# "安全协议"课程案例

## ——网络是一把双刃剑

课　程　名　称：安全协议(Security Protocols)

课　程　性　质：专业基础课

所属学科门类：计算机科学与技术/0812

学　　　分：2 学分　　　　　　　　学时：32 学时

课　程　简　介：本课程对数据链路层安全协议、网络层安全协议、传输层安全协议、会话层安全协议和应用层安全协议等方面进行比较深入的分析,介绍各层协议的安全缺陷、易受到的攻击,以及在相应层协议中所增强的安全机制。在网络安全协议应用方面,重点阐述 3 种常见的 VPN 网络应用模式,并比较详细地介绍 VPN 网络的工作原理和配置。教学内容的重点是数据链路层安全协议、网络层安全协议、传输层安全协议、应用层安全协议等内容。教学内容的难点是安全协议的应用场景、VPN 构建技术等内容。本课程的先修课程为"计算机网络"和"计算机网络实验",后续课程为"安全协议课程设计"和"无线网络安全"。

## 一、章节名称

第七章第一节 HTTPS 安全协议

## 二、案例介绍

### 1. 育人目标及理念

网络是一把双刃剑,HTTP 协议在促进学生与外界交流的同时,也会给我们带来诸多不良的影响。随着智能手机日渐成为我国大学生标配,网络成为大学生日常生活、娱乐不可或缺的一部分。由工商银行 Web 攻击案例导入,通过对案例的深入分析,引出习近平总书记在全国网络安全和信息化工作会议上的重要讲话精神、国家安全领域新理念与重大举措,以及《中华人民共和国网络安全法》的重要性三大基本原则和重要法条进行详细解读,引导学生感受维护国家网络安全的重要意义,今后要以身作则,率先垂范,共建健康安全文明的网络环境。

### 2. 案例内容

首先介绍 HTTP 协议的主要应用场景和安全漏洞。HTTP 协议虽然使用极为广泛,但是存在不小的安全缺陷,主要是其数据的明文传送和消息完整性检测的缺乏。由于HTTP 协议的明文数据传输,攻击者最常用的攻击手法就是网络嗅探,试图从传输过程中分析出敏感的数据,例如管理员对 Web 程序后台的登录过程等,从而获取网站管理权限,进而渗透到整个服务器的权限。即使无法获取到后台登录信息,攻击者也可以从网络中获取普通用户的隐秘信息,包括手机号码、身份证号码、信用卡号等重要资料,导致严重的安全事故。

然后,由工商银行 Web 攻击案例导入,通过对案例的深入分析,每名网民在网购消费时,在消遣娱乐时,在沟通交流时都可能因为登录的网站缺乏相关加密保护措施,使重要信息遭到泄露,直接造成损失或埋下安全隐患。

最后,引出习近平总书记在全国网络安全和信息化工作会议上的重要讲话精神、国家安全领域新理念与重大举措,以及《中华人民共和国网络安全法》的重要性三大基本原则和重要法条进行详细解读。《中华人民共和国网络安全法》正式实施,规定贩卖个人信息 50 条即入罪。引导学生感受维护国家网络安全的重要意义,今后要以身作则,率先垂范,共建健康安全文明的网络环境。

### 3. 设计思路

教学设计思路如下:本教学课程分为四个环节,即案例导入、问题分析、解决方案、总结。本思政元素是在第一环节结束后,对案例进行分析,引出习近平总书记在全国网络安全和信息化工作会议上的重要讲话精神、国家安全领域新理念与重大举措,以及《中华人民共和国网络安全法》的重要性三大基本原则。

1) 第一阶段:案例导入

每名网民在网购消费时,在消遣娱乐时,在沟通交流时都可能因为登录的网站缺乏相关加密保护措施,使重要信息遭到泄露,直接造成损失或埋下安全隐患。

2) 第二阶段:问题分析

HTTP 协议虽然使用极为广泛,但是存在不小的安全缺陷,主要是其数据的明文传送和消息完整性检测的缺乏。由于 HTTP 协议的明文数据传输,攻击者最常用的攻击手法就是网络嗅探,试图从传输过程中分析出敏感数据,例如管理员对 Web 程序后台的登录过程等,从而获取网站管理权限,进而渗透到整个服务器的权限。即使无法获取到后台登录信息,攻击者也可以从网络中获取普通用户的隐秘信息,包括手机号码、身份证号码、信用卡号等重要资料,导致严重的安全事故。

3) 第三阶段:解决方案

(1) 保护个人隐私。个人隐私包括姓名、年龄、住址、行动轨迹、所在学校等。个人隐私切勿泄露给网络上的陌生人,以防被不法者利用、窃取造成不良影响。保护好我们的个人隐私不泄露,就是保障我们的网络安全。

(2) 防范网络暴力、欺凌。面对他人网络上的恶意转发、嘲笑与欺辱,我们要勇敢面对,积极找父母和老师沟通,维护自己的合法权益。同时,我们也要有自己的价值判断,不能人云亦云,充当那个"键盘侠"。可能无意间我们的话就会化成一把把利刃伤害他人。网络并不是法外之地,要遵守网络规范,营造健康的网络环境。

(3) 防范网络诈骗。天下没有免费的午餐,不要相信任何非官方的中奖信息、游戏代购充值、网上兼职轻松挣钱、刷单等信息。他们通通都是带着"和善面具"的网络诈骗。不轻易泄露自己的家庭情况,不私下向他人转账。若遇到此种情况,十有八九都为网络诈骗,我们应找官方核实,或直接删除,避免落入网络诈骗的深坑。

4)第四阶段:总结

随着数据保护问题成为一个社会焦点,国家开始不断加强对数据监管和数据安全合规的监管,数据安全已被提升至国家安全的层面,充分体现我国维护数据主权和国家安全的决心。学生不仅要坚持学习专业知识,了解网络安全事件发生的原理和防护措施,更要以身作则,率先垂范,共建健康安全文明的网络环境。

## 三、案例特色

本思政元素中重点强调社会责任,并从三个层面培养学生的社会责任。

(1)社会层面:全社会正在健全舆论监督的作用,共同营造一个和谐的社会环境。新闻媒体、政府部门对负责任的行为给予广泛的宣传报道与适当的表彰,对不负责的行为给予严厉的批评与谴责,充分发挥榜样的作用,由此引导学生人人讲社会责任感,营造和谐社会氛围。

(2)学校层面:校园文化是大学生社会责任感教育的新载体、新平台,学生应广泛开展和谐校园创建活动,在校园网上规范自己的行为,在校园文化活动建设中发挥责任感教育的潜移默化作用。

(3)加强自我教育:让学生自己对自己负责,形成自己的生活态度,作为学生,要以吸收科学文化知识为天职;作为公民,要遵纪守法,报效祖国。

## 四、学生反馈

本课程从2018年开始将思政元素纳入教学课程中,并对课程论文的指导原则、内容、形式和评分等进行了系统设计。课程论文对学生的批判精神、科学思维、社会责任感的形成产生了积极的效果。

黄＊＊:在上课过程中也开展了课程思政教育来引导我们树立正确的世界观、价值观、人生观,培养我们用正确的思维方法分析和解决问题的能力。我的感悟是每次上课我都有所收获,不只是专业知识,还有对个人思想价值的影响。作为一名在校学生,应把理想信念放在首位,把它作为自己的立身之本、奋斗动力和行为坐标。在本课程介绍的中国科学家中,每一个科学家都在为自己的理想信念而努力拼搏。作为新一代青年的我,更应如此,我需要的是端正的思想和明确的目标,而不是迷茫地向前冲和自甘堕落。不断完善自己,提升自己,实现自己的人生价值,为实现中华民族伟大复兴的中国梦贡献自己的一份力量。

## 五、教学反思

在课程实验环节和课程论文中,部分同学提出相关的安全协议解决方案,显示了学生对社会、国家安全问题的关心,但每位学生关注的重点不同,讨论也不够全面、深入。课程思政的建设还要努力克服理解粗浅、流于说教、不重视系统设计、不重视效果评价的问题。

撰　写　人:赖英旭
所属单位:北京工业大学信息学部计算机科学与技术系